专利审查与社会服务丛书

THE APPROACH TO PATENT RETRIEVAL

专利检索之道

主编 魏保志 本册执行主编 周胜生

国家知识产权局专利局专利审查协作天津中心　组织编写

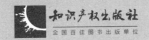

知识产权出版社
全国百佳图书出版单位

图书在版编目（CIP）数据

专利检索之道/魏保志主编. —北京：知识产权出版社，2019.1
（专利审查与社会服务丛书）
ISBN 978 - 7 - 5130 - 5633 - 5

Ⅰ. ①专⋯ Ⅱ. ①魏⋯ Ⅲ. ①专利—信息检索 Ⅳ. ①G254. 97

中国版本图书馆 CIP 数据核字（2019）第 010297 号

内容提要

本书着眼于近年来专利工作的新内容、新任务和新需求，系统梳理了当前专利检索的类别、方法、步骤与策略。以检索过程为基本主线、每个检索过程中以各种检索策略为纲目是本书的最大特色。

本书既包括基本的专利性检索策略，也总结了当前广泛开展的专利分析、专利挖掘与布局检索策略；既包括基于常规分类号与关键词的基本检索策略，也总结了针对化学结构式、图形、数值范围等特定对象的特殊检索策略；既包括检索策略的一般性介绍，也给出了检索策略在特定检索资源中的具体使用案例。全部检索策略均是基于社会公众可获取的公共检索资源，针对不同的研发、分析和经营目的，以尝试系统、全面地梳理总结检索方法和策略，探索新时代的"专利检索之道"。

读者对象：专利工作者、科研技术人员以及其他有专利检索需求的社会公众。

责任编辑: 黄清明　江宜玲　　　　**责任校对:** 潘凤越
封面设计: 麒麟轩设计　　　　　　**责任印制:** 刘译文

专利检索之道

国家知识产权局专利局专利审查协作天津中心　组织编写
主　　编　魏保志
本册执行主编　周胜生

出版发行:	知识产权出版社 有限责任公司	网　　址:	http://www.ipph.cn
社　　址:	北京市海淀区气象路 50 号院	邮　　编:	100081
责编电话:	010 - 82000860 转 8117	责编邮箱:	hqm@ cnipr.com
发行电话:	010 - 82000860 转 8101/8102	发行传真:	010 - 82000893/82005070/82000270
印　　刷:	北京嘉恒彩色印刷有限责任公司	经　　销:	各大网上书店、新华书店及相关专业书店
开　　本:	720mm×1000mm　1/16	印　　张:	19.25
版　　次:	2019 年 1 月第 1 版	印　　次:	2019 年 1 月第 1 次印刷
字　　数:	366 千字	定　　价:	88.00 元

ISBN 978-7-5130-5633-5

编 委 会

主　编：魏保志

副主编：刘　稚　杨　帆　周胜生

编　委：汪卫锋　邹吉承　刘　梅

　　　　饶　刚　王智勇　朱丽娜

　　　　王力维　刘　锋　韩　旭

本书编写组

执行主编：周胜生

组　　长：饶　刚

副 组 长：王力维

撰写人员：王智勇　陈俊霞　肖　东　杨　钊

　　　　　谭明敏　张艳稳　包毅宁　姜云健

推 荐 序

2018 年是改革开放四十周年，知识产权工作与改革开放相伴相生。随着我国建设创新型国家的步伐和全球经济一体化进程的加快，知识产权事业蓬勃向上，积极推动着经济社会发展。知识产权制度既是创新驱动发展的"刚需"，也是国际贸易的"标配"，更是社会主义市场经济的"基石"。

在所有的知识产权类型中，专利是与产业和技术发展关系最紧密的知识产权。专利信息中包含有丰富的技术信息、法律信息和市场信息。通过有效的专利检索，充分利用专利信息所具有的这些信息属性，能够有效帮助产业规划部门、创新主体和专利从业者提高专利的创造、保护和运用能力，特别是能够有效促进高价值专利培育、提升专利审查质量和效率。要获得准确、全面的检索结果，不但依赖于检索资源的全面性、专业性和及时性，更要求检索人员具备深入的技术认知、灵活的检索策略和综合的分析能力。《专利检索之道》这本书，就是面向专利工作者、科研技术人员，在系统梳理国内外专利信息公共检索资源的基础上，针对不同的规划、研发和经营目的，按照专利检索的准备、实施、调整、筛选等工作阶段，总结提出的一系列实战性检索策略和方法。

通读本书，作者从分析专利文献的类型和特点出发，结合典型的公共检索资源，解析归纳出专利检索的基础步骤和核心环节，系统研究了检索要素确定策略、关键词表达策略、分类号表达策略、检索要素组合策略、检索降噪与文献筛选策略等基础性检索策略。同时，本书还结合分领域特点和新技术发展的迫切需要，适时提出了数值、图形、电路结构、马库什通式化合物的检索策略。尤其难能可贵的是，书中不仅围绕常规专利性检索开展分析研究，更紧跟知识产权事业发展新形势，创造性地归纳出专利分析类和专利挖掘与布局类等检索新类型，并尝试创新检索理论及其应用场景，探寻新时代的"专利检索之道"。全书结构严谨，内容翔实，案例丰富，是一次难能可贵的开创性研究。

　　本书执行主编周胜生先生，从事专利检索、审查和业务管理工作二十余载，长期致力于专利检索策略研究，成果丰硕，对专利检索理论与实践创新做出过突出贡献。撰写团队均是来自国家知识产权局专利局专利审查协作天津中心的一线审查人员，他们检索经验丰富，年轻且充满朝气，渴望把自身工作与社会需要结合起来，为知识产权事业发展尽心尽力。

　　本书在知识产权强国建设稳步推进之际出版，可谓恰逢其时，也是当务之急。我衷心希望，通过本书的出版，能够有助于提升政府管理部门、各类创新主体和知识产权服务机构专利信息的运用能力，有助于促进专利的创造、保护和运用。也希望以本书的出版为契机，专利事业各方面、各环节都能够发扬钻研精神，通过大量的检索实践进一步探寻专利检索之道，充分发挥专利和专利制度的价值，助力创新驱动发展，助力知识产权强国建设！

魏保志

2018 年 12 月 23 日

专利检索之道 道可道

  岁月如梭，不知不觉从事专利工作二十余年了。二十余年中工作岗位和内容多次变化，但唯一不变的是对专利检索的热爱和探索。检索到底有没有标准化方法？如何实现既全面又准确的检索？如何在确保检索质量的情况下提高检索效率？专利检索到底有何特殊性？这些问题一直贯穿在工作的思考中。

  简单说检索就是信息搜索，每次操作依搜索的目的、内容、资源等变化而不同，从操作层面很难说有标准化方法。但是，如果深入每次操作背后的指导思想层面，检索又是有规律可循的。这些检索规律，存在于每个检索步骤之中。通过对这些检索规律的深入分析和归纳，进一步上升为可指导实践的策略、方法甚至理论，由此提升检索的质量和效率，以期在尽可能短的时间内找到符合需要的目标文献，这便是检索策略研究的价值所在。

  检索策略包括具体检索策略和抽象检索策略。具体检索策略针对特定的检索对象，它总是随检索类型、检索进程、检索资源等因素变化。抽象检索策略则是基于具体检索策略进一步总结归纳出的普遍适用的规律和方法。具体检索策略依个案而不同，是操作层面的，抽象检索策略普遍存在，是思想层面的，抽象检索策略指导具体检索策略。如本书中在针对某技术方案进行专利性检索时，基于专利法中关于创造性审查标准判断的需要确定基本检索要素、采用分类号结合关键词的检索方法是具体检索策略，为提高检索要素关键词表达的全面性，总结出形式、意义和角度的"三层次表达法"是抽象检索策略。为更有效检索出可能影响技术新创性的现有技术提出的"二步法"检索策略也是抽象检索策略。

就个案的具体检索策略而言，查全与查准的问题即是检索质量与检索效率的问题，一般认为这是个矛盾问题，很难同时最优，但检索中又不可能只顾一方而忽视另一方，只能兼顾。本人认为实际上查全与查准、检索质量与检索效率是对检索不同方面的要求，其中查全或检索质量是对检索结果的要求，查准或检索效率是对过程的要求。基于这一理解，借用 TRIZ 理论（发明问题解决理论）中用时间分离原理解决物理矛盾的方法，通过不同检索阶段（不同时间）解决不同问题来解决上述矛盾。例如检索开始阶段以查准为主要目的，在检索要素选择上不限于基本检索要素，要素表达上尽量采用精准的分类号和关键词，以全要素组合检索为主，如果没有检索到合适的现有技术文献，则减少非基本检索要素使用，逐步扩展分类号和关键词，并进行部分要素组合检索，直到穷尽所有可用手段，由此实现查全。从查准到查全，是在检索过程中通过调整具体检索策略逐步变化实现的，是动态的过程，而非一开始设定查全为目的。本书所介绍的检索策略通过这种方式较好地解决了查全与查准亦即检索质量与检索效率的问题。

本书设定为专利检索，主要是出于对专利文献的价值、特点的考虑。从科技创新角度看，专利信息是最大的信息库，其辅助创新的价值最高。根据世界知识产权组织统计，世界上 90%～95% 的研发成果包含在专利文献中，且其中技术的 80%

以上未包含在其他文献中，若善用专利信息可缩短60%的研发时间，可节省40%以上的研发费用。当前，在创新驱动发展战略指引下，政府、企业均十分重视创新，重视专利文献的利用，技术创新的创新高度评价、高价值专利培育、专利分析、专利分析预警与专利导航、专利分析评议、专利挖掘与布局的需求十分旺盛。而做好这些工作的基础和前提是高质量的专利检索。此外，专利文献具有非常鲜明的特点，例如在格式上是标准的"八股文"，其每份说明书均要求包含发明名称、技术领域、背景技术、发明内容（包括技术问题、技术方案、技术效果）、附图说明、具体实施例，每部分既相互呼应，又从不同角度公开发明。在内容表述上，权利人为获得更大的保护范围，通常采用层级化表述，特别是权利要求书更是如此，例如在权利要求1中使用"金属"的表述，在权利要求2中明确为"有色金属"，在权利要求3中进一步明确为"铜"。专利文献的这些特点显著地区别于一般期刊、报纸或书籍文献，这些特点决定了专利检索策略的特殊性。目前社会上有不少关于专利检索的文章和书籍，但鲜见能够深入结合专利文献特点的检索策略和方法介绍。

当前人工智能技术正在快速发展，一些专利检索系统也采用最新的人工智能技术实现智能化检索。那么随着人工智能技术的进一步发展能否实现无须人参与的完全智能化检索呢？个人认为，随着人工智能技术的发展，机器检索可部分替代人的操作，在人工干预下的机器检索仍然是今后很长一段时间内智能检索的发展方向。对于涉及诸如技术创新性评价、侵权判断等目的的检索而言，要实现完全的机器检索目前还不存在这种可能性，因为这些类型的检索需要检索者具有较强的基于自身知识和经验对技术的理解、对法律条款的理解和适用能力，而这些能力恰恰是目前人工智能技术难以做到的。

基于对本文开始提出的几个问题长期的思考，2018 年本人策划写作了此书。希望通过此书一方面系统地总结、介绍专利检索策略，提升专利工作者、科研技术人员专利信息检索和利用的能力，同时希望为今后专利检索策略的研究提供一个系统基础，以便更多人去研究、探讨专利检索策略的理论和实践，提升全社会专利检索的整体水平，进而促进专利信息的传播和利用。

专利检索之道，道可道，是常道。

是为自序。

周胜生

2018 年 12 月 10 日

前　言

　　专利文献包含丰富的技术信息、法律信息和经济信息。充分利用专利信息所具有的这些信息属性，创新主体能够监测技术竞争态势，明确技术研发方向，发现技术优势人才；专利分析人员能够明晰技术发展现状，摸清现有专利挖掘和布局方向；专利代理和审查人员能够准确站位本领域技术人员水平，衡量专利申请技术贡献，准确做出专利性判断；专利运营人员能够准确评估专利价值，及时发现侵权风险，制定专利运营策略。

　　大力提升专利检索水平既是国家知识产权事业发展的整体需要，也是创新主体、中介服务机构、专利审查机构和各类专利运营服务机构增强业务竞争力的必然趋势，更是企业专利工作专员、专利代理师、专利审查员、专利运营人员等各类专利从业者增强核心业务能力的客观要求。然而在实践中，专利文献浩如烟海，如何根据需要找到最为适合的专利文献，许多专利从业者还没掌握检索的基本方法与策略，也不具备系统检索的能力。当前市场上虽然有不少介绍专利检索类的书籍，但基本以检索资源介绍、基本检索过程和方法介绍为主，很少有对检索策略与方法、检索规律的深入研究和总结。特别是随着知识产权事业的发展，众多新生业态、服务项目和经营模式不断出现，但与之相匹配的检索策略还相对滞后，成为专利信息深入利用、促进创新的瓶颈。

有鉴于此，本书面向专利工作者、科研技术人员，着眼于近年来专利工作的新内容、新任务和新需求，系统梳理了当前专利检索的类别、方法、步骤与策略。以检索过程为基本主线、每个检索过程中以各种检索策略为纲目是本书的最大特色。本书既包括基本的专利性检索策略，也总结了当前广泛开展的专利分析、专利挖掘与布局检索策略；既包括基于常规分类号与关键词的基本检索策略，也总结了针对化学结构式、图形、数值范围等特定对象的特殊检索策略；既包括检索策略的一般性介绍，也给出了检索策略在特定检索资源中的具体使用案例。全书共总结了 7 大类、21 小类、100 余种具体检索策略。

全书整体安排如下：第一章对专利检索的对象、目的、类型、基本步骤及主要检索资源进行了概述；第二章到第五章分别介绍了检索要素确定、关键词表达、分类号表达和检索要素组合等基础性检索策略；第六章为提高检索精准度推出了检索降噪和文献筛选策略；第七章和第八章则基于特定检索目的和检索对象，开创性地提出了针对特定对象的检索策略和专利情报分析检索策略，特别是在专利情报分析检索策略一章首次系统地介绍了专利导航、专利分析评议、专利挖掘与布局的检索策略。以上全部检索策略均是基于社会公众可获取的公共检索资源，针对不同的研发、分析和经营目的，以尝试系统、全面地梳理总结检索方法和策略，探索新时代的"专利检索之道"。

在本书的撰写过程中得到诸多领导、专家和同事的支持帮助，在此一并致谢。感谢国家知识产权局专利局专利审查协作天津中心魏保志主任为本书作序。感谢原国家知识产权局专利局机械发明审查部王澄部长、中国知识产权发展联盟周现秘书长、国家知识产权运营公共服务平台马天旗副总经理为本书提出宝贵的修改意见。感谢专利审查协作天津中心的同事孙鹏、李钰、王峥、牛亚楠、张述照和田雨润帮助收集案例，并参与整理撰写素材。此外，本书中很多案例均来自专利审查协作天津中心各级质检、评优案例，由于数量较多，恕不在此一一具体列出。

本书作者团队均是来自专利审查协作天津中心的资深专利审查员，本书是他们通力协作的成果。本书由周胜生策划和设计内容框架，并由他进行审稿和最后审定。全体人员分工如下：

第一章由肖东撰写；

第二章由肖东和饶刚撰写；

第三章由张艳稳和杨钊撰写；

第四章由谭明敏和姜云健撰写；

第五章由周胜生、陈俊霞和包毅宁撰写；

第六章由杨钊和张艳稳撰写；

第七章由王力维和陈俊霞撰写；

第八章由王智勇撰写；

附录由肖东撰写。

饶刚和王力维负责全书的统稿，全稿研究和写作过程中的协调、统筹工作主要由饶刚承担。

由于编者水平有限，书中难免有疏漏或错误不当之处，一得之见，恳请读者批评指正。

本书撰写组

2018 年 12 月 8 日

目　录

第一章　专利检索策略概论

　　检索是从各种形式的信息载体中查找自己需要的信息或资料的过程。检索策略是对检索过程中涉及检索对象、检索资源、检测步骤、检索结果的各种处理策略的总称。在本书详细介绍各种专利检索策略之前，本章先简要介绍专利检索涉及的专利文献、检索类型、基本检索方法与策略以及检索基本资源，以为后续章节提供基础。

第一节　专利文献

一、专利及专利文献基本概念

　　在我国的专利制度中，专利包括发明、实用新型和外观设计 3 种。发明是指对产品、方法或者其改进所提出的新的技术方案。实用新型是指对产品的形状、构造或者其结合所提出的适于实用的新的技术方案。外观设计是指对产品的形状、图案或其结合以及色彩与形状、图案的结合所作出的富有美感并适于工业应用的新设计。

　　各类专利保护的对象不同，保护范围和保护目的也有所差异。对于发明专利来说，所谓产品是指人类生产的物品、物质、材料、工具、装置设备等；所谓方法是指产品的制造方法、使用方法、通信方法、处理方法，以及将产品用于特定用途的方法等。同发明一样，实用新型保护的也是一个技术方案，但实用新型专利保护对象的范围较窄，它只保护经过产业方法制造的，有确定形状、构造且占据一定空间的实体，不保护方法以及没有固定形状的物质。外观设计注重的是设计人对一项产品的外观所作出的富于艺术性、具有美感的创造，但这种具有艺术性的创造不是单纯的工艺品，它必须具有能够为产业上所应用的实用性。虽然外观设计和实用新型与产品的形状有关，但两者的目的不相同，前者的目的在于使产品形状产生美感，而后者的目的在于使具有形态的产品能够解决某一技术问题。

　　随着世界知识产权制度的发展和演变，各国对发明专利的审查制度趋于一致，但对实用新型专利和外观设计专利仍然存在较大差异。对于发明专利，目前除了少数国家采用登记制外,大多数国家均采用早期公开、延迟审查制度。在我国,如果没有特别提出提前公开申请,则发明专利的申请文件在申请日起18个月即行公开,在申请日起3年内可以提出实质审查请求,并缴纳相应费用,从而进入实质审查阶段。对于实用新型专利,各国基本均不经过实质审查,只通过初步审查即决定是否授权。外观设计专利制度在各国差别很大。美国、日本和我国台湾地区对外观设计专利均进行实质审查,韩国对外观设计专利采取实质审查制的同时还对部分产品采用登记制的保护,而我国和欧盟对于外观设计专利均不进行实质审查。

专利文献是指在申请专利和专利审批过程中所使用的专用文体。具体来说,发明和实用新型专利文献主要包括权利要求书、说明书、摘要、检索报告等,以及在此基础上进一步加工、编辑、整理产生的各种文档。权利要求书是用于确定专利权保护范围的法律文件。构成权利要求书的权利要求具有双重属性:在法律上它是按相关法规编写的、划定法律保护范围的文件,在技术上它又是概述专利文件技术方案实质内容的文件。说明书是专利文件中非常重要的部分,是用于解释权利要求的法律文件,并且应当对要求保护的技术方案作出清楚、完整的说明,以所属技术领域的技术人员能够实现为准。说明书一般包括技术领域、背景技术、发明内容、附图说明、具体实施方式。需要注意的是,实用新型专利文件的说明书中必须有附图,而发明专利文件并无相关要求。摘要对于发明专利文件和实用新型专利文件均是必不可少的组成部分,但只作为一种技术情报而不具有法律效力,主要用于为专利情报筛查提供快速浏览的方便,以帮助浏览人确定是否需要进一步查阅专利文件的全文。

外观设计专利文献主要包括图片(或者照片)、简要说明以及在此基础上进一步加工、编辑、整理产生的各种文档。图片或者照片应清楚地显示要求专利保护的产品的外观设计,通常包括产品的六面视图,必要的情况下,还提供立体图。简要说明部分提供外观设计产品的名称、用途、设计要点,并指定一幅最能表明设计要点的图片或者照片。

二、专利文献的分类

按照内容、加工层次和功能作用,一般将现代专利文献分为3种类型:一次专利文献、二次专利文献和三次专利文献。其中,一次专利文献和二次专利文献是最常见的,由各专利组织官方制作,而三次专利文献则很少见,一般由某些研究机构或学者制作。

一次专利文献,通常是指各专利组织出版的,以发明人发明创造过程和所取得的发明创造成果为依据而创作的原始文献,它主要由专利说明书和权利要求书构成，清楚完整地阐述了该发明创造，并据此确定授予专利权后可获得的法律保护范围。从广义概念来讲，一次专利文献通常还包括专利审批程序中的中间文件，例如检索报告、审查意见通知书、意见陈述书、修改文件和专利证书等。一次文献是整个文献系统中数量最大、种类最多、使用最广并且影响力最大的文献。

二次专利文献，是指各专利组织对分散的各类一次专利文献按一定原则进行加工、整理、简化、编辑而成的专利文献，可帮助用户快速、有针对性地从一次专利文献中筛选所需的文献，主要包括：专利公报、专利文摘、专利索引等。专利公报通常分为题录型、文摘型、权利要求型3类。专利文摘通常作为题录型专利公报的补充，且与其同步出版，用于报道最新专利申请或授权专利。专利索引一般是各专利组织以专利文献的著录项目为条目编制的检索工具，按出版周期划分为年度索引、季度索引和月索引等，按索引编制条目划分为号码索引、人名索引、分类索引等。利用二次文献能够节约查找一次文献的时间成本并且提高针对一次文献的检索效率。

三次专利文献，是指利用二次文献，选择一次文献的内容，加以分析、综合后编写的专利文献综述、专利文献年鉴等。在进行专利导航、分析评议等专利分析工作时，可以充分利用相关领域三次文献在短时间内了解相关领域的研究历史、热点动态以及行业发展水平等。通过三次文献，能够令用户更准确地掌握相关领域的技术重点与发展方向，能够把握项目开展的重点方向。❶

三、专利文献的特点

专利文献在格式、内容和用语等方面均具有鲜明的特点。从专利检索角度看，如下特点尤为重要。

1. 涵盖多类信息，综合情报载体

专利文献是一种法律信息载体。法律信息包括通过记载发明创造的技术解决方案确定的专利权保护范围信息，以及披露专利权人、发明人、注册证书所有人权利变更等信息。法律信息有利于人们依据专利法进行相应的活动，如在专利的申请、审查、授权、转让或专利权的无效宣告等活动中利用专利文献维护自己的合法权益。

专利文献是一种技术信息载体。技术信息包括反映最新科学技术的新发明、新创造、新设计等。技术信息有助于研发人员寻找新品研发方向、获得灵感，有助于企业更新现有技术、设备，预测未来市场发展趋势从而抢占市场先

---

❶ 方飞，张帆. 查新信息资源的深度挖掘及定向服务探讨 [J]. 中国科技信息, 2012 (9): 231–232.

机，或通过预警分析有效规避已有专利。

专利文献还是一种经济信息载体。经济信息反映着国家、行业、企业乃至个人的经济活动。通过分析专利文献中蕴含的经济信息，可分析出竞争对手的专利技术销售规模、行业动态、潜在市场、经济效益及国际竞争格局等。

2. 拥有海量数据，内容准确全面

由于绝大多数专利组织均采用先申请制原则，因此，发明创造多以专利文献而非其他科技文献形式公布于众。据统计，世界上 95% 的发明创造可在专利文献中查到，而且 80% 的发明创造只在专利文献中记载。截至 2018 年 6 月，在全球范围内可被公众获取的专利文献的数量已达到 1.1 亿篇，专利文献在科技信息检索中有着不可替代的作用可见一斑。此外，由于授权条件的严格法律约束，专利文献的准确性、可靠性和全面性均超过一般的科技文献。以中国国家知识产权局为例，其官方网站所收录的专利文献覆盖了 103 个国家、地区和组织，并且每周更新专利数据。

3. 反映科技前沿，呈现热点方向

由于新颖性是专利性的首要条件，致使申请人在发明完成之后尽早提交申请，以防竞争对手捷足先登、抢占先机。通常来说，专利申请在一项发明创造完成之后，甚至在项目或试验即将成功，抑或正在进行时就开始提交专利申请，这就使得专利文献对技术的报道要早于其他文献，许多新发明都是在专利文献公布数年后才在其他文献上公布的。因而专利文献记载的都是最前沿、最新的科学技术，对于促进社会科学技术的进步具有很好的参考和指引作用。

4. 立体化分层次，便于检索使用

专利说明书通常包含发明名称、技术领域、背景技术、发明内容（包括技术问题、技术方案、技术效果）、附图说明、具体实施例，每部分既相互呼应，又从不同角度公开发明创造内容，由此构成专利文献立体化多角度公开的特点。此外，为了能够获得最大范围的保护，同时又能够顺利通过专利审查，申请人通常在说明书和权利要求书中大量采用上下位概念等描述方式，特别是在权利要求书中，尽可能多地公开不同层次范围的技术方案，以此来规避层次单一的技术方案被驳回或无效后无法进一步限定至合理范围的风险。专利文献所特有的立体化、分层次公开的特点使得专利检索显著地不同于其他文献检索。

第二节　主要专利检索类型

在制定并实施专利检索策略之前，我们还要介绍专利检索的主要类型。这是因为针对不同类型的专利检索，其检索目的和检索策略有着显著的区别。

一、专利性检索

专利性检索主要包括专利查新检索和专利无效检索。

专利查新检索通常是指将已经完成的发明构思或技术方案与世界范围内公开的专利和非专利文献进行技术信息对比，以判断技术方案是否具备新颖性。一项发明必须具备专利性才可被授予专利权，即具备新颖性、创造性和实用性。对于专利申请人而言，专利查新检索有助于对拟保护技术方案的新颖性和创造性进行预判，从而在一定程度上提前排除专利授权的不确定性，降低专利申请的成本。对于专利审批机构而言，专利查新检索是确保审查结论客观公正、授权权利范围准确稳定的关键性环节。在进行专利查新检索时，首先，需要对技术方案进行解读，从中总结出该方案的发明构思以及实现该方案所采用的关键技术手段。其次，要根据发明构思提炼出检索要素，并针对检索要素进行全面的扩展与表达。然后，利用扩展后的检索要素构建检索式以表达出发明构思从而获得检索结果。最后，需要依托检索对象的技术方案来筛选相关文献，以识别是否存在能够破坏拟保护技术方案的新颖性和创造性的专利文献。

专利无效检索是对已经授权的专利为提出无效宣告请求而针对其权利要求是否具备新颖性和创造性进行的检索。一般来说，开展专利无效检索的目的，可能是被控侵权方为寻找不侵权证据，也可能是其他机构或人员为防止社会公众权益被损害。与查新检索相比，无效检索的检索对象一定是专利保护的技术方案，其他检索步骤和策略与查新检索类似。

专利性检索还包括一种特殊情况，即对于已经公开但尚未授权的专利申请进行检索，进而通过向专利审查机构提出公众意见等方式，阻止专利授权，由此减少后续程序中侵权的风险，并避免授权后为进行无效宣告请求付出额外的时间和经济成本。

二、专利侵权检索

根据检索者与侵权方、被侵权方的关系，专利侵权检索可分为防止侵权检索和被控侵权检索。

防止侵权检索是指为避免发生侵权纠纷而主动针对某一新技术新产品进行的专利文献检索，其目的是要找出可能落入了专利权保护范围的专利。因为只有有效的专利才会被侵权，所以防止侵权检索的范围通常为有效专利，有时也可以对待审的专利申请进行适当的扩展，以便对侵犯该专利权的可能性做出预测。

被控侵权检索是指在被别人指控侵权时为进行自我防卫而进行的专利检索，其目的在于找出被控侵犯的专利权无效或不侵权的证据。

无论是侵权与被侵权，其侵权判定原则都遵循全面覆盖原则和等同侵权原则。

全面覆盖原则要求被控物的技术特征与涉案专利权利要求的必要特征相同。全面覆盖原则包括几种典型情形。例如，专利权利要求中使用的是上位概念，被控物公开的结构属于上位概念中的具体概念，此种情况下适用全面覆盖原则，被控物侵权。再如，被控物的技术特征多于专利的必要技术特征，也就是说被控物的技术特征与权利要求相比，不仅包含了专利权利要求的全部特征，而且还增加了特征，此种情况仍属侵权，因为适用全面覆盖原则就是只要被控物具备专利权利要求的全部特征就属于侵权，而不问被控物是否比权利要求的特征多。在涉及全面覆盖原则的专利侵权相关检索过程中，需要对权利要求进行解读后确定专利的必要技术特征，通过必要技术特征确定专利的技术方案的实现是否需要侵权方增加的特征，同时还需要通过检索来认定侵权方所增加的特征是否为专利的必要特征。在检索实践中，针对全面覆盖原则，主要采用基于分层概括以及特征缩减的原则，确定检索要素及检索策略。

等同原则，就是尽管被控物不具备专利权利要求的全部特征，但是被控物不具备的专利特征在被控物上面能够找到该特征的等同替换物，此种情况下，被控物判定侵权。在涉及等同原则的专利侵权相关检索过程中，需要对等同替换物进行检索，以确定等同替换物与被替换物所解决的技术问题以及所达到的技术效果是否相同，是否无法产生意想不到的技术效果。在检索实践中，针对等同原则，一般需要先分析出构成已知产品技术方案的全部技术特征，继而针对各技术特征的作用或达到的效果，最终确定出检索要素和检索策略。

三、专利分析检索

1. 专利分析评议检索

专利分析评议是指综合运用专利情报分析手段，对经济科技活动所涉及的专利的竞争态势进行综合分析，对活动中的专利风险、品质价值及处置方式的合理性、技术创新的可行性等进行评估、评价、核查与论证，根据问题提出对策建议，为政府和企事业单位开展经济科技活动提供咨询参考。

对政府而言，在进行项目计划、项目立项以及项目验收的过程中，均需要进行针对项目的相关检索。通过检索，能够获知项目可行性、项目预期成本以及项目预计所需时间，同时还能够在验收过程中具体查看项目所取得的成果、项目核心技术以及项目是否已经在关键应用环节上被合理地保护等。可见，在政府部门实施重大项目时，需要在多个环节进行与项目相关的知识产权分析评议检索。

对于企业而言，在实施技术引进、技术合作或企业并购项目时，通过项目分析评议检索，企业管理者能够明确项目关键技术是否已有专利保护，专利权是否稳定，保护范围是否有效，有无侵权或无效风险等，由此能够避免企业在项目实施过程中处于被动地位，同时还能够提前指引企业管理者进行项目方向调整。

对于技术人才的检索，从国家角度来看，能够通过鼓励人才的方式推动行业其他从业者的积极性；从地方政府角度来看，能够在进行地方人才引进以及人才评定过程中作为相关指标进行评估；从企业角度来看，能够为企业增添活力；从个人角度来看，能够从本行业的人才所发表的技术类的文献中提高自身。因此，技术人才检索也尤为重要。

2. 专利导航检索

为贯彻落实创新驱动发展战略和知识产权战略，有效运用专利制度提升产业创新驱动发展能力，加快调整产业结构，提高产业整体素质和竞争力，中国国家知识产权局于 2013 年起实施专利导航试点工程。专利导航是以专利信息资源利用和专利分析为基础，把专利运用嵌入产业技术创新、产品创新、组织创新和商业模式创新，引导和支撑产业科学发展的探索性工作。专利导航通过分析大量专利文献数据的技术信息、法律信息，来发现经济、市场信息和竞争对手信息，最终从技术创新、人才培养、企业培育和协同运营等多个角度提出导航路径。

通过检索来进行专利信息资源的利用和分析是实现高质量专利导航的基石。高质量的专利导航检索，能够为政府制定产业政策提供决策依据，能够帮助产业掌握技术发展趋势、热点和方向，能够给企业提供发展战略和专利布局的理论与数据支持。

四、专利挖掘与布局检索

1. 专利挖掘检索

专利挖掘是指在技术研发或产品开发过程中，对所取得的技术成果从技术和法律层面进行剖析、整理、拆分和筛选，从而确定用以申请专利的技术创新点和技术方案。专利挖掘的目的是让科研成果得到充分保护，从而使科研成果成为企业资产的一部分。而在专利挖掘过程中，通常需要考虑行业中的技术研发情况以确定企业技术发展的方向。

专利挖掘检索一般是在企业现有技术成果和研发能力的基础上，分析技术交底书，研究产业和产品技术发展路线，针对技术难点、热点和空白点，进行相应的检索工作，进而对企业创新成果是否应该申请专利保护、是否能够获得专利授权提出建议和预判。

2. 专利布局检索

专利布局是指企业基于其经营理念、战略定位和创新体系，综合产业、经营、技术、市场和法律等因素，有计划地构建专利组合以提升市场竞争力的行为。在企业尤其是科技类企业发展过程中，对企业重点发展的技术进行布局是尤为重要的。

通过专利布局检索，能够使企业管理者明确在本行业中，哪些技术已经发展得非常成熟，哪些已经被其他大型企业所占领；还能够明确在本领域中哪些技术处于发展初期，尚未被瓜分。如此，管理者能够获得充足的信息以对企业进行宏观上的布局，选取并调整企业发展方向。

同时，在企业发展过程中，为了更好地获取收益，通常都需要对竞争对手进行研究。从专利的角度来看，对竞争对手的追踪检索主要包括通过对竞争对手的专利检索分析其专利布局，并由此分析竞争对手的产业布局、发展方向、核心产品所需技术以及重要人才等信息。竞争对手的各项信息对于企业管理者的决策能够产生非常重大的影响。可见，对竞争对手的专利布局检索在企业战略布局过程中也是至关重要的。

第三节　专利检索基本方法与策略

从广义上讲，专利检索的方法包括与具体检索资源无关的具有基础性、普遍性和宏观性的检索方法，以及与具体检索资源（如检索系统、数据库等）密切相关的检索技巧等。需要明确，本书主要面向有专利检索需求的一般社会公众，探讨一般性的检索思路，并不拘泥于某些特定检索资源的使用方法和技巧。因此，书中所称的"检索策略"主要是指与具体检索资源无关的比较宏观的检索方法，而非针对特定检索资源的特定检索技巧。

一、专利检索基本步骤

1. 解读技术方案

无论进行专利性检索、专利分析检索还是专利挖掘与布局检索，无论采用哪种具体的检索策略与检索技巧，首先都需要从被检索的技术方案入手。如果将专利检索的基本步骤比喻成盖楼的基本步骤，那么明确检索的类型相当于对楼房用途性质的精准定位，确定检索策略和检索技巧相当于大楼的设计图纸和项目施工，而对被检索技术方案的解读则相当于为大楼打造扎实可靠的地基。

对于专利性检索，为了正确解读技术方案，可以根据专利文献的格式统一、撰写规范的特点，快速归纳出待检索技术方案的发明构思。具体地，在专利说明书的"背景技术"中，可以了解发明人所掌握的背景技术以及基于该背景技术所要解决的技术问题；在"发明内容"以及"实施例"中，记载了解决技术问题所采用的技术手段以及所能够达到的技术效果。

通过对专利文献的阅读与分析，可以从技术问题、技术手段和技术效果3个方面综合理解和把握其发明构思，并以此作为检索的基石。如果技术问题和技术效果解读得足够准确，就能为我们寻找现有技术中为解决相同或相似技术问题以获得等效技术效果的技术方案提供有利的线索。如果由于技术问题和技术效果概括得较为上位或模糊等原因，导致检索效果不理想，则应通过对"实施例"的理解确定出为解决技术问题所采用的技术方案，并以技术手段予以表征。用以表征技术方案的众多技术手段中，能够体现检索对象对现有技术做出贡献的技术手段，可以称为关键技术手段。将技术问题、技术效果和关键技术手段相结合进行检索，能够极大地提高检索效率。

2. 确定检索要素

如果将全部的专利文献比作文献海洋的话，需要检索的相关专利文献就类似于与检索对象具有一定内在联系的一个个文献岛屿，这些内在联系主要包括功能上相同或类似、应用上相同或类似或具有其他的相关性。检索过程就是利用这些内在联系从不同文献岛屿中找出能够用于评价检索对象的权利要求的新颖性或创造性的文献。可见，专利检索的基础就是对检索对象进行深入分析，找寻所述内在联系的线索，亦即检索要素。

可见，检索要素的确定是实施各类检索策略的基础。经过对技术方案的精准解读，能够获知检索对象的发明构思，并且需要基于发明构思提炼出相关的检索要素，最终利用各个检索要素针对检索对象进行相关文献的检索。具体地，通过检索对象中记载的技术领域以及背景技术，能够提炼出发明的应用领域以及应用环境相关的检索要素；根据为解决技术问题而采用的技术手段，提取出与技术手段相关的检索要素；根据所能够达到的技术效果，提炼出与技术效果相关的检索要素。根据确定出的各个检索要素进行再次筛选，能够确定出基本检索要素，并根据基本检索要素进行检索。

3. 选择检索资源

在准确理解检索对象的发明构思并提炼出检索要素后，需要根据检索的类型和检索要素的特点来选择合适的检索资源（数据库）进行计算机检索。本章第四节对各类数据库的特点进行了详细的介绍。

对于专利性检索,可以考虑文献覆盖范围全面、具备分类号检索的专利信息资源平台,如美国专利商标局官方网站、欧洲专利局官方网站、中国国家知识产权局官方网站等专利平台进行简单检索、精确检索、分类号检索以及专利审查过程查询。随着数字信息智能化的高速发展,提供智能语义检索的平台也逐渐被广泛应用,例如 Patentics 专利检索平台以及上海知识产权公共服务平台等,该类平台由于能够自主进行同义词、近义词以及中英文的关键词扩展,使关键词扩展更加便捷。

对于专利分析检索,可以选取提供了专利情报分析功能的平台,例如 IncoPat 专利服务平台、Orbit 专利服务平台以及智慧芽专利检索平台等。对于专利挖掘与布局检索,可以进一步选择具有行业特点和领域特色的专利文献数据库,例如若需要针对"风能"相关技术进行深度挖掘,可以选择专门收录新能源领域专利的中国新能源网数据库进行检索;某汽车企业需要进行新的战略布局与发展规划,则可以选择专门收录汽车领域专利文献的全球汽车专利数据库服务平台进行相关检索等。

4. 制定并实施检索策略

检索人员在依次完成技术方案的解读、检索要素的确定以及数据库的选取之后,应当制定并实施检索策略。通过具体分析检索要素的特点,重点考虑如何准确表达检索要素,哪些检索要素需要进行拓展,哪些可以再进行拆分、如何拆分,哪些检索要素是体现发明构思的基本检索要素,各类检索要素应当如何进行组合等。在针对检索要素进行相应的判定与处理后,还需要选择合适的检索方式进行专利文献的检索。

在检索过程中,需要根据各阶段检索结果动态调整检索策略。由于对专利方案所属技术领域的知识掌握不全面等原因,在检索初期可能无法快速实现准确且有针对性的检索,因此通常先要进行简单检索以了解发明的背景技术,并进行相关文献的初步查找。如果简单检索无法获得目标文献,则需要在此基础上进行全面检索。在最开始进行专利文献检索时,通常希望检索语言尽可能全面地将方案的发明构思进行完整的表达。在这个过程中,需要构造全要素检索式,即对从权利要求和说明书中获得的所有基本检索要素进行"与"运算。在首次获得全要素检索结果后,如果检索结果数量巨大,不利于查阅,则需要引入非基本检索要素以缩小检索结果的范围;如果检索结果很少,其中并不包含所期望的专利文献,可以针对基本检索要素进行再次确认,在确认无误后对基本检索要素进行进一步扩展,或者适当地在检索表达式中舍弃某个基本检索要素,来对检索结果进行扩展以便对检索结果进行查阅。

很多时候,针对文献的整体构思进行分析后还需要进行策略上的划分。例如，检索对象的技术方案较为复杂，涉及的技术过程和细节繁多，需要对整个技术方案有一个层次和逻辑性的清楚划分，对整个方案有了清楚的认识以后，才能更加快速地检索到有效的目标文献。在对技术方案的层次和逻辑性进行划分的过程中，针对各个检索要素平等地构造出各个"块"，并且各个"块"之间没有限制关系，而后根据不同块之间的各类组合方式制定出合适的检索策略。这类对各个"块"进行划分、组合与表达的过程即是"块检索"，其主要包括块构造和块组合两个关键步骤。前文所述的检索要素以及基本检索要素即构成"块"，将"块"确定完毕并进行检索要素表达的扩展后，即完成了块构造的过程；根据想要表达的内容通过逻辑算符对各个"块"进行整合，即完成了块组合的过程。这里的块组合既可以涉及所有的"块"，也可以选取部分"块"进行逻辑算符的整合以进行检索语言的表达。

此外，在检索过程中，可以进行试探性的检索，从而不断加深对文献技术方案的理解，进一步完善检索策略。例如，在检索对象概括的技术方案范围较大、技术特征较为上位时，通常选择渐进式检索方式。所谓的渐进式检索，是指根据最初构建的检索式，逐步对检索要素进行调整以完善检索表达的检索方式。具体而言，若专利文献中的独立权利要求的技术方案由较上位的技术特征构成，而使用这些上位技术特征进行检索所获得的检索结果过于庞大，并且其中很多检索结果与检索对象的核心技术方案相去甚远，此时可以在这些检索结果的基础上进一步以说明书尤其是实施例为目标，检索更为接近的技术方案。换言之，我们可以在检索中首先选取基本要素进行常规检索，面对初步检索所命中过多或过少相关文献的情况，还可以逐步修正原基本要素或添加新的辅助要素，逐步调整检索方向，以期最终准确命中相关文献。值得注意的是，当遇到检索对象的技术方案相对陌生，无法直接通过阅读申请文件获得检索要素的情况，同样可以利用渐进式检索以逐渐加深对技术方案的理解，逐渐准确把握到发明点，并构建合理的检索式以获得相关文献。

事实上，在检索过程中往往很难通过单一的检索策略获得期望的目标文献。因此，常常需要根据实际检索时遇到的各种情况对检索要素的确定、表达以及组合进行调整。换言之，无论采用何种检索策略，或无论对其检索策略进行怎样的调整，都需要以正确选择检索要素为基础，以准确表达检索要素为依据，以合理组合检索要素为手段来构建检索表达式，从而获取所需专利文献。因此，检索要素的确定、表达以及组合，构成了检索的 3 个核心环节。这 3 个核心环节将在本节第二部分中进行专门介绍。

5. 筛选检索结果

在实施检索策略并得到适合浏览的检索结果之后，需要快速、有效地从中筛选出所需的目标文献。值得注意的是，针对不同的检索类型，检索结果的筛选技巧有所不同。针对专利性检索，由于其检索目的在于查找能够破坏被检索技术方案新颖性或创造性的目标文献，因此一定要立足于专利性本身来对检索结果进行筛选。本书将专利性检索结果的筛选方法归纳为"两步骤三角度"，即一般要经过初筛和精筛两个步骤，各步骤要兼顾发明构思、核心要素和还原发明3个角度。针对专利分析检索，由于其检索目的在于找出专利分析项目所需分析的专利数据，因此其检索结果筛选的关键在于确保全面性和准确性，为后续专利分析和政策建议提供可靠的数据支撑。相应地，在对专利分析检索结果进行筛选时，通常需要机器和人工相互配合，依托技术分解表对检索结果进行不同角度的标引和分类，并依托技术路线从不同的维度筛选出所需专利文献。详细的筛选策略参见第六章第二节。

二、专利检索核心环节

1. 检索要素的确定

检索对象的发明构思一般通过权利要求所请求保护的技术方案来体现。通常情况下，每个技术方案由多个技术手段所组成，而每个技术手段又通过多个技术特征来体现。我们可以围绕发明构思从这些技术特征中提炼出多个可用的检索要素，并以此为线索在专利文献的海洋中寻找与检索对象存在内在联系的文献孤岛。在这些检索要素之中，体现技术方案的基本构思的可检索要素为基本检索要素。

（1）基本检索要素的判断标准

从评价专利性的角度来看，基本检索要素是评价权利要求的新颖性和创造性所必不可少的检索要素。在实际的检索中，可以借助于新颖性和创造性的判断来确定基本检索要素。对于权利要求中的某些检索要素，如果检索到的一篇或多篇专利文献具有全部这些检索要素，则这一篇或多篇专利文献就存在否定该权利要求的新颖性或创造性的可能性；但是如果缺少这其中的任何一个检索要素就不存在这种可能性，则这些检索要素就是该权利要求的基本检索要素。这便是基本检索要素的判断标准。

需要指出的是，在上述判断标准中，基本检索要素可分布于一篇或多篇对比文件中，而不仅限于一篇对比文件。这是因为检索的目的不仅限于检索可用于评价新颖性或创造性的一篇对比文件，而是还可以考虑多篇对比文件相结合来评价创造性的方式。但是不管是一篇还是多篇对比文件，它们都必须要具有可评价该权利要求的新颖性或创造性的可能性，因此上述标准正是抓住这一关键点，而不管是一篇对比文件还是多篇对比文件，这样的标准更加符合实际的检索过程，也更便于理解。

（2）基本检索要素的划分方法

在基本检索要素的确定过程中，还有一个关键问题是如何划分基本检索要素。从发明的主题名称和所谓的发明的改进点两方面选择基本检索要素，通常比较容易理解，但在确定包括多个技术特征的某一技术主题是否需要划分成多个基本检索要素时，检索人员往往存在困难。其实，解决这一问题的关键在于要考察该技术主题是否在技术上存在可分性。如果是可分的，则意味着该技术主题中所包括的多个技术特征可分布于不同的对比文件，相应地可采取不同的检索策略以检索到不同的对比文件，并将其结合以评价对应的权利要求的创造性。相反，如果不可分，也就是说其所包含的多个技术特征必须同时出现在一篇对比文件中，则应当将其作为一个基本检索要素。

例如，在一项涉及跨社交网络的通信方法的权利要求中，经分析后可知，该权利要求的方案能够达到的技术效果为：该发明能够令多个用户之间通过不同社交网络进行数据传输。而基本检索要素"跨社交网络"实际上限定出了本发明的应用环境以及所能够达到的效果，即存在多个"社交网络"，并且打破不同"社交网络"相关用户间的通信壁垒。由于发明的改进点是基于"存在多个社交网络，并且不同社交网络的相关用户间无法通信"的应用环境，因此，从创造性的评价上需要限定出与本权利要求相同或相近的应用环境，即"跨"与"社交网络"关系非常紧密，共同协作以对发明应用环境进行限定，所以基本检索要素"跨"以及"社交网络"应当同时出现在一篇文献中来限定技术方案的应用环境。由此，"跨社交网络"是不可分的基本检索要素，应当作为一个基本检索要素进行检索。同时，能够预计检索到一篇涉及多个社交网络的文献，并且该文献中披露了社交网络 A 中的某用户能够与社交网络 B 中的另一用户进行数据传输的文献，能够单篇评价上述权利要求的新颖性或创造性。从另一个角度来讲，若"跨"和"社交网络"划分为两个基本检索要素进行检索和评价，不仅会在检索过程中产生极大的噪声，还可能出现多篇文献评价时难有结合启示的问题。因此，"跨社交网络"应当作为一个基本要素，而不能将其拆分开来考虑。

如果多个基本检索要素之间相关，但在创造性评价上并不密切相关，则各个基本检索要素应当分别作为基本检索要素来进行考量；反之，如果多个要素在创造性评价的角度上密切相关，例如共同协作对方案进行限定，则多个基本检索要素不可分，应当作为一个基本检索要素来考虑。

此外，在基本检索要素的确定过程中还需要注意，虽然基本检索要素是从权利要求本身所表达的技术方案中确定的，但是如何从权利要求的众多可检索的技术特征（检索要素）中选取某些检索要素作为基本检索要素，这需要综合考虑整个发明内容来确定，即需要结合发明领域、已有技术的现状和发明内容等，相关的具体确定策略在本书第二章进行详细介绍。

2. 检索要素的表达

通常表达检索要素的主要形式有分类号、关键词、化学结构式、图形等，其中前两种形式最为常见，而化学结构式和图形则主要是用于特定的技术特征。从全面检索的角度看，分类号和关键词表达同等重要，因为对于一篇现有技术来说，既存在分类号不能命中的可能，也存在关键词难以命中的可能。

分类号通常是专业人员所分，具有专业性和较大的确定性，但相对更新较慢；而关键词对应的是技术特征本身，涉及的技术层面通常广泛得多，且随着技术的更新变化较快。因此，对于较成熟技术领域的基本检索要素首选以分类号表达；而对于新兴的技术，特别是还没有准确分类号的技术，基本检索要素一般优选以关键词表达。下面对关键词和分类号的表达进行简要介绍，相关的具体表达策略分别在本书的第三章、第四章予以详细介绍。

（1）关键词表达

关键词表达通常需要从形式、意义和角度三方面来考虑其完整性。形式上的完整主要是指英文关键词在单复数、词性、不同拼写上的完整；意义上的完整主要表现在同义词、近义词、行话、俗语、上下位概念等的完整；角度的完整则体现在结合说明书中公开的内容从不同的角度选取某一基本检索要素的关键词及其等同特征的表述等，这也是关键词表达中最难把握的方面。

之所以可以从不同的角度选取表达某一基本检索要素的关键词，其主要在于说明书的公开方式。对于一份合格的说明书来说，申请人需要从现有技术中的问题出发，引出该发明需要解决的技术问题，进而提出其技术方案以及由此带来的技术效果，最后通常还需要给出具体的实施例，因此现有技术的问题、发明申请所解决的技术问题、技术方案、技术效果和具体实施例应当相互呼应，分别从不同的角度构成发明的立体公开。因此，对于涉及发明点的基本检索要素，理论上从上述任一方面选取的关键词与该基本检索要素都是相关的，只是相关程度不同而已。

有关关键词表达的各种具体策略，参见本书第三章的相关内容。

（2）分类号表达

不论采用何种分类体系，专利文献中由分类员给出的分类号通常能够比较准确地体现出申请文件的技术领域、技术问题、技术手段或技术效果，但也存在检索对象的原分类号表面上与发明内容非常相关但实际却不准确的情况，会使得检索效率大打折扣。因此，这种情况就需要检索人员不能仅局限于申请文件的文字表述，而要对检索对象的技术领域和技术方案实质进行深入思考，在检索时适当地扩大范围，在原分类号的基础上进行扩展表达，寻找更准确的分类号或其他相关的分类号，从而使得检索能够真正覆盖技术方案的实质，提高检索的质量和效率。

有关分类号表达的各种具体策略，参见本书第四章的相关内容。

3. 检索要素的组合

由于现有技术的广泛性，专利性检索要同时兼顾检索的质量和效率，也就是如何在"检准"与"检全"之间达到平衡。从检索要素组合角度看，"检准"通常采用全要素组合检索，"检全"则关键在于部分要素组合检索。

（1）全要素组合

通常，为命中与检索对象相关度最高的专利文件，检索首先基于检准的思路，采用全要素组合策略展开。在检准的思路下，通常使用相对较准确的检索要素表达，适当增加一些非基本检索要素，这种方式非常容易理解并且通常比较简单。然而，在全要素组合检索没有获得合适的结果时，则需要进一步扩充检索范围，考虑部分要素的组合来实施检全思路，这正是检索的难点之一。与检准思路完全不同的是，检全思路是在检索要素表达上做"加法"，尽可能扩充检索要素的表达，而在检索要素数量上做"减法"，尽可能剔除非基本检索要素，并且还要进行部分基本检索要素组合检索以实现更加全面的检索。

（2）部分要素组合

为更好实现部分要素组合检索，有学者结合对发明构思的理解和对创造性的评判，提出"两步法"检索策略，包括如下步骤：第一步基础构思检索，分析发明的技术主题、技术问题及其技术原理，确定基础构思并检索基础构思；第二步改进构思检索，在第一步检索获得的最接近现有技术的基础上确定主要区别，确定改进构思并检索改进构思。❶

造成检索不全面的主要原因，除了确定的基本检索要素不正确、基本检索要素表达不全面等原因之外，很多情况都是由于检索要素组合不完整造成的。因为检索者通常不可能按照数学上的排列组合对多个基本检索要素都进行各种组合检索（事实上许多组合方式通常也是无意义的）。可见，部分要素组合检索要比全要素组合检索复杂得多。

有关检索要素组合的各种具体策略，参见本书第五章的相关内容。

---

❶ 周胜生. 技术创新性检索"两步法"研究——以专利为视角［J］. 知识产权，2018（8）.

第四节　专利检索基本资源

正如本书前文所述，书中所探讨的各类专利检索策略都是与具体检索资源无关的比较宏观且普遍适用的检索方法，因此对于社会公众来说，只要对拟选用的检索资源的系统功能有基本了解，即可将本书中的各类检索方法和策略灵活运用到各种专利检索资源当中。这些资源按照向用户提供的服务，可以从不同的维度归纳为官方提供的检索平台、商用专利检索平台、通用专利检索平台、行业类专利检索平台以及特色专利检索平台。本节选取目前公众较为常用的检索平台进行功能性介绍，关于各个常用专利检索平台的详细介绍请参见本书附录。

一、检索资源概况

随着网络数据信息的不断发展，数据库的种类以及数量在不断增长，各个数据库都有自身的特点与优势。因此，在检索过程中选择合适类型的数据库会有效提升检索效率。

各主要国家或国际组织官方提供的专利检索平台，通常收录的专利文献数量较大，文献覆盖的国家、组织和地区较为广泛，数据库更新周期稳定，文献更新速度较快。同时，各国（地区）专利局网站上还能够提供一些特色的检索方式，例如中国专利局提供的 IPC 导航检索、日本特许厅提供的 FI – FT 分类号检索以及欧洲专利局和美国专利商标局推出的 CPC 导航检索。官方提供的专利检索平台还能够向公众提供各国专利局针对专利申请的审查过程。

除官方提供的专利检索平台外，还可以选择商业类型的专利文献数据库进行专利文献的计算机检索。商业类型的专利文献数据库往往能够向用户提供更加全面的服务，而不仅限于向用户提供专利文献的检索服务，例如，Orbit 系统、IncoPat 平台以及智慧芽专利检索系统等专利服务平台均能够提供检索结果的图表生成、检索结果的表格导出以及检索结果的初步筛选及分析等服务。在需要进行专利分析以进行专利战略分析的情况下，通常选择能够提供对检索结果进行筛选及处理的专利服务平台。

对于某一产业或产品进行深入分析时，还可以使用行业或产品专用数据平台。一般情况下，进行专利文献检索的目的是判定一项产品是否侵权，了解某项技术发展趋势，统计某项技术的应用情况，或者分析行业发展状况等。尽管在某个产业或产品中包含多项技术的应用，但是通过整合了特定行业或产品相关技术的专用数据平台，能够在相应领域进行集中、深入的检索并获得该行业或产品所应用的具体相关技术。同时，还能在行业或产品专用数据平台针对具体在行业或产品中所应用的技术进行统计与分析，以实现对行业内技术应用以及行业发展状况的了解。可见，以行业为边界而划分的专业类数据库在检索过程中能够提供很大的便捷。目前，行业类的数据库也逐步建立起来，例如，广东省知识产权服务平台能够提供多个行业类专利数据库的导航，全球汽车专利数据库服务平台（Autopat）能够向用户提供世界范围内汽车领域相关的专利文献，中国新能源网中的专利数据库能够向用户提供与新能源相关的中国专利文献。因此，在进行某个领域内的相关技术检索时，可以选择以行业为边界划分的专业类专利数据库进行专利文献的检索。

二、特色检索资源

在检索过程中，传统的简单检索、表格检索、导航检索以及高级检索在某些情形下无法满足检索需求，例如：在某些医药类专利文献中存在大量的化学结构式，此时我们需要能够提供化学结构式检索的数据库；在一些生物领域的专利文献中，存在着大量的基因序列，此时我们需要能够进行基因序列检索的数据库；而在检索对象为外观专利文献或者以大量机械结构连接关系撰写的文献时，无法提取有效关键词或者提取出的关键词噪声过大，这时我们可能会需要能够进行图片检索的数据库。而随着网络信息数据的增加，具备各类特色检索功能的数据库也应运而生。

1. 化学结构式检索资源

STN（http://stnweb.cas.org）科技信息网络平台，能够直接识别上传的化学结构式，提供功能强大的结构式绘制功能，方便进行结构式检索与比较。该平台创建于1983年，是一个综合性的信息检索系统，集成了超过200个数据库的文献信息，数据库中文献信息涵盖了多个领域的相关技术文献。其中，STN系统中收录了3亿多篇专利文献，约占STN总文献量的三分之一。而专利文献的来源涵盖了100多家专利授权机构的全文和题录数据库，并且对收录的多个领域，如航空航天、聚合物、石油、材料、药物和食品科学等领域的专利文献进行了整合。

值得一提的是，STN系统能够支持图形检索，这一功能为医药领域、高分子领域以及材料领域的化学结构式检索带来了极大的便利。用户可以通过手动画出化学结构式并上传至系统进行检索，也可以在检索栏中输入检索对象的公开号，系统能够识别出检索对象文本中所有的化学结构式，并将所有化学结构式以数字序列号的方式推送至用户（就像每个人的身份证编号一样，每个化学结构式的数字序列号各不相同），从而根据推送的数字序列号进行化学结构式的检索。由于 STN 系统支持图形检索，因此 STN 系统给予用户很大的帮助。

2. 生物序列检索资源

在进行生物序列的相关检索时，也能够找到特色数据库进行检索。例如，NCBI 平台的 GenBank 数据库能够实现核酸、蛋白质序列同源性比对，UniPort 数据库能够识别蛋白质序列。

具体的，GenBank 是美国国家生物技术信息中心（National Center for Biotechnology Information，NCBI）建立的 DNA 序列数据库，整合了欧洲 EMBL－DNA 数据库以及日本 DDBJ 数据库，能够为用户提供较为全面的基因序列数据。在检索过程中，如果在文献中记录了需要进行检索的基因序列，并且还提到了该基因在 GenBank 中的 ID 号，进入 NCBI，在 Search 后的下拉框中选择 Nucleotide，把 GenBank ID 号输入 GO 前面的文本框中，点"GO"，即可以检索到与目标序列同源的相关序列。

UniProt 是 Universal Protein 的英文缩写，是信息最丰富、资源最广的蛋白质数据库，其数据主要来自基因组测序项目完成后，后续获得的蛋白质序列。该数据库整合 Swiss－Prot、TrEMBL 和 PIR－PSD 三大数据库的数据而成，包含检查过的、手工注释的条目（UniProtKB/Swiss－Prot）和未校验的、自动注释的条目（UniProtKB/TrEMBL）两个主要部分。此外，该数据库是经过专家校验的数据集，收录了大量来自文献的蛋白质的生物功能的信息，并对收录的文献进行手工注释并且去冗余，检索与查阅的过程十分便捷。

3. 图形检索资源

IncoPat 专利平台不仅能够进行简单检索、高级检索、引证检索等通过文字描述的检索，还能够进行图片检索，因而在外观专利检索以及机械结构检索时向用户提供了很大帮助。用户注册账号并登录后，选择"检索"一栏中的"图形检索"子项目即能够进入图形检索页面。在页面中，将所需要进行检索的图片截图或拖动至图形检索栏并在"洛迦诺"分类栏中填写相关分类号，即能够获得相关的检索结果。

中国外观设计专利智能检索系统利用"基于内容的图像检索技术"，实现外观设计专利图像内容的检索，同时，还能够结合文字检索功能协同工作以获取检索结果。该检索系统的数据库每周更新一次，及时向用户提供入库数据信息。用户可以通过外观设计专利著录项目信息进行检索，或者根据上述信息进行逻辑组合以确定被检索专利及视图，还可用外观设计专利图形图像作为检索查询的条件进行图像检索。该系统并未对全部公众开放，已有部分地方局通过向国家知识产权局提交使用请求，审批之后获得用户名和密码的方式取得使用权限。

4. 中药检索资源

"中国中药专利数据库及其检索系统"（CTCMPD）是中国国家知识产权局"十五"信息技术重点应用性研究项目，其收录了1985年至今公开的全部中国中药专利，并于2002年4月通过验收。同年6月，该系统英文版建成并投入使用，记录格式与中文库完全一致、著录项目——对应、检索功能完全相同。

CTCMPD是世界上唯一进行深度加工标引的中国中药专利数据库，可进行中药材名称的多文种检索、同义词检索、模糊检索和高级精确检索，同时还支持包含多种中药材的方剂相似性检索，共包括中药专利题录数据库、中药专利方剂数据库和中药材词典数据库3个子数据库。其中，中药专利题录数据库和中药专利方剂数据库是该检索系统的核心部分，它们提供中药专利信息和中药方剂信息的检索和显示；在信息检索上，这两个数据库可以分别检索，但在信息显示上合并显示。中药材词典数据库是辅助性检索工具，提供从多种名称检索中药材，并提供从中药材词典数据库转入中药专利题录数据库和中药方剂数据库的转库检索功能，该辅助检索系统的建立，大大提高了专利信息的检索查全率和查准率，在很大程度上解决了中药名称不规范引起的检索困难。

5. 语义检索资源

随着数据信息检索智能化的发展，为了避免用户检索过程中对关键词扩展不充分而导致漏检，一些专利检索平台逐渐开发出"语义检索"或"智能检索"的功能。"语义检索"或"智能检索"是指在检索过程中，平台不再拘泥于用户所输入请求语句的字面本身，而是透过现象看本质，准确地捕捉用户所输入语句后面的真正意图，自动将用户输入的内容进行同义词、近义词以及其他语种扩展，并以此来进行搜索，从而更准确地向用户反馈最符合其需求的搜索结果。例如，Patentics智能语义专利检索平台、上海知识产权公共服务平台的专利检索子系统均能够针对关键词进行同义词、近义词以及其他语种的自动扩展并进行检索。

以Patentics为例，该智能语义专利检索平台能够进行专利信息检索以及下载并且具备专利分析功能。该检索平台可按照给出的专利文献的中英文文本，根据文本内容包含的语义在全球专利数据库中找到与之相关的专利，并按照相关度排序。该平台也向用户提供检索栏，根据页面内提供的索引项含义以及索引表达方式自主构建检索式以进行专利文献的检索。当用户仅在检索栏内输入专利申请号或公开号时，它能够根据用户所输入的专利文献信息获取该专利文献，并且对该专利文献的权利要求1进行分析，提取关键词后自主进行中英文专利文献的检索，并将检索结果按照与用户输入的专利文献的相关度进行排序后，按照相关度由高到低的顺序将检索结果进行展示。

6. 分析统计资源平台

在各级政府以及企业开展项目研发前，通常需要对相关技术进行检索、统计并分析，因而需要能够提供专利文献统计、分析并导出结果的检索资源。IncoPat专利平台、Patentics专利平台以及Orbit专利服务平台等资源平台则能够向用户提供满足上述需求的专利文献统计、分析服务。

例如，Orbit专利服务平台不仅提供简单检索、表格检索等文字检索服务，还能够通过第三方平台进行英文语句的语义检索。同时，该平台能够根据用户的检索结果进行专利文献的统计，并根据用户选择的需求进行统计后的专利文献分析，将统计结果以及分析结果生成图表向用户展示。IncoPat专利平台同样能够根据用户的检索结果进行统计、分析。该平台向用户提供筛选功能，用户能够选择专利文献国别、类型以及日期对专利文献进行人为筛选。该平台能够针对用户的检索以及筛选结果对专利文献进行统计并分析，同时生成可导出的图表展示给用户。

在种类繁多的专利文献检索资源中，不同数据库面向多样化的用户，开发出各自独特的功能，各具优势，为检索工作提供了多个可选途径。根据实际检索过程中的需求，可以灵活选用合适的数据库进行专利文献的检索与阅读。

第二章　检索要素确定策略

检索要素是从技术方案中提炼出来的在检索资源中可被检索的技术特征，是在检索过程中关联待检索对象和检索资源的纽带。检索要素的确定是实施检索策略的第一个重要环节，检索要素确定是否准确直接影响到检索的质量和效率。专利性检索和专利侵权检索是整个专利文献检索的基础，本章重点介绍专利性检索和专利侵权检索两类检索中检索要素的确定策略。

第一节　专利性检索的检索要素确定策略

专利性检索的基本目的在于查找可用于评价专利或专利申请新颖性及创造性的目标文献。由于发明构思是专利性评价的基础，因此确定检索要素的关键在于如何能够通过检索要素准确地体现发明构思。下面重点介绍基于发明构思的专利性检索的检索要素确定策略。

一、基于发明构思三要素的检索要素确定策略

专利检索的目的是在了解现有技术状况的基础上，找出与检索对象的主题密切相关的专利文件。因此，在检索时应当把重点放在检索对象的发明构思上，即重点把握发明的"智慧贡献"。这里所称的发明构思并不完全等同于技术方案，而是基于申请文件本身所记载的背景技术、发明内容等所确认的技术改进思路，是依据申请文件本身的记载能够确认的发明对现有技术做出贡献的内容。

在发明构思中，技术问题是发明人提出发明的基础，是驱使发明人进行发明创造的动力；技术手段体现的是发明人面对技术缺陷，提出解决方法后，其解决该技术问题的具体手段；技术效果体现的是在明确发明人所采取的技术手段后，针对存在的技术缺陷所完善的程度和体现的优势。

因此，技术问题、技术手段和技术效果构成了理解发明构思的核心三要素，基于发明构思确定检索要素的过程可以围绕对上述核心要素的剖析展开。在此过程中，要特别注意发明构思不应当是静态的，即不应当被局限于发明点相关的个别技术特征。相反，发明构思应当是动态的和系统的，它能够体现发

明在思维上的实现过程，即解决技术问题所采用的技术手段的整个实施流程并获得相应技术效果，切忌过于上位或下位的理解。

把握这一动态原则，检索人员可以从技术问题、技术手段和技术效果三者之间的内在联系出发，找到检索要素间的逻辑关系，对其进行重新提炼或补充，进而确定出真正能够准确体现发明构思的有效检索要素。

1. 技术问题剖析策略

在进行检索时，检索人员往往容易局限于权利要求中记载的文字内容，从记载的方案中提取检索要素，这是提取检索要素常用的方式，但这种方式经常具有局限性，无法获得好的检索结果。此时，检索对象要解决的技术问题就成了重要突破口。从技术问题角度出发，能够帮助检索人充分了解所属领域中为了解决该类技术问题所采用的技术手段，从而帮助检索人快速有效地站位本领域技术人员的水平，对于一些技术问题比较有代表性的专利的检索，能够挖掘出文字表述背后更加准确的检索要素，给人一种"柳暗花明"的感觉。

【案例 2 – 1】

本案例的权利要求 1 保护一种冷藏装置用瓶座，包括槽形本体，其特征在于，所述槽形本体的底部至少包括用于将所述瓶座内容置的瓶子重心沿所述瓶座纵深处倾斜的倾斜部。

本案例涉及针对现有技术中存在的如何有效提高瓶座内瓶子的稳定性（如瓶子向门体倾斜）、方便存取瓶子（如瓶子向远离门体方向倾斜）等技术问题，提出了一种冷藏装置用瓶座及冷藏装置，发明点在于在瓶座的槽形本体底部设置倾斜部，该倾斜部朝向门体设置。

在针对发明点进行检索时，按照一般思路，可提取"冰箱、瓶座、倾斜部"作为检索要素，但是，噪声比较大，很难有效地检索到有效的文献。换一个角度，结合上述技术问题，提取"稳定，重心倾斜"作为检索要素，并相应扩展为"倾斜 or 斜面 or 重心"和"稳定 or 稳固 or 跌落 or 碰撞 or 损坏"，在进一步限定检索过程后，能够有效地检索到相关文献 CN2515622Y 和 CN1153280A。

【案例 2 – 2】

本案例的权利要求 1 保护一种压缩请求的处理方法，包括：

服务器接收客户端发送的压缩请求，其中，该压缩请求为所述客户端检测到待请求的业务量大于预定值时所生成的；

在预处理阶段对接收到的所述压缩请求进行解析，获得非压缩数据；以及在内容处理阶段将获得的所述非压缩数据发送给超文本预处理器，由所述超文本预处理器对接收到的所述非压缩数据进行处理。

本案例发明目的在于解决超文本处理器解压缩能力不足的技术问题，即当终端发送压缩请求时，超文本处理器虽内建有解压缩工具，但由于此种工具效率不高，所以在大访问量的情况下会成为性能瓶颈。所采用的解决方法是，通过在预处理阶段调用系统的解压缩工具对压缩请求进行解压，然后再由超文本处理器处理解压缩后的数据，进而提高解压缩效率。

在针对发明点进行检索时，可提取"服务器、压缩、客户端、超文本、处理"作为检索要素，但是，噪声比较大，缩减检索范围会导致漏检的情况，导致很难检索到有效的文献。结合本案例的上述技术问题，提取"解压缩、超文本"作为检索要素，并将其限定在同一句中进行检索，能够快速有效地检索到相关文献 CN102970287A。

通过上面的案例可以看出，直接针对技术方案提取检索要素进行检索时，可能会由于漏检或者噪声太大，导致无法有效检索到对比文件，从技术问题的角度出发，提取检索要素，往往会起到事半功倍的效果。应当注意，提取技术问题相关的检索要素并不局限于专利申请中记载的内容，可以充分站位本领域技术人员，准确理解方案后，总结出更加准确的检索要素。

2. 技术手段剖析策略

技术手段剖析策略是指从专利方案所采取的技术手段中提取检索要素的策略，这里的技术手段包含了关键技术手段和其他技术手段。其中，关键技术手段是指，为了解决现有技术中存在的技术问题，而采取的能够有效克服现有技术缺陷并且体现技术贡献的核心技术手段。通过关键技术手段提取检索要素，能够帮助检索人员针对专利的核心技术方案进行检索；而其他技术手段则能够在检索过程中起到辅助检索的作用，从而减少检索噪声，提高检索效率。

一件专利申请对现有技术所做出贡献的技术手段，通常是根据背景技术的描述或者本领域技术人员的知识确定的，一般在撰写较为规范的独立权利要求的特征部分能够体现。因此，可以从独立权利要求的特征部分中，选取最能体现本申请发明点的技术特征作为基本检索要素。此外，有些专利申请可能会将真正的技术贡献记载在发明内容和具体实施例部分，而非体现在权利要求书中，这一点应当引起注意。此时，应结合说明书的内容进行分析和提炼。

【案例2-3】

本案例的权利要求1保护一种用于人体佩戴的具有红外全景深感知功能的

导盲帽，其特征在于：包括 3D 摄影单元（1）、信号处理单元（5）和用于人体感知的触点阵列单元（9）；所述的 3D 摄影单元包括用于近红外主动照明的近红外光源（3）和用于双相机摄影的左近红外摄像光电传感器（4）、右近红外摄像光电传感器（2），所述的左近红外摄像光电传感器（4）、右近红外摄像光电传感器（2）对称安装于导盲帽的眼镜上，组成双摄像光电传感器；所述的近红外光源（3）安装于眼镜上方的导盲帽正前方；所述的触点阵列单元（9）固定于导盲帽的内壁面，工作时触点阵列单元（9）与人体前额保持良好接触。具体如图 2 - 1 所示。

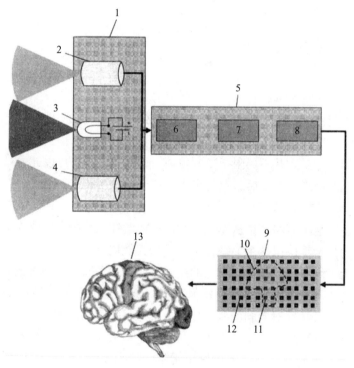

图 2 - 1　红外导盲帽组成原理

本案例背景技术中的导盲产品（如电子手杖、超声波导盲仪等），主要被动接收自然界物体红外辐射或定向超声波束回波，其只能提供障碍物的距离信息。此外，采用现有技术中的"舌面"刺激模式的导盲设备，只具备捕捉障碍物的方位和大小信息的功能，并且"舌面"电刺激脉冲方法也使得盲人感觉很不舒服。基于该背景技术的缺陷，本案例提出了采用两个红外摄像机来测得三维信息，然后通过设置在导盲帽内壁面的触点阵列单元来感触三维场景信息，克服现有导盲设备无法同时提供景物大小、方位、距离等信息的缺陷，同时还可解决传统感知触点工具通过舌面、腋下等电刺激传导方式给盲人造成的生活不便问题。因此，通过双摄像机测三维场景信息，以及将触点设置在导盲帽内壁，成为本案例的关键技术手段。

如果根据权利要求记载的技术方案确定检索要素，则可提炼的检索要素仅限于"3D、相机、红外光源、眼镜、内壁、前额景深、感知、导盲帽、触点阵列"。通过上述检索要素检索时发现，由于检索范围限定得比较小以及检索要素的组合比较多样，导致无法快速准确地检索到有效对比文件。基于前文分析可知，本申请的关键技术手段在于设置两个红外摄像头，通过获取的图像处理得到三维信息，通过帽内设置的触点阵列让用户感受到前面场景。因此，检索人员可以不受限于权利要求本身的描述，而从关键技术手段的角度将关键词"相机、帽、内壁"作为基本检索要素，结合 IPC 分类号"A61H 3/06"进行检索，即可得到有效的对比文件 CN204709329U。

【案例 2 - 4】

本案例的权利要求 1 保护一种安全监控系统，其特征在于，包括数字图像接入端以及模拟图像接入端，所述数字图像接入端通过网络连接有视频存储器，所述模拟图像输入端通过编码器连接所述视频存储器，所述视频存储器通过解码器连接有显示器，所述视频存储器连接有音视频管理服务器以及客户工作端。

本案例针对背景技术中高清信号传输过程会出现卡顿现象，并且采用低分辨率摄像机工作时，采集的画面像素又不够理想的问题进行技术改进。通过上述技术问题的描述以及对发明技术方案的理解可知，申请人对背景技术做出贡献的关键技术手段是对监控图像在预测、变换、量化等步骤中所采取的方式，以及结合灰度分布的统计特征进行编码的方法。然而上述权利要求仅限定了一种监控系统以及其中采集、传输和管理设备的连接关系，并未体现出技术贡献的相关内容。

如果在开始的检索过程中仅考虑独立权利要求，则可以提取相关的检索要素"安全、监控、图像、模拟、数字、视频、存储、解码、服务器"进行检索，此时存在很大的检索噪声，很难检索到有效的对比文件。但是，结合上述技术贡献点提取相关的检索要素，可以确定"编码、帧内预测、帧间预测和附带信息、灰度、区间、分段、拉伸"等作为检索要素进行检索，能够得到有效的对比文件 CN103026710A。

通过上述案例可以看出，利用关键技术手段提取检索要素时，根据不同专利的特点，不能仅局限于独立权利要求记载的内容，应以本领域技术人员水平结合说明书内容充分理解专利的内容，提取出有效的检索要素。

3. 技术效果剖析策略

虽然一件专利申请保护的是关于产品或方法的技术方案本身而非技术效果，然而技术方案是因，技术效果是果，二者紧密关联。也就是说，技术方案决定了技术效果，通过技术效果能反过来认识技术方案。因此，在对一件专利申请的技术方案进行检索时，不仅要从专利的技术方案本身进行考虑以确定检索要素，还可以结合技术效果作为参考因素，对拟实现的技术效果进行分析，以挖掘出更准确的技术术语的表达方式，寻找更能体现技术方案实质的检索要素，从而提高检索的质量和效率。

需要注意的是，在说明书中声称的技术效果未必是实际能够达到的技术效果，因此要充分站位本领域技术人员进行客观判断，从而提取准确的检索要素。此外，说明书或者摘要中记载的技术效果，有时仅是针对整个技术方案拟实现技术效果的描述，而并没有针对其中某个技术手段的效果进行阐述。因此，在提取检索要素的过程中，也可考虑从一些重要技术手段的技术效果方面提取检索要素。

【案例2-5】

本案例的权利要求1保护一种显示接口卡，其特征在于，所述显示接口卡包括：信号输入模块，用于通过标准接口接收视频数据；显示处理模块，用于对所述视频数据进行处理；数据传输模块，用于与显示主板建立通信，并通过输出接口向所述显示主板发送所述显示处理模块处理后的视频数据，以使所述显示主板将处理后的视频数据直接进行显示。如图2-2所示。

图2-2　显示接口卡的结构示意

根据权利要求本身的文字描述仅可以提取出"显示、接口、卡、处理"等关键词作为检索要素。显然，这些要素无法准确体现该申请的发明构思，使得检索噪声很大，检索结果并不理想。此时，检索人员可以根据说明书公开的内容，从技术效果的角度对权利要求记载的技术方案加以重新理解。该申请的发明目的在于解决现有技术中电视无法进行硬件升级和扩展的技术问题，所达到的效果也是便于硬件的更新和升级换代。因此，"更新、升级、换代"等关键词能够较为准确地体现发明构思，将其与本申请的技术领域进行结合，重新确定检索要素为"电视、更新、升级、扩展"，据此进行检索则很容易获得影响权利要求1新颖性的对比文件CN101287087A。

二、基于"两步法"检索的检索要素确定策略

发明构思是发明创造的精髓，因此也是专利性检索中的核心。由于专利性检索的基本目的在于查找可用于评价专利申请新颖性及创造性的现有技术，因此，为使寻找的现有技术更加符合创造性评价的需要，可以从创造性评价的方式出发，探寻发明构思在检索中的应用。通常，可采用本书第一章提及的"两步法"检索策略，即第一步基础构思检索，第二步改进构思检索。以下结合具体案例探讨"两步法"检索中的检索要素确定策略。

1. 基于基础构思确定策略

基于基础构思确定检索要素，首先，要了解技术方案基础构思的核心要件，即发明的技术主题、技术原理、技术问题或重要的技术特征；其次，还应明确基础构思检索的主要目的，是找出在技术主题、技术问题或技术原理上与发明主题最接近的现有技术，以便实现对具有相同或近似技术主题的尽可能的全面检索。围绕上述基础构思核心要件和检索目的，需要根据技术方案的技术领域特点、技术创新水平和问题解决方式等因素，综合考量确定检索要素。例如，对于某些开创性发明，仅仅采用技术主题直接进行检索即可；如果发明提出了新的技术问题，或者新的技术需求，则需要将技术主题结合技术问题进行检索；如果发明仅仅是对现有技术做出有限的改进，则需要将技术主题、技术问题和重点技术特征综合起来，作为检索要素，联合实施检索。

【案例 2 - 6】

本案例的权利要求 1 保护一种基于高速球机的主动式跟踪方法，采用改进的连续自适应的均值漂移跟踪方法，将 HSV 颜色直方图反向投影得到的概率分布图，与图像边缘直方图反向投影得到的概率分布图进行加权融合，并结合卡尔曼滤波方法，预测跟踪目标的位置，从而提高跟踪的健壮性。其特征在于，包括如下步骤：

（1）假设高速球机采集的图像中心坐标为 (c_x, c_y)，跟踪目标在图像中水平方向偏转阈值为 Δx，俯仰方向偏转阈值为 Δy，变焦阈值上限为 $\Delta z_{\max}$、下限为 $\Delta z_{\min}$；

（2）手动在高速球机图像采集模块采集到的视频序列中用矩形框标记出待跟踪目标，t 时刻标记的待跟踪目标的矩形框面积为 S_t，待跟踪目标质心位置 s_t 坐标为 (x_t, y_t)；

（3）通过改进的连续自适应的均值漂移跟踪方法实时地跟踪标记出的待跟踪目标，并通过卡尔曼滤波方法，根据 $t-1$ 时刻的待跟踪目标质心位置 s_{t-1}

坐标为 (x_{t-1}, y_{t-1})，估计该目标 t 时刻的质心位置 s_t 坐标为 (x_t, y_t)，然后在 t 时刻的质心位置 s_t 再应用改进的连续自适应的均值漂移跟踪方法，在该位置附近匹配待跟踪目标，从而提高跟踪精度；

（4）当 $x_t - c_x > \Delta x$，则高速球机水平向左偏转，当 $| x_t - c_x | > \Delta x$ 且 $x_t - c_x < 0$，则高速球机水平向右偏转，从而使目标位于图像的合适区域；

（5）当 $S_t > \Delta z_{max}$，则高速球机焦距变小，当 $S_t < \Delta z_{min}$ 时，高速球机焦距变大，从而使矩形框面积 S_t 满足 $\Delta z_{min} < S_t < \Delta z_{max}$；

（6）当 $y_t - c_y > \Delta y$，则高速球机做下俯偏转，当 $| y_t - c_y | > \Delta y$ 且 $y_t - c_y < 0$，则高速球机做上仰偏转，从而使目标位于图像的合适区域；

（7）重复步骤（3）–（6），完成对待跟踪目标的跟踪，且上述具体偏转角度以及焦距调节大小需根据不同种类的高速球机的偏转速度以及焦距大小调试而定。具体如图 2-3 所示。

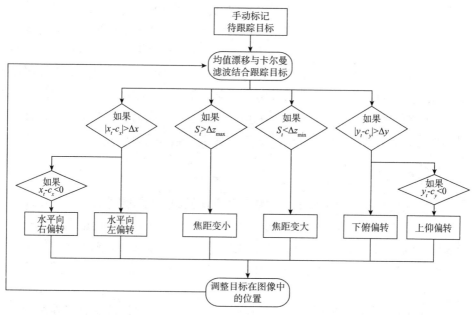

图 2-3　一种基于高速球机的主动式跟踪方法的流程

本案例涉及目标跟踪领域。现有技术中智能监控系统基本上都是被动地监控限定区域的运动目标，且必须通过手动控制云台，才能更换其他监控区域以及不能自动可持续地跟踪指定的运动目标，对此申请人提出一种基于高速球机的主动式跟踪方法，该方法通过人为地确定待跟踪目标，然后配合摄像机云台，全方位实时地完成对运动目标的跟踪。

因此，本案例的基础构思在于采用均值漂移和卡尔曼滤波跟踪目标，然后配合摄像机云台，全方位实时地完成对运动目标的跟踪。由此可确定基础构思相关的检索要素为"均值漂移""卡尔曼""跟踪"。通过合适的扩展后进行检索，获得现有技术文献 CN103149939A。该文献公开了先由 Kalman 滤波器预测出目标在下一时刻最有可能出现的位置，用 MeanShift 在以该预估位置为中心的窗口范围内搜索，这样必然会增强跟踪的快速性能，同时将搜索结果作为观测值再次传递给 Kalman 滤波器，以预测下一时刻的位置；从无人机航空视频中检测出运动目标之后，对该用矩形框包围描述的目标在后续帧中基于偏移的均值向量 MeanShift 进行连续跟踪，结合本领域普通技术知识即可评价权利要求 1 的创造性。

【案例 2 - 7】

本案例的权利要求 1 保护一种用于高遮盖力白色颜料的核壳结构纳米二氧化钛及其制备方法，其特征在于：所述的钛白粉复合材料的钛白粉纳米颗粒呈坚硬的高分子壳内裹着高分子钛白粉纳米颗粒内核的核壳结构，其制备包括如下步骤：

（1）以钛白粉即二氧化钛为原料，利用双乳化法将不溶于油相的钛白粉即二氧化钛分散到溶解有高分子材料的油相溶剂里，混合搅拌形成油包固体颗粒乳化液；油相溶剂为可以溶解高分子且沸点较低的有机溶剂，包括但不局限于乙醇、甲醚、二氯甲烷或其混合物，最终形成的高分子溶液的浓度可以是 0.1% ~ 20%（w/v）。

（2）然后再将油包固体颗粒乳化液注射到富含表面活性剂的水相里，混合搅拌，从而形成将钛白粉纳米颗粒包裹在高分子油相里的纳米液滴；富含表面活性剂的水相可采用各种非离子表面活性剂、阴离子表面活性剂，或阳离子表面活性剂，包括但不局限于聚乙烯醇 PVA、十二烷基硫酸钠、Tween 80，浓度可以从 0.1% ~ 5%（v/v）。

（3）在搅拌并采用抽气系统抽气形成低压的状况下，挥发或萃取掉油相溶剂，形成坚硬核壳结构的纳米二氧化钛，即在坚硬的高分子壳内包裹着高分子钛白粉纳米颗粒内核结构，所述的油相溶剂采用二氯甲烷或其与乙醇的混合物。

其中的高分子采用乳酸、乙醇酸、己内酯、苯乙烯、丙烯酸 $C_4 - C_8 -$ 烷基酯、甲基丙烯酸 $C_4 - C_8 -$ 烷基，或 - 烷基芳基酯作为单体单元的共聚物组成的高分子。

本案例涉及建筑材料领域，现有的建筑涂料中，二氧化钛即钛白粉运用最广泛，但是价格较贵，分散性和遮光性不太好。本案例为了克服现有技术的不足，提供了用于高遮盖力白色颜料的核壳结构纳米二氧化钛及其制备方法。本发明制备的产品具有很好的分散性和遮光性，大大降低了钛白粉的用量，且本发明采用物理方法制备，加工工艺简单，制备时间短，生产过程无污染，成本低。

进一步对技术方案理解后，可以确定基础构思为通过在二氧化钛表面包覆一层高分子材料，从而形成核壳结构，其中的包覆方式为微胶囊法，以达到提高二氧化钛颜料的分散性和遮光性的目的。因此，确定基础构思相关的检索要素为"微胶囊""二氧化钛""包覆""乳酸"。进行适当的关键词扩展后结合分类号检索到现有技术文献 CN1687252A，结合本领域普通技术知识即可评价权利要求 1 的创造性。

2. 基于改进构思确定策略

上文提到，"两步法"检索策略是在发明创造性评价方式基础上创建的。在创造性评价中，一般先要确定与某发明最接近的现有技术，随后通过特征比对，发现该最接近的现有技术与某技术方案的区别，并确定这些区别能够带来什么效果，解决何种问题。根据这些区别，接下来会针对性地实施进一步检索，找到已公开这些区别特征并且能够起到相同效果的其他现有技术，由此判断发明是否显而易见。事实上，我们上文已完成的基础构思检索，即相当于确定最接近的现有技术的过程。显然，下一步就需要明确基础构思检索获得的检索结果，与检索对象存在何种区别技术手段，并针对区别技术手段，开展所谓"改进构思检索"。

改进构思检索优先考虑相同技术主题或技术领域的技术方案，但如果相同技术主题或技术领域检索不到合适的现有技术，也可以针对区别技术手段，从其他技术主题或技术领域寻找相关的技术方案，前提是本领域技术人员能够获得一定的技术启示。事实上，从创造性评判的角度看，本领域技术人员在一定的技术启示下确有能力将不同的现有技术组合起来评判创造性。可见，基于改进构思确定检索要素，需要重点关注检索对象与最接近现有技术公开的基础构思之间的区别特征，必要时应考虑不同技术主题或技术领域。

【案例 2 - 8】

本案例的权利要求 1 保护一种多摄像头场景下根据指纹和压力智能监控的方法和系统方法，其特征在于，包括监控管理客户端向监控平台发送携带指纹的登录请求。

所述监控平台接收来自所述监控管理客户端的所述登录请求，基于所述登录请求携带的指纹对所述监控管理客户端进行身份认证，若所述监控管理客户端的身份认证通过，则向所述监控管理客户端发送用于指示登录成功的登录响应；所述监控平台向登录成功的所述监控管理客户端发送监控管理操作界面，所述监控管理操作界面中的房间选择区域中包含有狱内的 N 个关押室的房间图标，所述 N 为大于 1 的整数。

所述监控管理客户端在所述监控管理客户端的触摸屏上显示所述监控管理操作界面；所述监控管理客户端若检测到了用户针对所述触摸屏上显示的所述监控管理操作界面中的房间选择区域的第一触控操作，并且所述第一触控操作的触控位置包括了关押室 si 的房间图标，并且所述第一触控操作在所述关押室 si 的图标上的触控压力大于或等于压力阈值，并且所述关押室 si 当前未开启视频监控，则所述监控管理客户端向所述监控平台发送携带有所述关押室 si 的房间标识的监控启动指令，其中，所述关押室 si 为所述 N 个关押室中的其中一个。

所述监控平台接收来自所述监控管理客户端的监控启动指令后，向安装于所述关押室 si 的摄像头 vsi 发送携带所述摄像头 vsi 的摄像头标识的自适应视频监控指令，所述摄像头 vsi 为安装于所述关押室 si 的主摄像头，所述自适应视频监控指令用于指示所述摄像头 vsi 对所述关押室 si 进行视频监控；所述关押室 si 中还安装有至少一个从摄像头，所述自适应视频监控指令还用于触发所述摄像头 vsi 通过视频扫描实时地定位关押于所述关押室 si 之中的嫌疑人的当前位置，并控制安装于所述关押室 si 的距所述嫌疑人当前位置最近的从摄像头对准所述嫌疑人当前位置进行视频监控。

本案例涉及智能监控领域，现有技术中，当疑犯被关押到关押室内时，工作人员通常需要利用关押室门外的监控开启装置来手动开启或关闭关押室的音视频监控，这种音视频监控的近距离手动开关控制方式的效率比较低。基于该问题，提出了远程控制开启关押室的摄像头，进而有利于提高控制关押室进行视频监控的效率。

因此，基础构思可概括为远程开启关押室摄像头。基于此，可确定基础构思的检索要素为"摄像头""开启""远程"。进行检索后，检索到现有技术文献 CN203812073U 能够公开基础构思的过程。基于检索获得的该现有技术文献，针对摄像头远程开启的具体实现过程进一步限定，确定改进构思在于通过监控平台经指纹登录后利用触控屏点击操作来实现摄像头的具体操作过程。根据该改进构思确定检索要素为"监控平台""指纹""压力""触控"作为检索要素，适当扩展后进一步检索，获得现有技术文献 CN1525668A 来评价该权利要求 1 的创造性。

三、基于原理类比的检索要素确定策略

在专利性检索中，有时会遇到一些权利要求采用的技术手段比较生僻的技术方案，在检索要素确定的过程中，也会遇到关键词较难提取的情况，一般的应对策略是结合说明书的背景技术或者实际解决的技术问题加深对权利要求的解读。但是，有些专利申请的说明书对背景技术和解决的技术问题描述得也很模糊，这种情况下，对检索要素的确定难度就会很大。此时，就需要根据检索对象的技术原理进行类比来进行检索要素的确定。

在原理类比时，首先可以从检索对象的技术原理出发联想出其在本领域中可能应用的场景，而这类场景或是在检索对象中并未描述，或是进行了描述但检索效果不好。其次还可以从检索对象的技术原理出发，还原发明人的整个发明过程。检索人员往往可以通过技术原理类比出相似的应用场景或更为清晰的发明过程，以便提取出非常有效的检索要素，从而根据更为准确的专业术语来提取出非常有效的检索要素。

【案例2－9】

本案例的权利要求1保护一种虚拟互动视频播放方法，用于播放以第一视角进行移动路径拍摄的视频，其特征在于，所述播放方法包括：视频播放器接收播放操作元件发送来的播放指令并检测播放操作元件是否持续不断地操作并发出播放指令，如是，视频播放器即控制内置的播放组件播放所述视频，否则，视频播放器即停止播放所述视频。

通过阅读本案例的权利要求，从权利要求本身的文字描述中仅可以提取出"视角、播放、持续不断、操作、停止"等检索要素及其若干组合，检索噪声很大，无法快速有效检索。通过理解说明书中的内容，其中也仅仅提到发明目的是提高用户体验，因而无法准确地提取其他有效的关键词，给检索带来了很大的难度。

如果站位本领域技术人员将上述方案进行技术认知范围内的联想，将其应用到虚拟漫游、三维地图场景或三维游戏中，用户一般在三维虚拟场景中行走的时候，需要不断地按下或点击按键来实现场景的移动和前面视野的记载，在这种情况下，就能认识到该方案的合理性。因此，根据联想场景下的虚拟漫游、三维地图场景或三维游戏等相关的关键词采用重新确定检索要素"漫游、虚拟、三维、前进、点击"进行检索，即可获得有效的对比文件CN101340598A。

【案例2－10】

本案例的权利要求1保护一种多板通讯方法，其特征在于，所述方法

包括：

主板的数据收发电路向数据收发线发送主板数据。

同时，或发送所述主板数据后，向所述数据收发线发送放弃主板权限信息，以使得从板的数据收发电路从所述数据收发线上接收所述放弃主板权限信息后，根据所述放弃主板权限信息，判断自身是否转换为新主板以发送数据。

其中，所述主板为所述多板之间通过协议确定的发送数据的板，所述协议用于确定所述多板之间更换主板权限的方式；所述放弃主板权限信息至少包括所述新主板的地址信息。

该案例的现有技术中存在多板之间通讯反应速度慢且线束较多的技术问题，其发明构思为多个主板轮流取得数据收发线的控制权，取得控制权的主板，发送数据的同时或之后，放弃数据收发线的控制权，且指定新主板的地址。通过该发明构思直接确定检索要素进行检索，无法检索到有效的对比文件。但是，在充分站位本领域技术人员角度理解本发明的技术原理后发现，现有技术中常用的总线传输方式中的 RS485 总线传输特点与本申请的发明构思接近，即在同一时刻只能有一个站点处于发送状态，其他站点均处于接收状态。因此，重新采用关键词"RS485、主、从、主从、多主机"进行检索，即可获得有效的对比文件。

四、基于特定类型权利要求的检索要素确定策略

1. 功能限定型权利要求的检索要素确定策略

功能性限定的权利要求，是指采用部件或者方法步骤在整个技术方案中所起的作用、功能或所起的技术效果进行限定的一种权利要求，功能性限定在电学、通信、光电乃至机械、材料和医药等各个领域的专利申请中经常出现。例如，权利要求往往出现诸如"功耗管理模块，用于……"等功能性限定的撰写方式。一般情况下，功能性限定的权利要求由于其限定了该功能下的所有实施方式，因而能够得到一个较宽的保护范围。对于这类功能限定型的权利要求，如何准确地确定检索要素同样存在一定的技巧性，下面通过提取与功能直接相关的检索要素，和提取与实现功能性所采用的技术手段相关的检索要素两方面来进行介绍。

存在功能性限定的权利要求，一般采用结构加功能特征的形式来撰写。针对与功能性限定相关的检索要素的提取，一般采用直接提取关键词的方法确定检索要素。在随后的检索过程中，需要判断功能性检索要素在整个技术方案中是否起到限定的作用，如果该功能性检索要素能够对发明构思的检索起到很好的限定作用，则需要将其作为检索要素，利用其结合其他检索要素进行检索；

但如果该限定在技术方案中未起到限定的作用或者在提取其他相关的检索要素时能够实现该功能，则可以不用将其确定为检索要素的一部分。

【案例 2 - 11】

本案例的权利要求 1 保护一种视频处理系统，其特征在于，所述系统包括：

划分模块，用于根据视频源数据将视频区域划分为至少两个虚拟网格；

分析模块，用于检测所述视频区域内发生动态变化的虚拟网格，并根据所检测的动态变化信息建立索引列表；

检索模块，用于接收对输入区域的动态视频的查看请求，根据所述输入区域及所述索引列表获取所述检索区域内的动态视频。

本发明要解决的技术问题是提供一种视频处理方法及系统，以解决现有技术中视频检索主要基于整个视频画面，该方式复杂且必须要人工参与，需要耗费大量时间，且效率不高的缺陷。该系统权利要求，针对不同的子模块利用功能限定的方式来限定其执行的方法。由于该功能要素的限定直接影响了发明构思的实现过程，因此，需要从上述功能限定的特征中提取检索要素进行检索。

另外，参考案例 2 - 5，尽管权利要求 1 保护的显示接口卡，未涉及"升级、更新、换代、扩展"等功能性限定的检索要素，与其相关的内容仅出现在说明书中，但是，根据针对背景技术的理解，该方案即是用于解决电视无法进行硬件升级和扩展的技术问题。因此，在通过该方案所要保护的技术方案无法准确提取检索要素的情况下，根据其功能性限定，将"升级、更新、换代、扩展"作为检索要素即可获得有效的对比文件。

通常采用直接提取的方式选择与功能性限定相关的检索要素，但在检索过程中，针对该类检索要素的扩展存在局限性。例如有可能仅仅缩小了检索范围，但对发明构思的检索起不到关键性的限定作用。针对这类案例，推荐一种间接提取功能要素的方法，其实质在于通过对功能性限定进行仔细分析，确定在发明构思中与该功能要素相关的技术手段，然后站位本领域技术人员水平，利用该领域通俗的技术术语来描述该功能性要素相关联的技术手段，从而间接确定出与该功能性限定相关的检索要素。

【案例 2 - 12】

本案例的权利要求 1 涉及一种云桌面管理系统桌面虚拟机调度控制系统，其特征在于：包括云桌面管理系统、虚拟化主管理服务器、虚拟化服务器资源池、IP - SAN 存储、多个应用终端和多个云桌面客户端，虚拟化服务器资源池由多个物理机组成，每台物理机上运行有至少一个桌面虚拟机；所述的虚拟化主管理服务器包括桌面虚拟机调度控制单元，所述桌面虚拟机调度控制单元可对物理机和桌面虚拟机性能进行监控，并实现虚拟机的调度管理。

本案例针对现有技术中无法针对桌面虚拟机在不同物理机之间进行调度，系统可靠性、稳定性差，资源分配和利用欠合理，同时在物理机故障时导致服务中断的问题，提出了一种云桌面管理系统桌面虚拟机调度控制系统。其发明构思在于在云桌面管理系统中，通过桌面虚拟机调度控制单元对系统进行性能监控以及针对桌面虚拟机在物理机上进行调度，从而提高系统稳定性并合理利用系统资源。

在初步检索时，基于发明构思确定基本检索要素为"云桌面""物理机""虚拟机""调度""监控"以及"性能"，但并未获得较好的检索结果。通过仔细体会发明，发现针对"桌面虚拟机调度控制单元"的功能性限定"对物理机和桌面虚拟机性能进行监控，并实现虚拟机的调度管理"与发明构思是密切相关的。由于在权利要求书中仅仅记载了上述功能性限定，而未记载对桌面虚拟机进行监控以及调度的具体方式，因此，根据说明书梳理总结出实现该功能的具体手段在于：迁移调度模块能够将正在运行的桌面虚拟机从当前的物理机在线迁移到其他物理机上，同时迁移过程中虚拟机提供的桌面服务不中断；而高可用调度模块能够在物理机发生故障时，自动将该物理机上运行的虚拟机恢复到其他可用的物理机上。针对上述具体技术手段可以进一步确定出检索要素"正在运行、在线、不中断、故障、恢复、其它、迁移、负载均衡"，再结合能够体现出上述手段所应用场景的其他检索要素"物理机、虚拟机"进行检索，能够获得有效对比文件。

通过该案例可以看出，在针对功能性限定检索要素的提取过程中，不应仅仅局限于权利要求书中所记载的功能性限定特征本身，而应清晰透彻理解发明构思后充分考虑实现功能所需的具体技术手段，进而确定出能够更为准确地体现发明构思的检索要素。

【案例 2 – 13】

本案例的权利要求1保护一种用于色牢度检测的图像获取装置，其特征在于，包括成像装置（1），成像装置（1）下方设置为放置箱（2），成像装置（1）和放置箱（2）组成一个密封的空间，放置箱（2）内设置有用于固定待测毛毡（36）的固定装置（3），且固定装置（3）设置在成像装置（1）的下方；所述成像装置（1）包括其内部设置的镜头向下的成像相机（12），围绕成像相机（12）的四周设置有若干光源（13）。具体如图 2 – 4 所示。

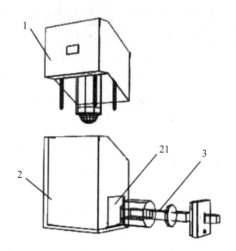

图2-4　用于色牢度检测的图像获取装置结构

在该案例的方案中介绍了装置的结构部件和连接关系，主题名称中的用途限定"用于色牢度检测"明确地限定了其应用范围，也与本案例的发明目的是在封闭的环境下提供良好的灯光条件，对沾色毛毡进行拍照，提供沾色毛毡的图像信息，从而确定待测对象的色牢度，减小了人为因素的影响，提高了色牢度的检测精度息息相关。如果不选取该用途限定相关的检索要素，会导致噪声很大的问题，对文献的浏览比较困难。而将该用途相关的"色牢度"作为检索要素进行检索，能够很好地限制噪声。

2. 性能参数限定型权利要求的检索要素确定策略

在权利要求记载的技术方案中，经常会出现利用性能参数等特征进行限定的方式。在很多情况下，这些性能参数通常都会对产品的结构或组成，以及方法的工艺或步骤带来不同程度的限定作用。因此，从检索的角度来讲，性能参数限定信息往往具有较高的检索价值，应当在检索过程中予以关注。

对于采用参数限定的产品权利要求，在确定检索要素的过程中，首先应该充分站位权利要求所属的技术领域，充分了解该领域的现有技术，对所限定的参数进行分析，确定该参数本身的含义和影响因素，必要时，还应当结合权利要求的整体方案理解参数与所表征产品中其他技术特征之间的相互关系。在此基础上，判断该限定参数是否具有区别于现有技术产品的结构和/或组成特征，如果根据该参数无法将权利要求保护的产品与现有技术产品区分开，则不需要提取与该参数相关的检索要素；如果由于该参数的限定导致权利要求保护的产品与现有技术产品有明显的区分，则需要提取与该参数相关的检索要素，用于后续检索。

【案例 2 - 14】

本案例的权利要求 1 保护一种电子雷管引爆用电缆,其特征在于,包括导体和绝缘体,绝缘体包裹导体,所述导体采用 I 级阴极铜板,铜纯度 ≥99.97%,导体电阻率 $\rho \leqslant 0.01707\Omega \cdot mm^2/m$,单线伸率 ≥24%,抗拉强度 ≥220N/mm²,导体短时耐受电流 63kA,导体截面 1000mm²;所述绝缘体采用 HDPE 绝缘材料,绝缘材料体积电阻率 $\rho_{20} \geqslant 1015\Omega \cdot m$,线芯间绝缘电阻 ≥5000MΩ·km,雷电全波冲击耐压峰值为 1.2/50μs,操作冲击耐压峰值 250/2500μs,绝缘介质损耗角正切值 <0.0005,以及最小绝缘厚度不小于 30mm;介电常数 2.3,电缆单位重量 27kg/m。

现有技术一般使用电子雷管来实现矿山爆破、地铁隧道爆破、桥梁爆破等工程,本案例针对现有技术中所采用的起爆用电缆,本身缺陷造成的信号传递不及时、信号紊乱、延迟等问题,提出了上述电子雷管引爆用电缆,用于提高信号传递速度、电缆绝缘性能以及防水性能。其发明点在于导体材料和绝缘材料中利于信号传导及绝缘和防水性能的参数的限定。

根据本案例的发明构思,可以清楚地确定导体铜纯度、导体电阻率、单线伸率、抗拉强度、绝缘材料体积电阻率和线芯间绝缘电阻是影响电缆信号传输、绝缘性能和防水性能的重要参数,"导体铜纯度 ≥99.97%,导体电阻率 $\rho \leqslant 0.01707\Omega \cdot mm^2/m$,单线伸率 ≥24%,抗拉强度 ≥220N/mm² 以及绝缘材料体积电阻率 $\rho_{20} \geqslant 1015\Omega \cdot m$,线芯间绝缘电阻 ≥5000MΩ·km"是与本案例提高信号传递速度、电缆绝缘性能以及防水性能密切相关的参数限定,本案例也是通过上述参数限定来将本案例的电缆与现有技术中的电缆结构区分开来,因此,应该提取上述性能参数相关的技术特征作为检索要素,以用于后续的检索。

然而,对于参数限定的"导体短时耐受电流 63kA""导体截面 1000mm²""雷电全波冲击耐压峰值为 1.2/50μs""操作冲击耐压峰值 250/2500μs""绝缘介质损耗角正切值 <0.0005"以及"最小绝缘厚度不小于 30mm""介电常数 2.3"和"电缆单位重量 27kg/m",则是本领域电缆结构标准中的常规限定要求,这些参数限定的数值范围与现有技术中电缆相关参数的限定范围一致,导致这些参数无法将权利要求保护的产品与现有技术产品区分开,因此,无须选取上述限定参数作为检索要素。

【案例 2 - 15】

本案例的权利要求 1 保护一种氟掺杂二氧化锡透明导电薄膜的制备方法,

其特征在于包括如下步骤：

（1）称取适量的 $SnCl_2 \cdot 2H_2O$，溶于无水乙醇中，在 $60\sim80℃$ 下，持续剧烈搅拌，搅拌过程中加入适量的去离子水，搅拌成黏糊状，冷却至室温，再加入适量的无水乙醇，在 $50℃$ 下继续搅拌 $20\sim30min$，形成溶胶，加入乙酸调节溶液的 pH，加入 NH_4F 水溶液，继续搅拌 $90\sim100min$，形成透明的锡氟溶胶；

（2）取适量的正硅酸乙酯缓慢滴入无水乙醇中，搅拌 $10\sim15min$，再滴加适量的去离子水，调节溶液的 pH，室温下搅拌 $1\sim2h$，静置，形成 SiO_2 溶胶；

（3）于载体上，依次旋涂 SiO_2 溶胶和锡氟溶胶后，先在 $100\sim120℃$ 下烘干，然后再放入 $450\sim550℃$ 的马弗炉中热处理 $10\sim15min$，最后进行退火处理，得氟掺杂二氧化锡透明导电薄膜。

本案例面对背景技术中存在的在溶胶凝胶的制备过程中，会将 Cl^-、Na^+、Ca^{2+} 等杂质离子带入 FTO 薄膜，对薄膜性能产生不利影响的技术问题，提供了一种氟掺杂二氧化锡透明导电薄膜的制备方法，该方法在玻璃载片表面先沉积 SiO_2 薄膜，再沉积氟掺杂二氧化锡薄膜（FTO），SiO_2 作为隔离层，起到阻止玻璃中 Na^+、Ca^{2+} 等杂质离子向 FTO 薄膜渗透，从而提高薄膜导电性。

本案例的技术方案可以简单概括为两步：（1）制备并沉积氟掺杂 SnO_2 层；（2）制备并沉积 SiO_2 层。其中的参数限定，仅仅是本领域技术人员根据溶胶形态、薄膜表观物理形态对工艺及参数进行的选择和适当调整，而上述选择和调整对技术效果的影响可以预期，在本案例的发明构思中所起到的作用不大，因此，在确定检索策略时，可先不考虑，选取与发明构思紧密相关的特征"$SnCl_2$（氯化锡）、NH_4F（氟化铵）、TEOS（硅酸乙酯、正硅酸四乙酯）"作为检索要素进行检索，可避免使用温度和时间等参数对检索结果造成局限的问题，从而检索到有效的对比文件。

第二节　专利侵权检索的检索要素确定策略

专利侵权检索，是指为了避免已有产品与专利之间产生侵权纠纷，而主动对该产品进行的专利检索，其检索对象是已有产品本身，而检索目标则是该产品可能侵权的专利。这里所说的专利，主要是指已授权且未终止保护的有效专利，必要时也可以扩展至可能导致侵权纠纷的尚未授权的专利申请。此类检索与专利查新检索均是基于技术方案之间进行比较的相同性质的检索，因而检索的步骤基本一致，区别主要在于检索要素的确定环节略有不同，这主要是由于二者适用的法律原理不同而导致的，下面基于侵权判定原则详细介绍相关检索策略。

一、基于全面覆盖原则的检索要素确定策略

根据专利侵权判定的全面覆盖原则，只要存在以下 3 种情况之一，则判定已知产品全面覆盖了专利的权利要求，构成专利侵权。第一，产品的技术特征与专利权利要求的必要技术特征完全相同；第二，权利要求中使用的是上位概念，产品的特征属于上位概念所涵盖的具体下位概念；第三，产品的技术特征多于权利要求中的必要技术特征。

因此，在适用全面覆盖原则来确定检索要素时，要秉承由内而外扩展的思路，首先采用与专利查新检索类似的方式确定检索要素，然后在一定程度上将这些检索要素向不同角度、不同层次的上位概念方向进行扩展，从而确保产品对象能够全面覆盖权利要求的目标专利不被遗漏。

1. 基于分层概括的检索要素确定策略

为了检索所述前两类适用全面覆盖原则的可能导致已知产品侵权的专利，提出基于分层扩展的检索要素确定策略。首先，根据产品的组成结构及功能特点，确定构成其技术方案的技术特征，并据此确定"本层检索要素"。其次，将每个本层检索要素向其上位层次进行概括延伸，再次确定出"概括层检索要素"。针对每一个技术特征均确定出了其对应的本层检索要素和概括层检索要素之后，即完成了检索要素的确定步骤。检索人员便可在上述检索要素的基础上，继续实施第三章至第五章所介绍的检索要素表达策略和组合策略。

【案例 2 – 16】

某公司研发了一款可以远程办理银行业务的自动取款机（简称 ATM 机），打算投入市场。该 ATM 机具有 RJ – 45 接口、本地摄像头、显示屏幕和处理器。其中，RJ – 45 接口，用于接收银行客服远程发送的拍照指令；本地摄像头，用于采集本地客户的人脸图像；显示屏幕，用于显示业务页面和拍照预览画面；处理器，用于处理接收的拍照指令以控制显示屏幕全屏显示人脸图像。该 ATM 机通过检测远程传输的人脸拍照指令来触发全屏显示本地视频，以起到拍照时有效调整拍照姿势、提高面部拍摄效率的技术效果。

为了检索可能存在的被该 ATM 机侵权的专利，首先根据组成该产品的各个部件及其功能来确定组成该产品技术方案的技术特征作为"本层检索要素"。经分析，这些检索要素包括"ATM""RJ – 45 接口""银行客服""远程拍照""摄像头""本地视频全屏显示"等。此时可以在对上述检索要素表达和组合的基础上进行初步检索，但无论是否检索到目标专利，均应进一步针对每个检索要素进行上位概括延伸，获得"概括层检索要素"并进一步检索。

以本层检索要素"RJ – 45 接口"为例,其概括层检索要素可以为"网口"或"以太网接口"等。将上述检索要素与其他检索要素共同进行表达和组合后进行检索,就可以避免遗漏权利要求中没有涵盖本层检索要素"RJ – 45 接口"的各种表达形式,但却涵盖了上位概念"网口"或"以太网接口"的专利,这正是因为权利要求中使用的是上位概念,产品的特征属于上位概念所涵盖的具体下位概念,也会导致侵权。

2. 基于特征缩减的检索要素确定策略

由于前文介绍的分层概括检索策略实质上是一种全要素检索策略,无法适用于已知产品技术特征多于权利要求必要技术特征的侵权检索。因此,为了检索所述第三类适用全面覆盖原则的可能导致已知产品侵权的专利,提出基于特征缩减的检索要素确定策略。首先,对已知产品的结构及功能进行技术分解,得到组成该产品的全部技术特征。其次,深入分析每个技术特征在产品技术方案中所起的作用,缩减其中对于实现产品核心功能并不重要的技术特征,将剩余的核心技术特征确定为检索要素。

【案例 2 – 17】

为了解决家长无法监控儿童观看电视行为的问题,某公司研发了一款具有智能拍照功能的电视机,打算投入市场。该电视机包括摄像头、显示模组、机芯组件、存储器、底座及后盖组件。其中,机芯组件能够在显示模组播放电视节目的过程中控制电视机中的摄像头捕获观众图像,并识别出观众的身份;存储器用于存储摄像头捕获的图像,以供后续查看。

为了检索可能存在的被该电视机产品侵权的专利,首先确定该产品所涵盖的全部技术特征,包括"电视机""摄像头""显示模组""机芯""图像识别""存储器""底座""后盖"。通过对产品技术方案的深入理解不难发现,该电视机的核心功能在于能够基于拍摄的观众图像来识别其身份,至于存储器(存储图像以供后续观看)、底座以及后盖均属于辅助设备。由于很可能存在权利要求中没有限定存储器、底座和后盖,但却包括了其他全部核心特征的专利,因此在检索时,可以将这些非核心技术特征提出,仅保留"电视机""摄像头""显示模组""机芯""图像识别"作为检索要素进行检索。

二、基于等同原则的检索要素确定策略

根据专利侵权判定的等同原则,将已知产品包含的所有技术特征与专利权利要求中记载的必要技术特征相比,表面上看有一个或者若干个技术特征不相同,但实质上是采用相同的方式或者相同的技术手段,替换属于专利技术方案中的一个或若干个必要技术特征，使代替（已知产品）与被代替（专利技术）的技术特征产生了实质上相同的技术效果，则判定所述产品并未脱离专利技术的保护范围，构成专利侵权。

因此，在适用等同原则来确定检索要素时，要秉承基于技术效果的多角度扩展思路。首先，分析出构成已知产品技术方案的全部技术特征；其次，针对各技术特征在技术方案中所起的作用或达到的效果来对技术特征进行充分扩展，从而确定出检索要素。

【案例 2 - 18】

为了解决现有车库不能移动导致占地面积大的问题，某公司研发出了一种新型的折叠车库。该折叠车库具有特殊的车库骨架结构，并配有电动机构，用户能够通过电动机构控制车库骨架结构使得车库可折叠，从而减小占地面积。

很容易分析得出，构成该车库技术方案的全部技术特征为"车库""骨架结构""电动机构"和"折叠"。进一步解读该技术方案，其解决该问题的关键在于车库骨架的结构能够折叠，可以发现无论是手动还是电动机构对车库折叠的效果是一样的。因此，可以将技术特征"电动机构"扩展为"手动机构"，并用其替代电动机构作为检索要素进行检索。如果检索到使用手动机构控制骨架结构使得车库折叠的专利，则该产品很可能构成侵权。

【案例 2 - 19】

某公司研发了一种机器人的移动机构，其结构为具有 6 个沿圆周方向均匀分布的驱动臂，驱动臂内设置有电机，电机经链条传动接位于驱动臂端部的驱动轮。而某专利的权利要求为一种机器人的移动机构，其特征在于：具有 6 个沿圆周方向均匀分布的驱动臂，驱动臂内设置有电机，电机经齿轮传动接位于驱动臂端部的驱动轮。

该公司研发的产品缺少专利权利要求中的齿轮传动特征，但是由于链条传动属于齿轮传动的等同替换，该产品适用等同原则，属于侵权。因此，针对该产品进行侵权检索时，不能仅仅将"链条"作为检索要素，而应将其扩展为具有相同功能的"齿轮"作为检索要素进行检索。

第三章　关键词表达策略

关键词在属性上属于人类自然语言。由于人类语言的复杂性以及专利文献的特殊性，在检索过程中准确、完整表达某一关键词是非常困难的。要准确、完整表达某一关键词至少涉及该关键词形式上的准确完整、意义上的准确完整和角度上的准确和完整。本章从关键词形式、关键词意义和关键词角度 3 个方面介绍如何准确、完整地实现关键词表达策略。

第一节　关键词形式表达策略

实现关键词形式上的准确和完整，应充分考虑同一关键词表达的各种形式，通常检索需要扩展的关键词包括单词、词组和句子。单词的表达通常包含不同英文单词的表达和中文词语的表达；词组的表达通常包含不同词性词组的表达，如名词短语的表达和动词短语的表达；而句子的表达由于语法表达的多样化、语言习惯的不同等，对于同样的含义一句话往往有多种表达方式。

下面分别介绍上述 3 种关键词在形式上的不同表达策略。

一、单词表达策略

单词表达策略主要涉及单词的不同语法表达方式，包括英文检索词的不同词性、单复数词形、英美不同拼写形式，甚至常见的错误拼写形式等。英文检索词的不同词性表达，是检索时经常要考虑的问题，包括名词向形容词的转换、动词向名词的转换、动词向过去式的转换等。比如：

pore（名词，孔）　　　　porous（形容词，多孔的）

absorb（动词，吸附）　　absorption（名词，吸附）

steal（动词，偷盗）　　　stole（过去式，偷盗）

上述不同词性的关键词转换涉及了了不同的拼写方法，在检索时应当注意不同词性的转换和扩展，以提高检索的准确性。

英美不同拼写包括两同义单词之间部分字母上存在差异和完全不同的拼写两种情况，因此在扩展英文关键词时，要充分考虑各国的语法习惯。常见的美式英语和英式英语中两单词不同的拼写规律有下面几种情况。

（1）英式英语为"—ll—"，而美式英语用"—l—"；

woollen woolen（羊毛制的）

（2）英式英语为"—re"，而美式英语用"—er"；

fibre fiber（纤维）

（3）英式英语为"—ou—"，而美式英语用"—o—"；

mould mold（模型）

（4）英式英语为"—ce"，而美式英语用"—se"；

licence license（许可）

（5）英式英语用"—ise"，而美式英语用"—ize"；

realise realize（意识到）

（6）英式拼法合成词分写，而美式拼法合写；

motor cycle motorcycle（摩托车）

（7）部分美式英语的拼写方式趋于省略双元音，比如英式英语中的"gauge"变成了美式英语中的"gage"等。

英美不同拼写还存在完全不同的拼写情况。比如：

英式拼写 美式拼写

tap faucet（水龙头）

rubbish garbage（垃圾）

rubber eraser（橡皮擦）

post mail（邮件）

lorry truck（货车）

lift elevator（电梯）

在中文数据库中进行检索时，要同时考虑一些不规范的表达方式、译文甚至错别字，例如："阈值"写作"阀值"；"泄漏"写作"泄露"；"碳化"写作"炭化"；"脂肪"写作"酯肪"；"葫芦"写作"胡芦"等。因此在扩展中文关键词时，考虑所选关键词的容错性，能在一定程度上防止漏检。

对于英文检索单词的不同词性、单复数词形等，在表达时可以适当使用截词符或通配符。目前大部分专利检索网站均提供截词符的功能，例如使用"?"代表0或1个字符，使用"＊"或"＋"代表无限个字符，"#"代表一个强制存在的字符。当使用英文进行检索时，通配符的使用主要是为了实现具有相同词根的各种形态英文单词拼写的全面表达，例如当"＊"或"＋"出现在单词的右边时构成右截词，出现在单词左边时构成左截词。

以国家知识产权局提供的专利检索网站专利检索与分析页面（http：//www. pss－system. gov. cn）为例，使用其检索功能时，可以使用＋、?、#三种截词符，其中：+表示任何长度的字符串;？表示 0 或者 1 个字符；# 表示 1 个强制存在的字符。比如，输入"screw +"时，可以检索到任何以 screw 开头的单词，包括 screws、screwdriver、screwing、screwer 等；输入"screw?"时，仅可以检索到 screw 和 screws；而当输入"screw #"时，则仅可以检索到 screws。

【案例 3 - 1】

某案涉及一种防盗保护系统，其在电动车、汽车等车辆上设置的防盗单元组件向服务器发送认证请求，服务器认证后车辆上被限制的各部件才可使用，提高了安全性。

本案中，"防盗"为与所要解决的技术问题和技术效果直接相关的基本检索要素。根据此关键词的特点，"防"较难于表达，可以直接检索"偷盗"，其英文为"steal"，而从动作的角度进行检索时需要注意英文的表达方式问题。动词在英文专利文献中，通常会用过去式或过去分词的方式去表达，"steal"的过去式为"stole"，过去分词为"stolen"，而原词"steal"或常用的截词形式"steal +"完全不能表达出其过去式和过去分词形式。此种情况下，在选择关键词时，需要注意词性的转换，扩展英文单词的不同词性。

【案例 3 - 2】

某案涉及一种垃圾焚烧炉，其通过设置垃圾烘干箱，使垃圾在焚烧前首先经过烘干处理，提高燃烧效率。此外通过烟气输送管道将排放的高温烟气用于对垃圾的烘干处理，不仅有效地利用了排放烟气的高温，而且有效保护环境。

本案中，"垃圾"为该焚烧炉的具体用途。由于该焚烧对象的不同，通常会给焚烧炉带来结构上的差别，且本案的发明构思即在于设置垃圾烘干箱并利用排放烟气对其进行烘干处理，因此，本案将"垃圾"作为基本检索要素进行检索。"垃圾"一词在英式英语中通常使用"rubbish"，而在美式英语中多用"garbage"一词，因此为从形式上表达完整，在检索时建议采用"rubbish??" or "garbage?"。此外，垃圾还有其他意义相近的表达词汇，如"waste""refuse""trash"和"litter"等，当然，这些属于意义上的完整。对于意义上的每个扩展词汇均需要考虑形式上的表达完整。

【案例 3 - 3】

某案涉及一种由微生物源杀虫剂和化学杀虫剂复配而成的杀虫剂，其有效成分由氯虫苯甲酰胺和核型多角体病毒组成。

上述技术方案限定了该杀虫剂的两种有效成分，其中"氯虫苯甲酰胺"具有特定的结构和组成，英文为"chlorantraniliprole"，"核型多角体病毒"译为"nuclear polyhedrosis virus"。在国家知识产权局提供的专利检索网站专利检索与分析页面（http：//www. pss – system. gov. cn）中，先采用上述中英文作为关键词进行中外专利联合检索，并未检索到合适的对比文件，但在检索过程中发现，外文文献中对于"核型多角体病毒"更多的拼写方式为"nucleopoly-hedrovirus"或"NPV"，采用上述扩展的关键词结合农药相关分类号，最终检索得到影响本案创造性的美国专利文献。

在本案例中，涉及关键词"核型多角体病毒"作为英文合成词时的分写或合写的不同拼写方式，在检索时遇到类似的词语应当给予更多的关注，以免遗漏相关对比文献。

【案例3 – 4】

负载纳米金属铂的催化剂是现有技术中常用于降解甲醛的催化剂，而常见的负载 Pt 的催化剂的制备往往需要先制备好载体，如活性炭或者二氧化钛，然后再通过还原法将 Pt 负载到载体上，工艺复杂且成本较高。本案利用废弃物橘子皮作为主要原料，实现载体活性炭的制备和铂的还原与负载一步完成，其具有制备工艺简单、原料来源广、成本低等优点。

具体技术方案涉及一种室温降解甲醛的活性炭催化剂的制备方法，其特征在于：将烘干并磨细的橘子壳加入去离子水中，然后加入氯铂酸溶液搅拌获得悬浮液；将获得的悬浮液在 60℃ 的环境下蒸干溶液；将获得的粉末放置在氮气气氛下，并置于温度为 450℃ 至 600℃ 环境中焙烧 2h。

通过分析权利要求以及现有技术，可以确定载体活性炭和活性组分 Pt 为该催化剂的关键组分，而活性炭原料为废弃物橘子皮，载体活性炭的制备和铂的还原与负载一步完成是关键技术手段，降解甲醛的催化剂是所属技术领域。检索时，需要对关键词"活性炭"进行扩展，在本领域由于习惯不同"活性炭"还经常会撰写为"活性碳"；进一步地，本案以废弃物橘子皮为原料，还可以被称为"生物炭""生物碳""生物质炭""生物质碳""生物基炭""生物基碳"。

在国家知识产权局提供的专利检索网站专利检索与分析页面（http：//www. pss – system. gov. cn）中进行高级检索，利用上述扩展的关键词结合关键技术手段和技术领域，检索得到能够影响权利要求创造性的对比文件。因此，在关键词形式表达时，需要使其具有容错性，要扩展到常用的错误或是不标准的表达形式，能在一定程度上防止漏检。

【案例 3 – 5】

为了支持并且增强终端中越来越多的功能，将期待改进终端的结构部分和/或软件部分。本案针对一种移动终端及其控制方法，以提供一种当被显示在触摸屏上的文本被删除时能够更加快速和容易访问的用户界面，其充分地避免由于现有技术的限制和缺点导致的一个或者多个问题，其发明构思体现在基于所述对象设置删除方向和删除单位的多个控制项目的控制区域、删除文本。

具体技术方案涉及一种移动终端，包括：触摸屏；和控制器，所述控制器被配置成，在接收施加到所述触摸屏的预定的触摸输入时，在触摸点处显示用于控制文本的删除的对象，所述文本被布置在与所述触摸输入相对应的所述触摸点周围，以在所述触摸屏上显示包括用于基于所述对象设置删除方向和删除单位的多个控制项目的控制区域，并且在选择至少一个控制项目时基于所述至少一个控制项目删除所述文本。

具体分析本案的权利要求，可以得知其发明构思主要体现在对文本的删除操作通过设置删除方向和删除单位的多个控制项目的控制区域，因此，需要对"删除文本"进行检索。其中"删除"，根据词性的不同可以表达为：delete、deletes、deleted、deletion、deleting 等，检索时，如果都进行"或"的表达，既烦琐又可能由于拼写疏忽造成错误，且以 delet 为词根的词系，表达方式上比较集中。此时，可以借助截词符来表达，本案使用"delet +"表达以 delet 为词根的词系，包括了所有的词性形式。而"文本"英文为"text"或"character"，此时需要考虑该词的单复数形式，通常可以利用通配符"?"来表达，因此将"文本"表达为"text? or character?"。利用上述扩展的关键词，在国家知识产权局提供的专利检索网站专利检索与分析页面（http：//www. pss – system. gov. cn）中进行高级检索，结合其他基本检索要素，快速命中了目标文件。

检索者需要正确运用各种截词符或通配符以实现关键词形式上的完整，使用其不同的功能以准确表达不同的拼写方式、单复数形式等。

二、词组表达策略

根据发明构思的不同，有时确定的基本检索要素为一个词组，此时则涉及对词组进行表达。词组在中文中通常涉及 3 个以上的汉字，英文则涉及两个以上单词，不论中英文，其表达方式会明显多于单词，直接检索时，往往容易由于表达方式扩展不全面而造成漏检。举例来说，"3D 打印"技术，还可表达为"3D 成型""三维打印""快速成型""快速成形"等，而直接检索上述词组，会由于专利文献表达多样性的特点，遗漏一些表达方式，比如"快速的成型"，采用上述词组检索时则不能检出。此时可以使用邻近算符或者同在算符对词和词之间的关系进行限定和表达。

邻近算符和同在算符都是用于连接前后两部分内容、表示这两部分内容之间的关系的算符，其中邻近算符用来表达前后两部分内容为怎样的邻近关系，而同在算符表示前后两部分内容同时存在于一个段落或句子中等。目前，部分专利检索网站提供了邻近算符和同在算符的功能，以国家知识产权局提供的专利检索网站专利检索与分析页面（http：//www. pss－system. gov. cn）为例，使用其检索功能时，可以采用"W"和"D"两种邻近算符。"W"用法为 A（nW）B，其表示 A、B 两词相隔 n 个以内的单词且 A 在前，B 在后；"D"用法为 A（nD）B，其表示 A、B 两词相隔 n 个以内单词且前后次序不限，即可以 A 词在前或者 B 词在前。如检索式为 = nW 或 nD，则表示 A 和 B 中相隔 n 个单词。只有当两个（或多个）词语关联性比较强的时候，才适合采用邻近算符来表达。邻近算符常用于较为精确的限定，其中"W"或"1W"常用来表达固定的词组，比如需要检索"维他命 B"，可输入"vitamine W B"进行检索。而"nW"或"nD"一般用于检索非固定的词组，根据英文语法特点，如判断通常的表达为"A 在前，B 在后"，则使用"nW"；反之，A、B 的位置在前或在后均为常见的表达方式，则选择使用"nD"。该网站提供的同在运算符有"F、P 和 S"，其中"F"表示将两个词限定在一个字段（Field）中，比如：权利要求、摘要中等；"P"表示把两个词限定在一个段（Paragraph）中；"S"表示把两个词限定在同一句（Sentence）中。

词组属于关联性比较强的检索要素，适合采用邻近算符或同在算符来表达，而根据词组中词与词之间的关联性通常可以分为名词短语和动词短语。名词短语主要包括名词和修饰其的形容词、数量词和名词等，比如"防盗汽车"，此时如果仅对"防盗"和"汽车"进行"与"的操作，可能产生比较大的噪声。考虑到其还可以表达为"防盗的汽车""汽车是防盗的"等，因此上述词组中的两个关键词的前后关系是不确定的，且中间可能间隔几个字符，因此表达为"防盗 nD 汽车"（n 为大于 2 的数字）。数量词修饰的名词通常前后关系较为确定，此时可以使用"W"算符来表达，需要结合具体语境去判断。动词短语主要包括表示动作的词和动作施加的对象，由于该动作与施加的对象往往关系比较紧密，因此适宜采用邻近算符来表达。比如"更新系统"，其涉及动词"更新"以及对象"系统"，考虑到其还可以表达为"系统更新""对系统进行更新"等，因此这样的词组的两个要素的前后关系通常是不确定的，不宜使用"W"算符，推荐表达为"更新 2D 系统"。特别是对于名词修饰名词的词组，在英语表达时，考虑到英语的语言习惯，使用 2D 连接两个名词较好地兼顾了英文词组表达的准确性和全面性。

在使用邻近算符时，应注意选择合适的间隔字数"n"以准确限定检索要素之间的相互关系，n 的取值越小检索结果越精确，但有时则会遗漏部分相关文献。n 的取值越大，得到的检索结果越多，但也并非越大越好，因为间隔字数较多时，会带来较大的噪声，此时应当避免使用邻近算符，而是使用同在算符，比如同句算符"S"，将两个词限定在同句中，可以更准确地表达检索要素之间的关系。

【案例 3-6】

现有技术中影音内容与广告同时显示时，显示内容有限，干扰正常影像的输出效果，并且广告内容无法根据用户需求进行选择。同时，由于显示内容有限，使用者想获得影音内容中没有通过广告显示的内容就需自行搜索寻找，用户体验差，准确度低。为解决该问题，本案通过设置两个显示装置来分别显示正常影音内容和与影音内容相关的多媒体信息，其中多媒体信息包括一个时间信息栏位，使多媒体信息和与其关联的影音内容在相应的时间同步显示，同时多媒体信息还包括与时间信息栏位中对应时间显示的一个或多个信息资讯栏位。

具体技术方案涉及一种多媒体系统，其包含：一影音播放装置，用以播放一影音传送装置所传送的一影音内容；以及一多媒体信息显示装置，其包含一显示器、一无线通讯装置及一信号处理装置；

其中该多媒体信息显示装置通过该无线通讯装置接收对应于该影音内容的一多媒体信息，该多媒体信息包含多个事例，每一事例分别包含至少一个时间信息栏位，并且该多个事例的至少其中之一相关于该影音内容的多个目标的其中之一；该信号处理装置依据该多个事例的所述多个时间信息栏位，而设置该显示器于对应的时间显示该多个事例的一个或多个信息资讯栏位；该多个目标包含有对应于该时间信息栏位而呈现于该影音播放装置的人物、物品、声音、场景及时间的至少其中之一。

通过上述技术方案不难看出，检索关键在于分屏显示影音内容和多媒体信息，其中多媒体信息与影音内容相关联，并由时间信息同步。然而，"分屏显示"这一词组不论在中文还是英文中都难以表达得很全面，如何能准确地表达这一词组在本案的检索中尤为重要。

在初步检索过程中，以检准为目标，先尝试使用最准确、最容易想到的"双屏""多屏"及其英文表达，以减少不必要的噪声，但是并没有检索到合适的对比文件，因此对其进一步扩展"主屏""次屏""左屏""右屏""A屏""B屏""上屏""下屏"等关键词。对于相应的英文关键词，涉及两个以上单词的词组，如 double screen？，考虑到两个单词在文献中的位置关系应该会距离较近，且前后顺序较为确定，因此确定使用邻近算符"W"来表达。

最终确定将上述中文关键词相应地表达为如下英文关键词：（dual or duel or primary or second ＋ or multi ＋ or doublem or twin or two）2W screen？。而"屏"还可以表达为"演示设备"，将其进一步扩展为英文词组（demonstrat ＋ or presentat ＋ or display ＋ or demo）1W（equipment？ or device？ or apparatus？？ or facilit？？？）。采用上述扩展的关键词在国家知识产权局提供的专利检索网站专利检索与分析页面（http：//www. pss－system. gov. cn），结合其他检索要素进行检索，最终得到能够影响本案创造性的外文对比文件。

【案例 3 – 7】

在数码图像噪声滤除的过程中，往往会将物体本身的细节纹理以及渐层光影变化等也一并滤除，使得数码图像中的细节纹理呈现块状分布，失去自然风貌。本案通过将较模糊的噪声抑制图像中的亮度图像与含有较多噪声及细节的第二图像中的亮度图像进行权重处理，再合并第二图像中的色度图像以产生包含较多物体细节信息的处理后图像，避免了一般噪声滤除后所产生的块状效应并且消除图像不连续感，以使处理后图像具自然风貌。

具体技术方案涉及一种图像处理方法，其特征在于，包括：接收一源图像；对该源图像执行一第一阶图像处理以产生一第一亮度色度格式图像；对该源图像执行一第二阶图像处理以产生一第二亮度色度格式图像；对该第一亮度色度格式图像执行一噪声抑制处理后产生一噪声抑制图像；以及先对该噪声抑制图像中的亮度图像与该第二亮度色度格式图像中的亮度图像进行权重处理后，合并该第二亮度色度格式图像中的色度图像以产生一处理后图像，其中该噪声抑制图像的噪声降噪程度高于该第二亮度色度格式图像的噪声降噪程度。

通过对上述技术方案的理解可以确定，"噪声抑制"和"权重"是体现该技术方案的相关技术领域和技术手段的检索要素。对于"噪声抑制"，为 4 字以上词组，且表达方式多样，"噪声"与"抑制"不一定是紧邻的关系，比如表达为"对噪声进行抑制"，那么使用上述词组"噪声抑制"则不能检索得到，因此确定使用同在算符"3D"对其进行表达。同时，"噪声"还可以表达为"噪音"，"抑制"还可以扩展为"滤除""去除""过滤"等，因此，最终将"噪声抑制"扩展为（噪声 or 噪音）3D（抑制 or 滤除 or 去除 or 过滤），"去噪""降噪"。在对其进行相应的英文表达时，考虑到上述两个要素的距离可能更远些，不再使用邻近算符，而是采用同在算符"S"来表达：nois??? S（reduc + or suppress??? or filt +）。类似地，将"权重"扩展为："权重"，"加权"，相加后合并。对应地，将其英文关键词表达为：lum + S（weight + or superposit +），combin +，reassembl +。在国家知识产权局提供的专利检索网站专利检索与分析页面（http：//www. pss – system. gov. cn）中进行中外专利联合检索，使用上述扩展的关键词进行要素组合检索后，得到能够影响本案创造性的对比文件。

【案例3-8】

现有技术中，为避免大量需要泛洪的报文影响设备性能，通常在与主机连接的 VTEP 设备上下发控制策略，以实现对报文隔离。然而，这种隔离方式仅能对 VTEP 设备所连接的所有主机发送的报文进行隔离，无法实现对远端 VTEP 设备上连接的主机发送的报文进行精确隔离。本案实现了对同一 VXLAN 实例中的报文进行精确隔离，有效降低了 VXLAN 网络中的设备负荷，提高了设备性能。

具体技术方案涉及一种报文隔离方法，应用于可扩展虚拟局域网络 VXLAN 中的本地隧道端点 VTEP 设备，其特征在于，所述方法包括：接收报文，获取与所述报文的源地址对应的源隔离组信息；获取本地预存的转发表项中与所述报文的目的地址对应的转发信息，根据所述转发信息获取与所述报文的目的地址对应的目的隔离组信息；当确定所述源隔离组信息与所述目的隔离组信息一致时，根据所述目的隔离组信息中的隔离属性处理所述报文。

上述的报文隔离方法，在接收到报文时，获取与报文对应的源隔离组信息以及目的隔离组信息，并在确定源隔离组信息与目的隔离组信息一致时，根据目的隔离组信息中的隔离属性处理所述报文。通过理解技术方案可知，"报文隔离"需要作为基本检索要素，考虑到"隔离"和"报文"在语句表达中的特点，使用同在算符"S"来表达。其中"报文"，可以扩展为"数据包""数据流"，相应的英文关键词为"message?""data packet?""data flow?"。考虑到"数据包"在英文语句中的表达特点，通常不会出现语序的颠倒，前后顺序较为固定，因此将其扩展为"data 2W packet?"，将"报文"扩展为"message? or（data 2W packet?）or（data 2W flow?）"。"隔离"较准确地扩展为"过滤"，还可以进一步扩展为"选择""处理"，相应的英文关键词为"isolate + or separate + or filter + or operat + select +"。

因此，将上述基本检索要素"报文隔离"表达为：（message? or（data 2W packet?）or（data 2W flow?））S（isolate + or separate + or filter + or operat +

select +）。在国家知识产权局提供的专利检索网站专利检索与分析页面（http：//www. pss – system. gov. cn）中进行中外专利联合检索，采用上述扩展的词组，并结合关键技术手段的关键词，高效获得了适宜的对比文件。

对此类案例进行检索时，应注意词组的扩展，不仅需要检索人员对本领域技术知识有较全面的了解和掌握，还应充分考虑中英文语法特点，充分考虑词与词之间在中英文表达时可能出现的关系，选择适宜的邻近算符或同在算符，对词组作出准确且噪声较小的表达方式，以快速、准确地命中对比文件。

三、句子表达策略

由于专利中体现发明构思的关键技术手段往往是完整的一句或多句话，因此，需要检索者在检索过程中对于句子进行准确的表达。句子是专利文本内容撰写的基本单位，其在意义表达方面比词和词组更为完整。如果在检索中能够完整、准确地对句子进行构造表达，则往往能够高效地获得目标文献，达到事半功倍的效果。

在检索句子时，是否可以通过直接检索句子本身而达到检索准确的目的呢？答案当然是否定的。如果直接检索完整的一句话，则往往由于机器检索的程序设定，使得检索受限于前后文字顺序的描述而导致检索结果不理想。

由于语法表达的多样化（例如主动语态、被动语态等），以及语言习惯的不同（例如谓语前置、宾语前置等），对于具有同样含义的一句话往往有多种表达方式。例如，对于"根据需要显示的显示对象的数量确定显示区域的显示格的目标排列方式"，这句话还可以表达为：根据显示对象的数量排列显示区域的显示格；显示对象的数量决定显示区域显示格的排列方式；显示区域显示格的排列方式由显示对象的数量决定，等等。因此，在对句子进行表达时，检索者需要对组成句子的词或者词组进行扩展，不仅如此，还需要对词或者词组的关系进行协同检索。在对构成句子的三要素（主语、谓语、宾语）进行检索时，通常采用同句算符（例如 S）。对于句子中的定语、状语，由于它们与所限定的宾语或谓语关联性比较强，因此，在检索时通常采用邻近算符有"W"或"D"进行检索。在具体检索过程中，还需要根据限定词与被限定词的关联性选择不同的数值进行检索。例如，对于"利用红外实现汽车的防盗报警"，在这句话中省略了主语。该句子主要表达的是"实现防盗"，"红外"是"实现"的具体手段，而"防盗"的对象是"汽车"。因此，在检索该句子时，可以采用检索式：红外 S（汽车 2D 防盗）进行表达。在对句子进行表达时，为达到完整、准确表达句子的目的，需要检索者能够灵活地使用通配符、截词符以及同在算符、邻近算符等。

【案例 3 – 9】

"物联网"一词来源于英文"Internet of Things，IoT"，即物与物相连的互联网络。目前对物联网较为通俗的定义是：利用射频识别、传感器、二维码等传感元件，通过基础网络实现物与物、人与物之间的互联互通，允许任何人和物在任何时间任何地方利用任何途径对任何服务进行访问和交互的网络。物联网汇聚了数量众多的智能物体，为了实现对物体的访问以及物体之间良好的互通性，智能物体的 IP（Internet Protocol，互联网协议）化已是一大趋势。但这些智能物体通常只具备很弱的计算处理能力，对资源消耗很敏感，目前应用于 Internet 的协议过于复杂，开销较大，难以满足物联网的应用场景需求。此外，物联网需要接入海量的异构终端设备，需要一种通用而且简单灵活的方式。本案提供一种物联网终端设备的资源信息获取方法，用以解决现有技术由于先获取资源的标识列表再进行逐一的访问造成的访问效率不高的问题。

具体技术方案涉及一种物联网终端设备的资源信息获取方法，其特征在于，包括：终端设备接收访问设备发送的获取资源信息的请求报文，所述请求报文包括扩展选项和/或扩展参数，在所述扩展选项和/或所述扩展参数中设置参数 M、N，表示访问设备需要获取资源信息 M 之后，且与 M 相邻的 N 个资源信息；终端设备根据所述请求报文，获取资源信息 M 之后，且与 M 相邻的 N 个资源信息，并根据所述 N 个资源信息的顺序进行封装，将封装后的报文给所述访问设备发送。终端设备接收所述请求报文之后，判断所述终端设备上资源信息 M 之后，且与 M 相邻的资源信息的个数是否小于 N，如果是，则发送所述终端设备上资源信息 M 之后，且与 M 相邻的所有资源信息，并告知所述访问设备所述请求报文处理结束，所述终端设备给所述访问设备发送的报文中包括每个资源信息的标识，或每个资源信息的标识及数据内容。

通过对上述技术方案的理解，可以确定其发明构思在于，该方法通过 Restful 风格的接口对物联网终端设备进行灵活的管理，尤其适合对终端设备上的资源进行遍历，能够提高访问的效率，降低对网络的开销。所采取的关键技术手段为在获取资源信息的请求报文时，批量获取资源，针对的问题是 Restful 风格接口（是对 HTTP 的精简）应用于物联网设备一次只能访问一个具体资源。同时，说明书中也记载了：

［0049］2 客户端（访问设备）向服务端（终端设备）发起扩展的请求，CoAP 报文内容如下：

［0050］Ver：1（当前版本）；

［0051］T：1（需确认）；

［0052］OC：3（选项个数）；

［0053］CODE：1（GET）；

［0054］Message id：0x0001；

［0055］URI－PATH："ep1/route/entry0"；

［0056］Token：0x1234；

［0057］Get－Ext：type＝2，value＝3（表明希望获取 ep1/route/entry0 之后的邻近 3 个资源）。

可见，该请求报文的具体实现是一种 GET 报文，同时，本领域技术人员熟知 GET/POST 是 HTTP 协议中常见的两种获取数据的方法，关键词"GET"不仅能够体现本发明的关键技术手段，同时能够将检索结果限定在 HTTP 相关的协议里。可见其发明构思在于利用"GET"批量获取资源。因此，在检索时针对的检索句为：利用"GET"批量获取资源。以 Patentics 网站为例，"GET"为专业术语，表达方式比较明确，而"批量获取资源"在目标文献中有可能表达为"批量在＊＊＊中获取＊＊＊资源"等形式。批量是对获取手段的限定，表达关系紧密，因此利用邻近算符"W"进行表达，具体可以为"批量 5W 获取"；而其获取的目标在于"资源"，因此，采用同句算符"S"进行表达，具体可表达为"资源 S（批量 10w 获取）"。因此，对于"利用'GET'批量获取资源"的整句表达，可以利用检索式：GET and（资源 S（批量 10W 获取））结合相关领域的分类号在 Patentics 网站中进行检索，快速得到了能够影响本案创造性的文献。

由上述案例可以看出，在检索过程中为了准确表达描述发明构思的句子，要分析句子的结构，根据句子结构的紧密程度合理选择算符，可以使用邻近算符表达紧密联系的检索要素；使用同在算符进一步协同表达，能够较为准确地表达出完整的句子。

【案例 3－10】

电动静液作动器是一种提供功率强大的、可靠的直线或旋转运动动力的机械设备，其通常集成了常规功能的液压元件，例如电机、双向泵、特殊设计的泵组、油箱和双作用油缸等，其特点是功率密度大、重量轻、噪声低和体积小，通常应用于物料搬运、集装箱吊具、升降机或升降台中。在顶升和负载模拟场合，电动静液执行机构往往需要克服重力运动，系统发热严重，能源效率低。由重力负载引起的无效功率占系统总功率的很大一部分，但该部分能量回收困难，一般通过制动系统进行处理，造成极大的能源浪费。本案针对负载的垂直运动场合下的驱动系统，提出了一种节能型电动静液作动系统，其利用两个高压蓄能器，可以提高作动系统的能效，并有助于改善系统的动态性能。

具体技术方案涉及一种重力载荷下电动静液作动系统，其特征在于，包括：伺服电机（1）、双向变量双联泵（2）、直线电机（3）、比例调节装置（4）、第一压力表（6）和第二压力表（7）、非对称液压缸（11）、重力负载（12）、第一蓄能器（13）和第二蓄能器（14）；所述伺服电机（1）连接到所述双向变量双联泵（2），所述双向变量双联泵（2）的两个进油口分别连接所述第一蓄能器（13）和第二蓄能器（14）；第二蓄能器（14）与第一压力表（6）相连，并连接到非对称液压缸（11）的有杆腔；所述双向变量双联泵（2）的两个出油口相互连通，并与第二压力表（7）相连，所述第二压力表（7）还与非对称液压缸（11）的无杆腔相连；所述非对称液压缸（11）的上端连接重力负载（12）；所述直线电机（3）与所述比例调节装置（4）相连，所述比例调节装置（4）与所述双向变量双联泵（2）的两组变量机构相连；当所述重力负载（12）上升时，所述第一蓄能器（13）的内部油液流出，油液通过双向变量双联泵（2）的进油口，进入非对称液压缸（11）的无杆腔，非对称液压缸（11）的有杆腔油液通过双向变量双联泵（2）进入非对称液压缸（11）的无杆腔；当所述重力负载（12）下降时，非对称液压缸（11）的无杆腔油液通过双向变量双联泵（2），分别进入非对称液压缸（11）的有杆腔和第一蓄能器（13）；在所述重力负载（12）的上升下降过程中，进出非对称液压缸（11）的两腔的油量等于两腔容积的变化量，正反向具有相同的速度增益。

通过对上述技术方案的理解，可以确定其发明构思在于：该重力载荷下电动静液作动系统利用双联泵及蓄能器解决了非对称液压缸两腔的流量不对称问题，并利用蓄能器的压力差平衡重力载荷，起到节能的效果，并有助于改善系统动态性能；液压缸上升下降过程中进出两腔的油量等于两腔容积的变化量，正反向具有相同的速度增益，呈现出类似对称液压缸的工作特性（工作过程可参见图 3 - 1）。

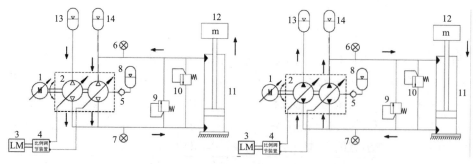

图 3 - 1　重力载荷下电动静液作动系统工作过程示意

可见，实现其技术效果的关键技术手段为，通过该重力载荷下电动静液作动系统利用双联泵与比例调节装置相连接和蓄能器的压力差解决了非对称液压缸两腔的流量不对称问题，同时达到节能的效果。由于该句子描述的内容较多、较长，可以将其进一步拆分为多句话进行表达：①液压油路中选用双联泵及蓄能器；②直线电机和比例调节装置调节双向变量双联泵的变量结构。在具体检索时，"双联泵"可以表达为：（双联 or 组合 or 并联 or 第二）5w 泵；"蓄能器"可以表达为：蓄能 or 储能 or 储压 or 蓄压。在国家知识产权局提供的专利检索网站专利检索与分析页面（http：//www. pss – system. gov. cn）进行中外专利联合检索。

对于句子①"液压油路中选用双联泵及蓄能器"，检索时可以使用检索式"（（双联 or 组合 or 并联 or 第二）5w 泵）and（蓄能 or 储能 or 储压 or 蓄压）and（液压 or 液动 or 液力）"进行中文检索；在进行外文检索时，可以通过"（（double or dual or twin + or split or second or high）3d pump?）s hydraulic"表达。

对于句子②"直线电机和比例调节装置调节双向变量双联泵的变量结构"，检索时可以使用检索式"（（直线 or 线性 or 推杆）3w（电机 or 马达 or 电动机））s 比例 s 变量"进行中文检索；在进行外文检索时，可以通过"（（Line + or（push + rod?））3d（motor? or actuator?））s（control + or regulat + or adjust + or chang + ）"表达。

最终，将两个检索式的检索结果相"与"，表达出完整的关键技术手段。

由上述案例可以看出，当技术方案较为复杂时，其用于描述关键技术手段的句子往往也较为复杂。在对这类复杂句子进行检索时，往往需要对长句子、复杂句子进行拆分，将其进一步表达为多个易于表达的短句子，并采用将检索结果进行相"与"的方式进行表达。

第二节　关键词意义表达策略

在专利文献检索中，对于每个技术特征的检索需要从意义上实现准确和完整。实现意义上的准确和完整应当充分考虑每个关键词的各种同义或近义表达方式、上位概念、下位概念以及其他相关概念及其各种同义或近义表达形式，必要时还应当考虑某些技术特征的等同特征。

对于上述需要扩展的方式，可分为含义直接等同的关键词扩展、含义间接等同的关键词扩展和上下位概念扩展。由于专利文献中术语的多样化，关键词检索中使用"含义直接等同的关键词"是最基本的扩展策略，其包含了同义词和近义词。除了同义词和近义词扩展之外，在检索中还可以扩展"含义间接等同的关键词"，用其他视角对关键词进行表达。另外，还可以使用关键词的上位概念和下位概念等，以进一步实现检索的准确和全面。

一、含义直接等同关键词表达策略

含义直接等同的关键词，通常可以理解为同义词或近义词，是检索时必须要扩展的关键词。检索中的同义词是指在相近技术领域下表达相同或相近技术含义的词，而"含义直接等同的关键词扩展策略"即要找出能够表达该关键词的相同或相近含义的词。

含义直接等同的关键词主要涉及检索要素的别称、缩略语、专业术语、不同国家的不同表达方式、中英文直译时含义不能准确表达等情况。例如，某案涉及检索要素"挂锡"，而在本领域，其具有专业术语"沾锡""涮锡"，采用上述专业术语能够快速检索得到相关现有技术。某案需要检索要素"非圆链轮"，而"非圆"的形式有很多，如"多边形""n边形"，应当对其进行有效扩展。此时，需要站位本领域技术人员对关键词进行扩展，不能对同义词的理解太过狭窄。而我国台湾地区和日本会涉及一些繁简体以及日文与中文的不同表达习惯，如"二氧化硅"表达为"二氧化矽"，"存储器"表达为"存贮器"等。

在化学领域，文献中出现的化合物形式多样，例如可以是物质名、分子式、结构式、俗称、别称、缩写、外来词、商品名，甚至代号和自造词，因此对于化合物的检索，关键词等同含义的扩展尤为重要。

【案例 3 – 11】

嫁接技术以其用于无种、种生困难又不易根分等多种物种的繁衍，保持和发挥接穗和砧木的优良性状，提高抗病虫害和恶劣环境的能力等众多优势，受到林业、农业的广泛关注和应用。而皮接、芽接、枝接等多种方式和贴接、连理、劈接、冠接、舌接等多种方法的创造成果，也为追求更高品质、更好效果、更低成本的科研提供着持续的诱惑和动力。本案为一种大枝对茬嫁接输液促活方法，嫁接过程中对嫁穗输入支持液，使其成活率更高，缩短了植物生长期。

具体技术方案涉及一种大枝对茬嫁接输液促活方法，其包括砧木、嫁穗、皮质部、木质部、针头、侧孔、输液管、支持液、接口、固定针、固定螺丝、钢板、夹板和捆扎绳，其特征是大枝接穗与相近径值的砧木间、皮质部与皮质部、木质部与木质部相对应，通过接口紧密粘贴固定于一体，在接口上方的嫁穗上垂直穿刺将针头置于木质部内，经输液管输注支持液。

上述技术方案限定了该方法所用工具以及接口的固定方式。采用"嫁接"以及"固定方式"相关关键词在国家知识产权局提供的专利检索网站专利检索与分析页面（http：//www. pss – system. gov. cn）进行检索，但未检索到合适的对比文件。在对检索结果进行浏览的过程中，发现了关键词"枝接"，经过网络搜索，意识到本案的"大枝嫁接"的固定方式即为"枝接"，随后使用此关键词进行检索，得到了能够影响本案创造性的对比文件。

在本案例中，大枝嫁接是嫁接的一种具体形式，一般来说检索时使用"嫁接"就能够涵盖大枝嫁接，但是在本领域大枝嫁接存在一种专业术语的表达方式——枝接，而"嫁接"和"枝接"在文字表达上存在差异，在检索时扩展到这个专业术语可有效提高检索结果的准确性。

【案例 3 – 12】

废弃地沟油的合理利用是全世界面临的一个重要难题，利用可再生的地沟油代替石油合成高分子材料是十分必要的。这样做，不但实现了废弃物的综合利用，生产的高分子材料还可以自然降解，有利于防止地沟油重返餐桌。本案通过对地沟油马来酸酐改性而制备地沟油脂基聚酯多元醇，使其能够替代部分或全部聚醚多元醇生产不同密度的聚氨酯泡沫。

具体技术方案涉及一种基于马来酸酐改性地沟油制备聚酯多元醇的方法，包括以下步骤：将预处理的地沟油、马来酸酐在阻聚剂、催化剂、抗氧剂的存在下加入聚酯反应釜中进行酸化反应，制备马来酸酐酸化地沟油产物；按照质量份数计，将得到的马来酸酐酸化地沟油产物，加入甘油、二甘醇、催化剂加入聚酯反应釜进行酯化反应，即得到聚醚多元醇和发泡助剂相容性好的改性地沟油脂基聚酯多元醇。

通过对上述技术方案的理解可以确定，该聚酯多元醇的制备方法中"马来酸酐"是核心组分，属于基本检索要素。在国家知识产权局提供的专利检索网站专利检索与分析页面（http：//www. pss – system. gov. cn）进行中文专利检索。在最初的检索中只采用"马来酸酐"进行检索，未检索到合适的对比文件；随后借助搜索引擎、工具书等，对该化合物名称进行充分扩展，发现"马来酸酐"又名"顺丁烯二酸酐"，简称"顺酐"，英文名缩写为"MAH"，通过进一步扩展上述关键词"顺丁烯二酸酐""顺酐""MAH"，检索到了对比文件。

由上述案例可以看出，化学物质的表达具有多样性，因此化学、医药相关领域在同义词扩展上存在一定的特殊性，化合物大都具有很多别称、简称、俗名、结构名或者商品名,在检索中,需要对这些具有相同含义的不同名称进行充分扩展,以免造成遗漏对比文件。

【案例 3 – 13】

采暖炉是一种家庭中普遍使用的家电设备,现有的采暖炉除了可以用于供热之外,还可以通过加热其循环管路中的水并输出来向外供给热水。通常采暖炉中的温度控制模块通过控制采暖炉使其跟踪某一预定的温度控制曲线,可以获得想要的温度。然而,由于使用者在将采暖炉用作供热和用作供给热水时,需要采暖炉提供不同的温度,如果仅采用同一个温度控制曲线进行控制,可能会造成用户使用感受不佳,例如,供热温度不够高或者供给的热水温度过高。为了解决现有技术存在的问题,本案提供一种采暖炉,能够自动判断采暖炉的工作模式,并根据采暖炉的工作模式自动选择其跟踪的时间和温度的映射关系,使得供热温度和供给热水的温度均符合使用者的需求。

具体技术方案涉及一种采暖炉,包括采暖炉本体,其特征在于,还包括:存储单元和主控器;其中存储单元用于存储与采暖炉本体的工作模式对应的时间和温度的映射关系;所述主控器包括温控单元,用于判断采暖炉本体的当前工作模式,选取与当前工作模式对应的时间和温度的映射关系,并根据选取的映射关系调节采暖炉的水温;所述工作模式包括热水输出模式和供热模式。

通过上述对技术方案及现有技术的理解,可以确定其关键技术手段为"自动判断采暖炉的运行工作模式,并自动选择温度控制曲线进行控制"。考虑到"工作模式"的可检索性,将其扩展为"供暖"和"供热水"两个具体的工作模式。在国家知识产权局提供的专利检索网站专利检索与分析页面(http://www.pss – system.gov.cn)进行中文专利检索。在对"供热水"的检索过程中,发现噪声非常大。分析原因发现,采暖炉的工作原理就是采用热水作为加热介质,不论是单独进行供暖,还是单独进行供热水,抑或同时供暖和供热水,均会出现"热水"这一关键词,因此"供热水"这一工作模式很难在检索结果中体现出限定作用,采用上述关键词及其英文表达并不能检索到合适的对比文件。然而在检索过程中发现,日本在该技术领域较为发达,因此转至日本特许厅官方网站(http://www.jpo.go.jp)提供的检索平台(J – Platpat)上进行检索,采用英文关键词"hot water supply"进行初步检索,浏览相关文献时,发现日文文献中对于"供热水"存在与中文大不相同的表示,"供热水"被称为"給湯","水温"则为"湯温"。于是,根据得到的上述日文关键词重新检索,结合相关分类号,快速得到了能够影响本案创造性的对比文件。

　　由上述案例可以看出，有些国家的相关术语与中文表达大相径庭，在采用相关关键词检索的过程中，应注意文献浏览过程中得到的不同国家对相关关键词的不同表达方式，以快速获得相关专利文献。

【案例3－14】

　　草莓因其营养价值较高、口感很好备受广大人民的喜爱。但是食用草莓时用刀切或者用手剥草莓蒂，不仅麻烦、不卫生，还会影响口感。现有的草莓去蒂器在使用过程中需要一只手分别拿住草莓和去蒂器，另一只手拉动按钮，操作不便。本案的草莓去蒂器可以通过单手来控制，使用方便。

　　具体技术方案涉及一种草莓去蒂器，其特征在于，包括设置有贯穿其本体的通道的壳体以及安装固定在所述通道内的抓手、第一固定架、第二固定架和弹性件。具体结构如图3－2所示。

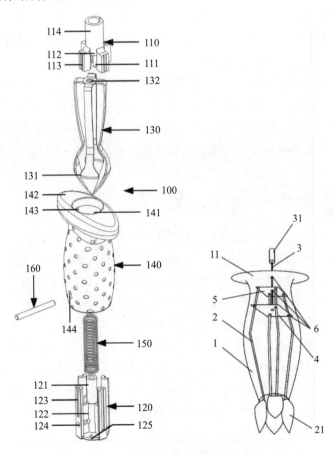

图3－2　草莓去蒂器结构示意

对于此类技术方案，一般考虑从产品作用的对象和功能角度对检索要素进行表达，因此，确定"草莓去蒂"为关键词，并扩展了可能应用的其他水果，如西红柿、番茄：strawberry + or tomato +，并对去蒂扩展为（去 or 挖 or 切 or 割）s（蒂 or 萼 or 柄）。在国家知识产权局提供的专利检索网站专利检索与分析页面（http：//www. pss - system. gov. cn）进行中外专利联合检索：（stem + or cal? ces or calyx or sepal?）and（remov + or dig + or grub +），然而，并没有得到相关对比文件。

考虑到本案为小型生活用品，初步判断市场上可能有类似的产品销售，因此尝试网络检索。再者，考虑到国外大公司知识产权意识相对较强，产品上市之前申请专利的可能性较大，因此在淘宝平台上尝试通过"草莓去蒂" + "代购"（旨在国外产品）搜索，发现一种与本案产品结构类似的产品。在该产品的介绍中，"去蒂"是用英文单词"hulling"表达的，该词通常的理解为去壳、去皮，进一步了解该词发现，hull 作为名词，含有"（草莓等浆果的）花萼"的意思，明确了其含义，进而采用"hull +"作为关键词进行检索，结合适宜分类号快速得到合适的对比文件。

在扩展英文关键词时，我们通常会将中文关键词直接翻译为英文进行检索。然而，有时直译的英文单词不能表达某些技术特征的内涵，如上述案例，对于"去蒂"，中英文表达差异较大，将中文关键词直译为英文单词，会造成含义不达，此时可尝试通过网络检索获得更准确的表达，以快速获得相关专利文献。

二、含义间接等同关键词表达策略

所谓含义间接等同的关键词，是指虽然从文字记载来看表达的含义不同，但在特定技术领域和特定情境下，二者能够表达相同的含义。上述关键词也是检索时有必要扩展的关键词。检索此类关键词时，往往会基于日常生活中对词意的惯常理解，忽视了技术领域的特殊性，但有时日常生活中的词意与在特定技术领域和特定情境下的词意有很大的不同。

含义间接等同的关键词主要涉及字面意思不同但可表达相同含义的关键词、根据工作原理表达的关键词、通过技术凝练扩展的关键词。例如，某案涉及一种倾斜光学条纹测量方法，通过倾斜的方式进行光学测量，倾斜测量意味着与水平面呈现一定的角度，因而在该领域"角度"能够作为"倾斜"的含义间接等同的关键词来使用。

专利文献的说明书一般都有背景技术部分，描述现有技术中存在的技术问题，为进一步提出该发明需要解决的技术问题作铺垫。基于这一特点，通常会在背景技术部分出现与本申请技术效果相反的关键词，在这种情况下，还可以尝试检索相关关键词的反义词。例如，某发明在背景技术部分描述了现有的燃气表存在可能导致燃气泄漏的问题，之后指出该发明就是要解决这一问题，提供一种具有良好密封结构的燃气表。"密封"（包括"无泄漏""防泄漏"等同义语）在技术方案中出现，同时其反义词"泄漏"在背景技术部分中出现，此时可以针对该关键词的反义词进行检索。

【案例 3 – 15】

现在的汽车空调出风口，只能人为地调整叶片的位置来改变出风口送风的方向，由于出风口在外部因而影响美观，并且在黑暗中不容易看出出风口的具体位置。本案提供一种自带照明的用于车顶的卡簧式出风口，通过卡簧调整出风口内部挡片位置，进而调整出风口风向，并且加装照明灯，解决了出风口调整不便及照明不足的问题。

具体技术方案涉及一种用于车顶的卡簧式出风口，包括本体（1）和出风口（2），所述出风口（2）设置在本体（1）上，其特征在于：所述出风口（2）内设置有挡片（3），本体（1）上设置有卡簧式开关（4），卡簧式开关（4）控制挡片（3）的移动，进而控制出风口（2）的开启和关闭。具体结构如图 3 – 3 所示。

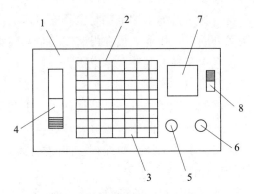

图 3 – 3　卡簧式出风口结构示意

通过对技术方案的理解可知，在上述卡簧式出风口中，"卡簧"是核心组件，属于必须要检索的要素。在国家知识产权局提供的专利检索网站专利检索与分析页面（http：//www.pss - system.gov.cn）进行中外专利联合检索。对于该组件，在最初的检索中，对该要素采用最直接相关的关键词"卡簧、弹簧、spring"进行检索，没有检索到合适的对比文件。随后，通过查询相关书籍和工具手册，得知：卡簧式出风口主要工作原理是开关与挡板成一体，卡簧用于对开关进行紧固锁紧，当拨动开关时挡板随之移动，以此调节出风口的开闭。根据上述工作原理，继而了解到可用"滑动、拨动、移动"来表示"卡簧"，并将其英文关键词确定为"slide"。

另外，通过对本领域技术知识的了解，发现美国在汽车空调领域具有绝对的技术领先优势，世界上第一套完整的空调系统就是由美国人发明的，长久以来的专利技术积累使得美国在空调领域的专利数量和质量远高于其他国家。考虑到美国的专利文献年代久远，内容完备，对一些比较简易的装置一般也会有介绍，故而转至美国专利商标局网站（www. uspto. gov）提供的检索平台进行检索。采用"slid $"作为关键词，组合其他检索要素进行检索，得到一篇早期美国专利文献，能够影响本案的创造性。

由上述案例可以看出，基于特定的技术领域，有时从权利要求中提取的关键词与通过工作原理等获取的扩展关键词词意表面理解有很大的不同，但其在本领域能表达同样的含义，这类关键词的扩展通常需要检索人员对本领域技术知识有更全面的了解和掌握。

【案例 3 – 16】

本案涉及一种电力施工挂具。现有技术中，施工作业人员穿戴带有后备绳的组合安全带，用脚扣攀爬至杆顶，再使用传递绳将横担等金具拉上去。第一根横担安装稳固后，将自身后备绳末端卡钩与金具穿钉有效连接，而没有安装金具前，后备绳卡钩无处固定，作业人员在没有安装金具前承担了巨大的安全风险。针对上述现有技术中存在的问题，本案提供一种扣帽式挂具，解决了安装金具挂设导线存在安全隐患的问题。

具体技术方案涉及一种扣帽式挂具，其特征在于：由两个 1/4 球面体构成半球形主体，两个 1/4 球面体的一侧通过折页和转轴连接，两个 1/4 球面体的另一侧通过卡锁活动连接，卡锁上连接拉绳；主体的边沿设有卡环，卡环上活动连接后备绳。具体结构如图 3 – 4 所示。

使用上述扣帽式挂具，不仅可以在工作过程中为施工作业人员提供保护，还可以在人员登顶后即刻摘下扣到电线杆头。通过理解上述技术方案，可以确定基本检索要素为"扣帽式挂具""活动连接"以及技术效果"防坠落"。对于该技术效果，作为一个词组，在专利文献中可能紧邻出现，也可能出现在一个段落中，并且"防"还可能有多种表达方式，如"防止""避免""抗"，甚至"减少"。考虑专利文献的特点，即相关专利文献的背景技术部分可能出现"防坠落"等类似含义的关键词，因此直接将上述技术效果关键词扩展为其反义词：坠落、下落、下坠、跌落。在国家知识产权局提供的专利检索网站

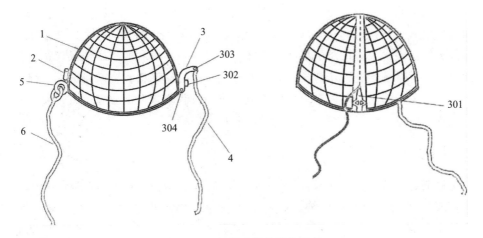

图 3 - 4 扣帽式挂具结构示意

专利检索与分析页面（http：//www. pss - system. gov. cn）进行中外专利联合检索，将上述关键词英文表达为：fall + or drop + or declin + or descent + ，并由此结合相关分类号和技术手段的检索要素进行检索，得到能够影响本案创造性的对比文件。

基于说明书通常会在背景技术部分对发明需要解决的技术问题作铺垫这一专利文献特点，可以尝试检索相关关键词的反义词进行检索，以避免漏检。

三、上下位概念关键词表达策略

如第一章第一节中所述，专利文献具有立体化分层次公开技术方案的特点。专利文献分层次公开的特点决定了在进行专利文献检索时需要进行上下位概念的扩展，这也是专利性评价的需要。当待检索的权利要求涉及某一概括性特征时，通常首先应当对其本身及其所包含的下位概念进行检索；当没有检索到合适的现有技术时，还需要进一步采用上位概念进行检索。例如，某案需要检索"移动终端"，其外延很广，至少应当检索本领域技术人员熟知的下位概念，如"手机""电脑""PAD"和"POS"等；某案需要检索"聚烯烃"，而根据其应用领域为"纺织"，可以扩展为较常用的下位概念"聚乙烯"和"聚丙烯"；某案需要检索"氟唑菌酰胺"，根据其性能可以扩展到上位概念"菌酰胺"，甚至扩展到"菌胺"。

获取上下位概念的途径有多种，一种是说明书中记载的上下位概念，一种是本领域技术人员根据常识能够得到的上下位概念，还可以是通过阅读检索过程中获得的相关文献中发现的上下位概念。

对上下位概念进行扩展和检索时，由于权利要求书必须以说明书为依据，因此申请人一般在说明书实施例部分公开包含下位概念的具体方案，在发明内容部分给出包含上位概念的概括性方案，并且在独立权利要求中请求保护概括性方案，有时还会进一步包含一些与实施例对应的从属权利要求以进一步保护具体的方案。因此，在检索上位概念时优选在权利要求和摘要中检索，而检索特定的下位概念时优选在说明书和权利要求书中检索。

【案例 3 – 17】

目前，煤矿矿井瓦斯封闭层是通过注浆煤矿隔离层进行封闭，达到防止瓦斯气泄漏的目的。传统用的有机高分子材料如聚氨酯等作灌浆料，虽然效果良好，但存在价格昂贵且施工污染等问题。本案提供一种新型的煤矿瓦斯封闭层用的无机膨胀灌浆料，可通过注浆方法，达到封闭瓦斯隔离层的目的。

具体技术方案涉及一种煤矿瓦斯封闭层用无机膨胀灌浆料，其特征在于：按重量份数计，其组成为：硅铝质黏土 10～50 份、硫铝酸盐熟料 20～45 份、石膏 10～30 份、石灰 5～15 份、萘系减水剂 0.6～1.3 份，以及外加上述固体物料总重 55% 的水。

使用上述无机膨胀灌浆料时细粉物料加水反应后膨胀并凝固，起到封堵裂缝的作用。该无机膨胀灌浆料主要原料之一为"硅铝质黏土"，属于基本检索要素。在国家知识产权局提供的专利检索网站专利检索与分析页面（http：//www. pss – system. gov. cn）进行高级检索。对于组分"硅铝质黏土"，首次检索时对该关键词采用"硅铝"and"黏土"进行表达，结合其他关键组分，未检索到合适的对比文件。通过浏览相关文献以及百度搜索"硅铝质黏土"，发现"高岭土""膨润土""蒙脱土"等均属于"硅铝质黏土"，随后的检索过程中进一步扩展了上述下位概念"高岭石""高岭土""蒙脱石""蒙脱土""膨润土""水云母"和"贝得石"，结合其他关键组分，从而得到了能够影响本案创造性的对比文件。

从本案可以看出，高岭石、蒙脱石、膨润土、水云母和贝得石等均是硅铝质黏土的下位概念，但两者在文字表达方式上却存在很大差别，如果仅使用"硅铝质黏土"的相关表达，无法体现其所涵盖的下位概念，容易造成漏检。

【案例 3 – 18】

现有技术中影音内容与广告同时显示时，显示内容有限，干扰正常影像的输出效果，并且广告内容无法根据用户需求进行选择。同时，由于显示内容有限，使用者想获得影音内容中没有通过广告显示的内容就需自行搜索寻找，用户体验差，准确度低。为解决该问题，本案通过设置两个显示装置来分别显示正常影音内容和与影音内容相关的多媒体信息，其中多媒体信息包括一个时间信息栏位，使多媒体信息和与其关联的影音内容在相应的时间同步显示，同时多媒体信息还包括与时间信息栏位中对应时间显示的一个或多个信息资讯栏位。

具体技术方案涉及一种多媒体系统，其包含：一影音播放装置，用以播放一影音传送装置所传送的一影音内容；以及一多媒体信息显示装置，其包含一显示器、一无线通讯装置及一信号处理装置；

其中该多媒体信息显示装置通过该无线通讯装置接收对应于该影音内容的一多媒体信息，该多媒体信息包含多个事例，每一事例分别包含至少一个时间信息栏位，并且该多个事例的至少其中之一相关于该影音内容的多个目标的其中之一；该信号处理装置依据该多个事例的所述多个时间信息栏位，而设置该显示器于对应的时间显示该多个事例的一个或多个信息资讯栏位；该多个目标包含有对应于该时间信息栏位而呈现于该影音播放装置的人物、物品、声音、场景及时间的至少其中之一。

通过上述技术方案不难看出，检索关键在于分屏显示影音内容和多媒体信息，其中多媒体信息与影音内容相关联，并由时间信息同步。然而，"多媒体信息"是一个涵盖内容较多的上位概念，在检索时应当注意扩展其可能包含的下位概念，比如"广告、电视、节目、媒体、内容"等，相应地，英文关键词扩展为"advertis +，TV, television?, program?, media?, content?"，采用上述扩展的关键词在国家知识产权局提供的专利检索网站专利检索与分析页面（http：//www. pss‒system. gov. cn），结合其他检索要素进行中外专利联合检索，最终得到能够影响本案创造性的外文对比文件。

对此类案例进行检索时，应特别注意下位关键词的扩展，要充分考虑各种可能的场景，注意所属技术领域知识的积累，或通过检索结果的反馈尽量扩展本领域常用的多种表达方式。

从创造性评判的角度考虑，有时未必一定需要公开了相同技术特征的对比文件，尤其是当同类的多种下位概念功能相同且本领域经常互相替代使用时，可以考虑扩展至其上位概念进行检索，从而得到公开手段不同但性质相同的对比文件。因此，从创造性评述的角度看，上位概念可能对下位概念的创造性构成影响，必要时仍然需要进行扩展。

实际检索过程中，应坚持先检准后检全的基本原则，一般先进行含义直接等同的关键词扩展，检索结果不理想时，再逐步进行含义间接等同的关键词以及上下位概念关键词的扩展，整个检索过程是一个动态调整的过程，应兼顾检索的质量和效率。

另外，检索过程中需要建立检索的"闭环"，注重检索结果的反馈对检索要素扩展的重要作用。对于各类关键词的扩展，往往不是本领域的技术术语，表达形式多样，难以扩展全面，需要在检索过程中通过检索结果的反馈不断积累。

第三节　关键词角度表达策略

如第一章第一节所述，专利文献具有技术内容多角度立体公开的特点。相应地，检索时不仅可以从技术方案本身中的关键技术手段进行检索，还可以从该技术方案或关键技术手段解决的技术问题、技术作用、技术效果以及不同应用形式等角度选取、扩展关键词，准确、完整地检索。特别是，当有些技术方案的技术手段很难用技术特征本身的关键词来表达时（比如部件之间的位置关系、某一部件的具体构造），有效检索命中的概率会大为降低。在这种情况下，除了针对每个关键词考虑形式上和意义上的准确和完整之外，还应当考虑从其他角度选取关键词并进行扩展。本节从技术手段、技术问题、技术效果、技术作用以及技术应用 5 个角度对关键词角度表达策略进行介绍。

一、技术手段表达策略

在检索时，通常是针对权利要求所保护的技术方案进行检索。权利要求书中的独立权利要求，从整体上反映了发明或者实用新型的技术方案，记载了解决技术问题的必要技术特征。权利要求书中的从属权利要求利用附加的技术特征，对引用的权利要求作进一步限定。因此，在检索时，可以直接使用权利要求中的技术手段作为检索词进行检索。技术手段表达策略即是指对于技术方案中的技术手段，以权利要求书中提取的关键词为基础，通过对技术手段进行词意扩展以实现表达。技术手段表达通常选取与技术方案直接相关的关键技术手段中的必备要素，主要包括：技术领域、装置设备中的零部件，以及其相应的连接关系、化学领域中的材料配方、工艺步骤、工艺参数等。根据权利要求技术手段记载的方式以及表达的形式不同，又可以分为技术手段直接扩展表达和技术手段概括扩展表达。

【案例 3 - 19】

为整理字符（如文字、字母等）、图标等显示对象，用户往往存在在图表等显示区域中整理显示多个显示对象的需求，如将多个字符或多个图标在一个图表中按照一定排列顺序进行显示。为此，本案提供一种显示控制方法及装置，以根据显示对象的数量，动态调整显示区域的显示格排列方式，使得显示格的数量与显示对象的数量相对应。

具体技术方案涉及一种显示控制方法，包括确定需显示的显示对象的数量；确定所述数量对应的目标排列方式，所述目标排列方式的排列数量与所述数量一致；确定以所述目标排列方式划分显示格的显示区域；调整各显示对象的显示面积与所述显示格的面积相应，将调整显示面积后的各显示对象依序填充在所述显示格中，其中，一个显示格填充一个调整显示面积后的各显示对象；根据预置的显示对象的数量，与显示格的排列方式的对应关系，确定与所述数量对应的目标排列方式；或，根据乘法关系确定所述数量的多个候选排列方式，所述候选排列方式的行数与列数的乘积为所述数量；从所述多个候选排列方式中选择目标排列方式；所述确定以所述目标排列方式划分显示格的显示区域包括：从预置的各排列方式对应的显示区域中，调取与所述目标排列方式对应的已划分显示格的显示区域，其中，一个排列方式预置一个对应的显示区域；或，以所述目标排列方式划分显示区域的显示格，得到以所述目标排列方式划分显示格的显示区域。

通过对上述技术方案及现有技术的理解，其发明构思在于，根据显示对象的数量，动态调整显示区域的显示格排列方式，使得显示格的数量与显示对象的数量相对应。进而在显示格中填充与显示格的面积相应的显示对象，使得显示区域中显示对象的大小可与显示格的大小相匹配，令用户更为容易地查看到显示区域的有效内容。其采用的关键技术手段之一在于划分显示格的显示区域。该权利要求采用了比较标准的专业术语进行撰写，而且"划分"和"显示格"的表达方式也比较明确，因此，可以直接使用上述词语作为检索词进行检索。而考虑到，虽然在权利要求的技术手段中"划分显示"是紧邻描述的，但是目标文件可能采用"划分不同的显示格"或"对显示区域进行划分"等表述方式，因此，在检索时，适当使用同在算符，例如采用"划分 S 显示"检索式进行检索。

由上述案例可以看出，对于采用标准技术术语撰写的权利要求，当其技术手段表达比较明确时，可以采用技术手段直接表达的方式，由于其技术术语本身即为所属领域的习惯表达方式或特定表达方式，采用此种表达方式能够达到检索准确、高效的目的。

【案例 3 - 20】

OLED 显示装置是利用有机电致发光二极管制成的显示屏，目前 OLED 显示装置通常包括显示模块和位于所述显示模块表面的触控模块，其中，所述显示模块包括相对设置的阴极和阳极，以及位于所述阴极和阳极之间的发光器件，所述触控模块中具有触控电极。但是，随着薄膜封装工艺的成熟以及集成化技术的不断提高，显示模块中阴极与所述触控模块中触控电极之间的距离越来越近，从而导致在触控阶段所述显示模块中阴极和触控模块中触控电极之间的寄生电容越来越大，使得所述阴极对所述触控模块中的触控电极的耦合作用也越来越大，严重影响了触控模块中触控信号的检测。本案提供了一种 OLED 显示装置的驱动方法，以降低显示模块中阴极对触控模块中触控电极的耦合作用，提高触控信号的检测精度。

具体技术方案涉及一种 OLED 显示装置的驱动方法，其特征在于，所述 OLED 显示装置包括显示模块和位于所述显示模块表面的触控模块，其中，所述显示模块包括呈矩阵排列的多个像素单元，所述驱动电路包括：显示驱动电路，所述显示驱动电路包括 N 个级联的显示驱动单元，每个所述显示驱动单元包括第一输入端、第一输出端和第二输出端，其中，第一级所述显示驱动单元的第一输入端外接显示驱动信号，第 M 级所述显示驱动单元的第一输入端与第 M - 1 级所述显示驱动单元的第二输出端电连接，用于为各像素单元的阳极提供显示驱动信号，其中，所述 M 为大于 1 且小于 N 的正整数，所述 N 为大于 1 的正整数；所述驱动方法包括：在显示阶段，给所述显示模块中的阳极提供显示驱动信号，给所述显示模块中的阴极提供显示恒定信号，控制所述显示模块中的发光器件进行显示；在触控阶段，停止给所述显示模块中的阳极提供显示驱动信号，停止给所述显示模块中的阴极提供显示恒定信号，同时给所述触控模块中的触控电极提供触控驱动信号，实现触控检测。

驱动电路的局部结构如图 3 - 5 所示，驱动电路工作时序如图 3 - 6 所示。

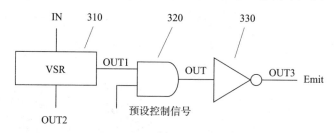

图 3 - 5 OLED 显示装置的驱动电路的局部结构示意

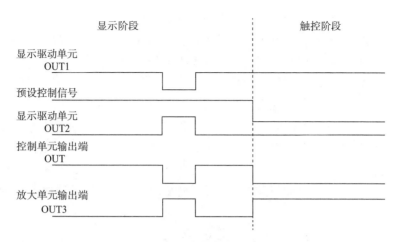

图 3 – 6　OLED 显示装置的驱动电路工作时序

具体分析本案的权利要求，同时结合说明书中的有关内容可知，本申请的发明构思在于：在触控阶段，停止给所述显示模块中的阳极提供显示驱动信号和停止给所述显示模块中的阴极提供显示恒定信号，更进一步，在上述基础上，给显示模块中的阴极提供预设信号，预设信号对应频谱的峰值频率与触控驱动信号对应的峰值频率之间的差值不大于预设值，以使得触控阶段显示模块中阴极上的信号与触控模块中触控电极上的信号基本同频率，以减弱所述显示模块中阳极和阴极对所述触控电极的耦合作用，从而提高触控信号的检测精度。对于权利要求中的"在触控阶段，给所述显示模块中的阴极提供预设信号，所述预设信号对应频谱的峰值频率与所述触控驱动信号对应的峰值频率之间的差值不大于预设值"，可以理解为：从实际驱动设置角度考虑，最方便可行的方案就是阴极和触控电极加载同一信号。因此，在国家知识产权局提供的专利检索网站专利检索与分析页面（http：//www. pss – system. gov. cn）进行专利检索时，可以通过"触 3d 电极"表达触控电极，通过"（同一 or 相同）3d 信号"表达同一信号，并构建完整检索式：（触 3d 电极）S 阴极 S（（同一 or 相同）3d 信号）对该技术手段进行检索。

由上述案例可以看出，对于技术方案撰写较复杂的专利，需要检索者不断扩充本领域技术知识，做到准确理解发明。对于技术方案的把握不应局限于权利要求书的直接文字表述，而应站位本领域技术人员，从现有技术出发，在准确把握技术方案实质的基础上，进而对关键技术手段进行概括表达。

二、技术问题表达策略

在说明书的发明内容部分，需要写明发明或者实用新型所要解决的技术问题以及解决其技术问题采用的技术方案。在这一部分往往记载相关领域中现有技术存在的技术难题，或者现有技术中技术方案存在的缺陷。对于某些专利申请而言，相对于解决技术问题的技术方案中的技术手段，技术方案所解决的技术问题更加明确，也更容易提取关键词。有的权利要求本身的技术手段过于常见，难以通过技术手段体现出发明构思，但其解决的技术问题比较明确。在这种情况下，可以从技术问题方面提取关键词进行检索。例如，某专利描述了一种水龙头的出水管，在其权利方案中记载的技术手段均是常见的结构特征，难以与现有技术区分。该专利为了解决水龙头使用过程中的二次污染的问题，其技术问题非常明确。因此可从技术方案解决技术问题的角度选取关键词进行检索。

【案例 3 – 21】

蝶阀是一种结构简单的调节阀，通常包括阀体、阀杆、蝶板和阀座。蝶阀启闭件是一个圆盘形的蝶板，在阀体内绕其自身的轴线旋转，从而达到启闭或调节的目的。它具有结构简单、体积小、重量轻、材料耗用省、安装尺寸小、开关迅速、90°往复回转、驱动力矩小等特点，用于截断、接通、调节管路中的介质，具有良好的流体控制特性和关闭密封性能。因此，被广泛应用于煤气、天然气、液化石油气、城市煤气、冷热空气、化工冶炼和发电环保等工程系统中输送各种腐蚀性、非腐蚀性流体介质的管道上。目前蝶阀密封面材料常用的有两种：金属对金属密封（简称金属密封）和金属对非金属软材料密封（简称软密封），金属密封常受加工精度的影响，软密封圈容易实现严密密封，且在加工中可以降低对密封面加工精度的要求。但是由于阀瓣为金属材料，受加工精度及粗糙度的限制，使得软密封容易磨损。本案为解决上述技术问题，提供了一种衬塑蝶阀，利用氟塑料的优异性能及独特的结构设计，大幅减少或者消除阀门启闭时密封副间的摩擦，提高阀门使用寿命。

具体技术方案涉及一种蝶阀，它包括阀体，阀体内部设有阀瓣，所述的阀瓣为蝶板，在阀体上方的阀杆处设有阀盖，阀杆端部设有阀杆轴承，其特征在于：阀体通径两侧设有密封填料和垫片，阀座置于阀体内部；阀杆上安装有手柄，所述的阀杆与蝶板设为一体并从阀体腔内伸出，所述垫片为环状弧形垫片，所述垫片至少为 4 片，所述的密封填料的材质为氟塑料；在所述的阀体内部及蝶板密封面外部衬有以氟塑料为材质的衬里；利用氟塑料的可塑性的加工原理，以钢铁做外壳或做内腔，将其衬于壳体内及衬塑于表面。具体结构如图 3 – 7 所示。

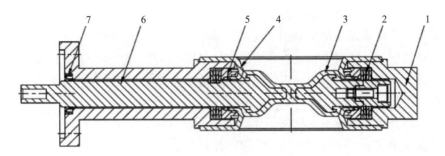

图 3 - 7　蝶阀结构示意

　　根据对本案的理解，其发明构思在于所述蝶阀具有衬里结构，以及上述衬里结构的具体元件设置以及连接关系，其在权利要求中以"密封填料""垫片""置于""设有"等技术特征进行描述。如果仅用上述技术特征作为检索词进行检索，以国家知识产权局提供的专利检索网站专利检索与分析页面（http：//www. pss - system. gov. cn）为例，发现文献数量庞大，噪声非常多。具体分析原因发现，"密封填料""垫片"，包括"阀板""阀瓣"等元件是机械领域非常常规的部件，不仅应用于蝶阀的领域，在许多机械结构中都会应用得到，即使将领域进一步限定在"蝶阀"的领域，由于上述元件依旧是"蝶阀"领域的基本组成，仅检索上述词语时，并不能描述其相互之间的位置关系，而该关系恰恰体现了本发明的发明构思。上述结构其所要解决的技术问题在于消除阀门启闭时密封副间的摩擦，其问题表达较为明确，因此，可以采用"密封副""摩擦""消除"等检索词从问题的角度进行检索，具体构建检索式：（密封 3d 副）S 摩擦 S（减小 or 消除 or 减轻），并结合发明领域的分类号，能够快速得到影响本案创造性的对比文件。

　　由上述案例可以看出，对于涉及较多常规部件组合、细节分散的权利要求，由于常规部件的应用领域较多，仅对这些部件进行检索往往带来非常大的噪声，容易受技术细节干扰，难以高效命中目标文献。在这种情况下，在检索时要避免仅局限于结构本身，特别是当其结构所带来的技术方案所要解决的技术问题较为明确，且易于表达时，可以从发明所要解决的技术问题的角度对关键词进行表达。

【案例 3 - 22】

　　计算机网络是由计算机集合联合通信设施组成的系统，随着网络功能的不断壮大，许多智能设备也加入网络中来，而智能网络即利用各种通信手段将计算机、智能设备连在一起从而共享软件、硬件和数据等资源的系统。由于该系统的设备负载，节点众多，当某一功能或节点出现故障时，就需要对故障处进行定位，此为网络故障定位技术。而在网络故障定位技术领域中，室内分布系统作为各个移动通信运营商网络优化的难点，其涵盖器件繁多，安装位置易受现场环境限制，使得干扰排查和故障定位难度大。本案为解决上述问题提供了一种用于无线通信网络故障定位的装置，可准确定位出故障点距离测试端口的位置。

具体技术方案涉及一种用于无线通信网络故障定位的装置，其特征在于：包括温度补偿晶体振荡器（1）、初始相位调整系统（2）、第一频率合成器（3）、第二频率合成器（4）、第一功率放大器（7）、第二功率放大器（8）、第一滤波器（11）、第二滤波器（12）、第三滤波器（13）、接收链路处理单元、FPGA 处理单元（21）和数字信号处理单元（22），其中，所述温度补偿晶体振荡器（1）、第一频率合成器（3）和第二频率合成器（4）均与初始相位调整系统（2）连接，所述第一功率放大器（7）与第一频率合成器（3）连接，所述第二功率放大器（8）与第二频率合成器（4）连接，所述第一滤波器（11）与第一功率放大器（7）连接，所述第二滤波器（12）与第二功率放大器（8）连接，所述第一滤波器（11）、第二滤波器（12）和第三滤波器（13）组成的三功器与被测件（14）连接，所述接收链路处理单元与第三滤波器（13）连接，所述 FPGA 处理单元（21）和数字信号处理单元（22）均与接收链路处理单元连接，且该 FPGA 处理单元（21）和数字信号处理单元（22）还与初始相位调整系统（2）连接；所述接收链路处理单元包括第一低噪声放大器（15）、第四滤波器（16）、第五滤波器（17）、第二低噪声放大器（18）、第一 A/D 转换芯片（19）和第二 A/D 转换芯片（20），所述第一低噪声放大器（15）、第四滤波器（16）、第五滤波器（17）和第二低噪声放大器（18）依次连接，所述第一低噪声放大器（15）还与第三滤波器（13）连接，所述第一 A/D 转换芯片（19）和第二 A/D 转换芯片（20）均与第二低噪声放大器（18）连接。装置连接示意图如图 3-8 所示。

具体分析本案的权利要求，深入理解发明可知，本案的发明构思在于：基于无源器件的反射互调失真功能来产生反射互调信号以实现故障定位的作用。而根据其权利要求的撰写形式发现，其技术方案技术特征中的电路器件，虽然其表达较为明确，但由于语言习惯的不同存在多种不同叫法，如权利要求中的"功率放大器"，在其他文献中有可能被记载为：功放、信号放大器等，并有可能使用三极管等具体的功率元件进行描述，同时上述元件也是电路中的常规元件。因此，仅对功率放大器进行检索，在引入较多噪声的同时还可能造成漏检，也难以体现发明构思。但聚焦发明实质，从电路以及采用的器件解决的技术问题分析：该技术方案所要解决的技术问题在于实现故障的定位，采用的手

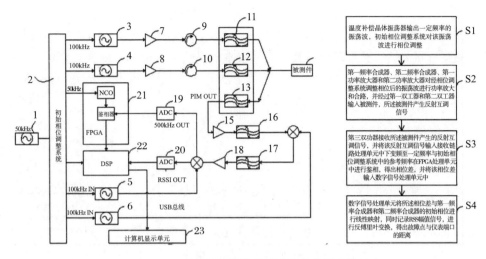

图 3 − 8 用于无线通信网络故障定位的装置连接示意

段是基于无源器件的反射互调失真来产生反射互调信号的功能。因此，选择基本检索要素：反射互调、故障定位，在国家知识产权局提供的专利检索网站专利检索与分析页面（http：//www. pss − system. gov. cn），通过构建检索式：互调 and （（故障 or 异常）S 定位）进行检索，能够快速命中目标文件。

　　由上述案例可以看出，对于涉及技术特征存在较多别称、简称的权利要求，或对于集成系统有可能表达为分散元件的情况，如果仅检索手段特征，容易造成噪声较大，或检索结果不准确，进而遗漏有效文件。检索时要避免仅局限于结构本身，而应结合其技术方案实际解决的技术问题提取或扩展关键词进行检索。

三、技术效果表达策略

　　根据专利文献的撰写要求，在说明书的发明内容部分应还写明对照现有技术，发明或者实用新型的有益效果。因此，在专利说明书中会对技术方案的技术效果进行描述，技术效果部分主要记载通过实施专利申请中提供的技术方案所能达到的技术效果，以及相比现有技术而言专利申请中技术方案的优点、优势。特别对于权利要求中涉及多个步骤或多个结构特征的技术方案，如果这些步骤或者结构特征可以进行组合，并能够产生新的产物或者达到某种效果，可以在检索时使用技术效果进行表达。例如，某专利其构思是将树木部分根系放入装置箱中，同时利用箱内设置的网筛管道为根系供给营养，从而避免营养液从土壤中流失。其装置结构较为简单，但是体现构思的检索要素都是常规部件，例如：箱、箱体开口、部分根系、网筛管道等，这些词汇即使结合分类号进行检索，噪声仍然很大。考虑到本专利技术方案中，将部分根系置入箱体内主要是为了达到避免营养液流失的效果，因此，在检索时可以采用与技术效果"流失"相关的关键词进行检索。当从技术效果角度选取和扩展关键词时，需要注意将关键部件或者关键手段置于整个技术方案中进行分析，充分分析关键部件、关键手段与其他部件之间的关系。

【案例 3 - 23】

婴幼儿在长牙期间会出现流口水、牙龈肿胀、烦躁等情形，严重时会拒绝进食。目前市面上能够缓解出牙不适、锻炼婴幼儿咀嚼和抓握能力的方法就是提供橡皮或塑胶制成的非食用性物质，但这并不能缓解根本问题。很多婴幼儿在开始的时候还能借助这些磨牙物解决不适，但很快就开始意识到磨牙物是假的替代品，便不再发挥作用了。而家长们为了解决这个问题，大多采用自己的方式自行制作可食用磨牙棒，但在营养和硬度方面有待改进，且婴幼儿食用后也需要大人看护，以免发生吞食现象引发危险。针对以上问题，本发明提供了在营养和硬度上都大大改善的一种磨牙棒的制作方法。

具体技术方案涉及一种磨牙棒的制作方法，其特征在于，包括以下步骤：第一步：准备低筋面粉 300～400g、地瓜干 10～30g、黄油 10～20g、核桃仁 5～15g、芝麻 10～20g、鲜乳 500～700g；第二步：将黄油加热软化后，倒入和面机，边搅拌边加入低筋面粉，并揉成面团，最后赶平，醒半小时后把松弛好的面团放在案板上檊成厚度一致的长方形面条；第三步：将鲜乳倒入容器中，边用微火煮边搅拌，再静置，待鲜乳表层形成一层奶皮后，揭去奶皮，取奶清液；第四步：将第二步中的长方形面条泡入奶清液中，加热至 30～35℃时，加入凝乳酵素并搅拌，再加入乳酸，调节 pH 为 5～7；第五步：将地瓜干、核桃仁、芝麻研磨成粉末状，均匀撒入第四步的奶清液中，并搅拌，再加入糖粉 10～20g，静置 2～4 小时，将长方形面条捞出，并移入纱布袋中包好，放入模具中挤压 24 小时，待水分去除后，进行脱水处理；第六步：将脱水后的长方形面条放置于烘烤箱中，调节温度至 150～200℃，烘烤时间是 20～30 分钟，取出分装即可。

具体分析其权利要求和说明书的内容，该专利的发明构思在于，制备过程中将面条放入凝乳中搅拌取出后再进行烘烤，产品具有良好的营养性和耐磨性。进一步分析权利要求发现，该专利权利要求中包含了较多的步骤，这些组成步骤的技术特征分散，在检索时难以准确表达，而其中关键步骤三、步骤四实际上是制作奶酪的过程，"奶酪"是上述工艺步骤的生产产物，因而从步骤组合所能产生的产物，其达到的效果即是利用产生的奶酪提高磨牙棒的营养，同时达到将凝乳奶酪与其他原料混合的效果。因此，在国家知识产权局提供的专利检索网站专利检索与分析页面（http：//www. pss - system. gov. cn）进行检索时，从"奶酪"的角度扩展关键词更为简洁。

由上述案例可以看出，对于方法权利要求而言，由于权利要求中方法步骤较多，逐一提取可能会在检索中引入过多的特征，从而导致遗漏目标文献。但如果这些步骤可以产生新的产物或者效果，则可从产物或效果方面进行检索，能够有效去除噪声，提高文献的命中率，达到快速锁定目标文献的作用。

【案例 3 - 24】

在半导体加工设备中，由于前体气体在其被注射至 CVD 反应室中之前不充分的热能化（加热）及其在该反应室中的过早混合可导致多个问题，由于不充分的热能化和过早的混合造成的上述问题导致该前体气体在衬底上形成 GaN 产物的不充分反应。前体反应物由于颗粒/络合物的形成、在不需要的表面上的沉积等而损失。改进前体气体的热能化和传输，可期望带来前体气体更有效的利用以及降低成本和改进材料生长速率的相关益处。为了克服上述问题，本案提供了一种用于 CVD 系统的气体注射器以及具有该气体注射器的 CVD 系统，其通过结合使用作为主动加热元件的辐射加热器和作为被动加热元件的黑体元件，并通过将黑体元件设置于气体输送导管所形成的空间内，从而能够在前体气体被注射至 CVD 反应室中之前向前体气体提供足够的能量，以快速加热前体气体。

具体技术方案涉及一种用于向化学气相沉积（CVD）反应室注射气体的气体注射器，其包括：气体输送导管，所述气体输送导管用于将气体沿着流动通道从气体入口经过该导管传输至一个或多个气体出口；所述气体输送导管的一个或多个段，其中每段被配置或设定尺寸以增加相比于未经如此配置或尺寸设定的气体输送导管的段的气体经过所述导管的流动时间；其中至少一个选定的段被配置为具有较长的气体流动通道并且在基本相似的气体流动速度下具有增加的气体流动时间；其中所述气体输送导管的所述选定的段包括螺旋形形状；外壳，所述外壳封装螺旋形的段的部分或全部；和加热工具，所述加热工具被设置从而在气体穿过所述气体输送导管的一个或多个段传输时将所述气体输送导管的一个或多个段加热；其中所述加热工具包括主动加热元件和被动加热元件，所述主动加热元件为辐射加热器，所述被动加热元件为黑体元件，该黑体元件位于由所述气体输送导管所形成的空间内；其中至少一个选定的段被配置为具有气体流动通道，所述气体流动通道具有较大的截面尺寸，并且在较低的气体流动速度下具有增加的气体流动时间；其中所述较大的段的所述截面尺寸从顶部到底部逐渐变大，其中所述段通向 CVD 反应室；其中在所述气体输送导管中流动的气体包括用于在所述 CVD 反应室中生长Ⅲ族-氮化物半导体的Ⅲ族-金属前体，以及其中所述较大的段包括在平面结构内的楔形通道，所述楔形通道具有相对较窄的顶部和相对较宽的底部，所述顶部具有气体入口，所述底部具有通向所述 CVD 反应室的第一出口，并且所述平面结构在垂直方向上较短，而在横向方向上较大；至少一个并不与所述楔形通道相交的第二导气通道，该第二导气通道具有第二气体入口，具有基本恒定的截面尺寸，并且具有一个或多个在所述楔形通道出口的侧面的通向 CVD 反应室的第二出口，以及其中所述加热工具进一步包括被加热的 CVD 反应室，其中将所述平面结构配置并设定尺寸从而能沿着上游的横向壁而被设置在所述 CVD 反应室内部，并且所述平面结构被设置以使气流导向至下游方向。具体结构如图 3 - 9 所示。

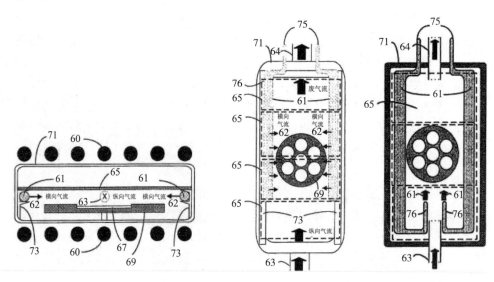

图 3 - 9　气体注射器结构示意

可见，本专利所请求保护的技术方案复杂，所描述的装置结构繁杂，包含了非常多的结构元件，并且其均是使用上位的词语对技术特征进行的描述，例如：加热工具、气体输送导管等。因此，如果仅由权利要求书所提取的关键词既无法实现对所述结构的概括性描述，也无法实现对上述结构的全部细节的详细描述。而该专利的发明构思在于：（1）将第一出口设计为楔形，实现对反应气体流动速度的控制，从而使第一气流在横向方向上基本为均匀分布；（2）增设第二出口，通过第二气流将第一气流限制在横向宽度内。在这种情况下，可以从体现本发明的技术效果的角度进行扩展表达。比如，在国家知识产权局提供的专利检索网站专利检索与分析页面（http：//www. pss – system. gov. cn），使用关键词：楔形（taper + OR nail OR wedge OR "U W shape +" OR "V W shape +"）、气体流速（"flow rate" OR flow – rate OR velocit +）和均匀性（uniform +）进行检索。

由上述案例可以看出，对于此类装置结构较为复杂的专利，特别是权利要求中的技术特征概括较为上位时，如果仅通过 IPC 分类号结合关键词扩展的常规模式，难于在较少文献浏览量的情况下检索到有效文件，此时，需要对发明构思进行深入的挖掘与理解，从说明书中提取着重体现本发明技术效果的关键词进行表达检索。

四、技术作用表达策略

在专利文献中，技术方案的技术手段与其实现技术作用一般相互呼应。因此，在检索时还可以从该技术手段在方案中所实现的技术作用角度，运用表达技术作用的关键词与技术方案中表达技术手段、技术领域的关键词进行联合检索，实现检索准确、高效的目的。对于某些采用功能性限定方式撰写的权利要求，还可以从技术作用的具体实现方式的角度扩展关键词进行检索。针对技术作用表达策略，要充分意识到检索要素所具备的作用，注重相关领域知识的积累。

【案例 3 – 25】

生活用品与人们的生活息息相关，生活用品的质量直接决定人们的生活质量。生活中使用的桌子，一般采用单一的折叠结构，仅仅能够对桌子进行折叠来减少它占用的空间，但是不能够随意调节桌子桌面的面积，在需要使用较大的桌面的时候不能够进行调节，使用不便。为克服上述缺陷，本案提供了一种桌面面积可调节的桌子。

具体技术方案涉及一种桌面面积可调节的桌子，包括桌面（1）和框架（3），所述框架（3）为两个且平行设置，在两个框架（3）的底部两端均设有桌腿（2），其特征在于：所述桌面（1）包括两个平行设置的拉杆（5），在拉杆（5）的两端均设有凸台（6），所述框架（3）的内侧均设有滑槽（4），所述拉杆（5）通过凸台（6）和滑槽（4）与框架（3）滑动连接，且两个拉杆（5）之间设有不少于两个连接杆（8），在拉杆（5）和连接杆（8）之间以及相邻的两个连接杆（8）之间均通过十字连接架（9）转动连接，所述十字连接架（9）为两个连杆转动连接组成，在两个拉杆（5）之间的上部设有桌板（10）；所述框架（3）为伸缩式结构，所述框架（3）包括第一伸缩杆（31）和第二伸缩杆（32），所述第二伸缩杆（32）的一端穿插在第一伸缩杆（31）的安装槽（33）内，位于安装槽（33）内的第二伸缩杆（32）的末端设有定位台（34），在安装槽（33）的右侧设有与定位台（34）配合使用的限位台（35）；所述桌板（10）为伸缩结构。具体结构如图 3 – 10 所示。

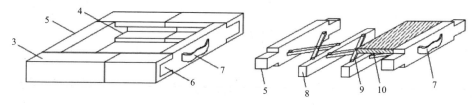

图 3 – 10　桌子结构示意

通过上述对技术方案及现有技术的理解，可以确定其关键技术手段为：通过可伸缩框架，在拉杆和连接杆之间以及相邻的两个连接杆之间均通过十字连接架转动连接，实现桌面面积可扩大和缩小。在国家知识产权局提供的专利检索网站专利检索与分析页面（http：//www. pss – system. gov. cn）中进行中文专利检索。在对"拉杆""滑槽"等的检索过程中，发现噪声非常大。分析原因发现，其桌子的具体结构均为常规的机械零件，如果仅以结构相关的关键词进行检索，由于许多机械结构中均存在上述结构，因而噪声非常大。再进一步具体分析，其通过桌面的结构具体实现了桌面的伸缩滑动的功能，从而达到桌面大小可变的目的，因此，使用"groove""slid +"结合桌子的分类号 A47B 1/08 进行检索，快速命中了目标文件。

由上述案例可以看出，如果权利要求本身的技术特征中的装置结构元件过于繁多，但其在本申请中所起作用却很明确，这时可从功能方面进行扩充关键词。当从功能表达角度选取和扩展关键词时，首先对技术方案进行理解，应有意识地对其中所具备的功能予以关注，其次还应在平时注意领域知识的积累，根据领域知识对技术特征、技术方案的功能与效果进行解读。

【案例 3 – 26】

随着智能语音设备的普及，排除杂音干扰、提高语音识别率成为如今相关领域持续改进的技术。现有提高语音识别率的技术中，例如，想要向目前流通的智能电话等的终端追加语音识别功能，需要向终端的 OS（Operation System）编入语音识别功能，因此，较为花费劳力和时间。另外，也存在已经装载有语音识别功能的终端，但该识别功能由于终端的种类或机型而各不相同，会产生无法确切地识别语音的情况。本案提供一种能够不改动已经存在的终端而追加语音识别功能的语音识别设备。

具体技术方案涉及一种语音识别设备，作为与可通过无线或有线连接可选设备的终端进行通信的语音识别设备，其包括：语音输入机构，用于输入语音；识别处理机构，用于执行被输入的语音的识别处理，其中，所述识别处理机构根据与所述终端的连接状态被确立的情况进行动作，所述语音识别设备还包括：存储机构，预先存储代码对应信息，其中，所述代码对应信息联系多个单词或文字和与它们分别对应的所述可选设备特有的指示代码信息；转换处理机构，基于由所述存储机构存储的所述代码对应信息，将表示由所述识别处理机构进行的识别处理结果的单词或文字转换成所述指示代码；通信机构，将通过所述转换处理机构转换后的所述指示代码信息发送至作为被连接的所述终端的连接对象；所述可选设备包含指示输入装置，所述指示代码信息是从所述指示输入装置输出的代码编号；所述存储机构还预先存储包含设备本身的识别信息和种类信息的设备信息，所述种类信息是表示设备本身的种类是所述指示输入装置的信息；语音识别设备还包括辨别处理机构，所述辨别处理机构为，当从所述终端接收了询问所述可选设备是否存在的第一询问信号的情况下、将发送所述第一询问信号的所述终端辨别为所述连接对象，所述辨别处理机构为，当接收了所述第一询问信号时，生成包含所述设备信息的第一应答信号，并且向发送所述第一询问信号的所述终端回复所述第一应答信号。

根据其权利要求的撰写方式可见，其采用功能性模块的形式对语音识别识别进行限定，在国家知识产权局提供的专利检索网站专利检索与分析页面（http：//www. pss－system. gov. cn）进行中文专利检索，在以"输入、识别、存储、转换"进行检索的检索过程中，发现噪声非常大。具体分析本案的权利要求，深入理解发明可知，其实质上要保护的是一种通过利用语音识别结果来控制与之网络连接的终端设备动作的语音遥控装置，而由于权利要求撰写均为所实现的功能，不容易准确提取检索词，因而检索噪声较大。且在本申请说明书中也提及：在本实施方式中，语音识别设备 10 和信息处理终端 20 可通过无线连接，两者通过 Bluetooth（注册商标）规格进行双向通信。另外，通过 Bluetooth 规格的通信是一例，也可以通过其他规格进行无线通信。且根据语音遥控装置的特点，根据具体实现遥控装置与终端通信功能的角度扩展检索词，可以想到"射频""蓝牙""WiFi"等方式，因此，在检索时，可以从实现功能的具体方式角度进行检索，构建检索式，例如：（网络 or 有线 or 无线 or 射频 or 蓝牙）s（连接 or 通信 or 配对），同时结合相关分类号，能够快速得到影响本案创造性的对比文件。

由上述案例可以看出，对于采用功能性限定方式撰写的权利要求，可以使用实现其功能的具体结构或手段作为检索词进行检索，以达到避免噪声、准确命中目标文献的目的。

五、技术应用表达策略

根据专利文献的撰写要求，说明书中应该写明要求保护的技术方案所属的技术领域。在说明书的技术领域中通常会记载其技术方案的应用领域或者应用场景。当所涉及的技术方案具有独特的应用领域或应用场景时，应当从技术应用的角度进行关键词的扩展。某些专利文献在其说明书的发明内容或具体实施方式中还会对实现同一基本功能的不同技术手段进行记载，或者虽然专利文献未记载多种手段，但对于实现某一功能的具体技术手段存在其他应用方式，在这种情况下，可以从技术应用方式的角度扩展、选取关键词。在运用技术应用表达策略时，要求检索者对专利中记载的技术方案透彻理解，清晰界定实现相应功能的核心技术手段，并能够根据设备、装置判断出其技术应用场景、技术应用方式。

【案例 3 – 27】

由于水下环境复杂，且河水中普遍存在含沙量大的特点，导致水质混浊，而海水水下能见度低，这些都为潜水员水下作业增加了困难和危险性。目前，潜水员在进行潜水作业时，常用的观察方式是依靠强光灯的视力观察，但是在光线不足以及浑水中，人眼可观测视野极小，且使用强光灯不仅不方便，而且不安全。为了解决这个问题就出现了水下成像声呐设备。现有的水下成像声呐设备主要有两种形式，一种是手持式，由潜水员双手持手柄使用，其缺点是显而易见的：潜水员的双手被束缚住了，不仅不利于水下作业，对潜水员的安全也是很大的威胁；另一种则固定于 UUV 等各种水下航行器或水下工作平台，其缺点是：由于体积大，装配复杂，很难与各种工作平台相匹配。为克服现有技术中的水下成像声呐设备体积大、装配复杂、不便携带的缺陷，本案提供了一种供潜水员使用的头盔式彩色图像声呐的技术方案。

具体技术方案涉及一种头盔式彩色图像声呐，其特征在于，包括声呐头（1）、控制盒（2）、视频眼镜（3）；其中，所述声呐头（1）能够安装在头盔上，所述视频眼镜（3）能够安装在所述头盔的眼部；所述声呐头（1）通过水密电缆连接到控制盒（2），所述控制盒（2）还通过水密电缆与视频眼镜（3）相连；所述声呐头（1）在控制盒（2）的控制下向外部环境发射声呐信号并接收回波信号；所述控制盒（2）对声呐头（1）所输出的声呐回波信号进行处理，从中提取出外部环境的信息，然后将其转换为二维图像数据；所述二维图像数据在所述视频眼镜（3）上显示；所述声呐头（1）包括步进电机（11）、收发合置换能器（12）、传动轴（13）；其中，所述步进电机（11）通过传动轴（13）与所述收发合置换能器（12）相连；所述步进电机（11）在一定角度之间往复转动，进而通过传动轴（13）带动所述收发合置换能器（12）在该角度范围之间往复转动；所述收发合置换能器（12）在所述角度范围内每隔一定的较小角度发射及接收一次声呐信号；所述控制盒（2）包括：信号预处理模块（21）、信号处理模块（22）、格式转换模块（23）、存储模块（24）、控制模块（25）、电源（26）以及盒体（27）。具体结构如图 3 – 11 所示。

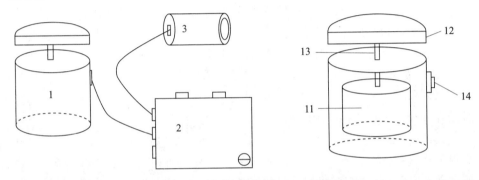

图 3 – 11　头盔式彩色图像声呐结构示意

　　通过上述对技术方案及现有技术的理解，可以确定其发明构思在于控制盒还包括与外部陆上显示设备相连接的接口，通过该接口，所述控制盒能够将所述二维图像数据发送到外部陆上显示设备，还能够将用户通过外部陆上显示设备发送的数据显示到所述视频眼镜上。如果只使用表达技术手段的检索词，例如"声呐、头盔、视频、控制、显示"等检索词进行检索，检索结果庞大，筛选文件所需的时间较长。进一步分析技术方案以及相关背景技术可知，本案的目的在于为潜水员提供图像显示的装备，特别是在权利要求中记载的"所述控制盒（2）还通过水密电缆与视频眼镜（3）相连；所述声呐头（1）在控制盒（2）的控制下向外部环境发射声呐信号并接收回波信号"更为体现了其应用环境在水下，因此，可以使用表达其应用的检索词"水下、潜水、蛙人"等，再结合技术领域关键词"声呐、声呐、头盔、穿戴、眼镜"等，在国家知识产权局提供的专利检索网站专利检索与分析页面（http://www. pss – system. gov. cn）进行中文专利检索，能够快速命中目标文件。

　　由上述案例可以看出，对于根据技术方案能够明确反映其应用领域和应用场景的权利要求，在检索时不仅要将常规反映其技术手段的关键词作为检索词，同时也应该将反映其应用的关键词进行适当扩展作为检索词，在检索时综合考虑，联合使用。

【案例 3 – 28】

在采石业、采矿业以及基础建设领域，经常需要将体积较大的岩石、混凝土分裂。传统的分裂方式多是采用爆破和人工作业，如在巷道式采矿作业中普遍采用在开采面上用凿岩机开凿出许多爆破孔，然后在每个爆破孔中填上炸药，同时引爆进行爆破，爆破后通过通风换气设备将巷道空气中产生的烟雾和粉尘排出，之后再将破碎的矿石清理运出。对于体积较大的岩石、混凝土分裂，采用人工作业的方式则是用铁锤将钢钎插入岩石、混凝土中，令其裂开成体积较小的碎块。对于爆破分裂方式，需要炸药，安全性较差且成本高，容易造成对环境的破坏；人工作业方式则效率低下，工作时会产生较大的噪声以及冲击力，也容易对人员造成伤害。本案提供了一种分裂机，这种分裂机可以解决在对体积较大的岩石、混凝土分裂时安全性较差、效率低下且容易造成对环境破坏和对人员造成伤害的问题。

具体技术方案涉及一种分裂机，其特征在于：包括有由缸套（1）、缸套内封头板（4）和缸座（18）围成的油缸体，所述油缸体内设置有活塞（9），所述活塞（9）与活塞杆（13）一端相连接，所述活塞杆（13）另一端伸出所述缸座（18）与设在分裂扦座（22）内的分裂中扦（21）连接，所述分裂中扦（21）为楔状，所述分裂扦座（22）一端与所述缸座（18）连接，另一端卡接有分裂侧扦（23），所述分裂侧扦（23）内开设有与所述分裂中扦（21）楔状相对应的空腔，所述分裂侧扦（23）端部设有与轴线垂直的分裂拉销（24），所述分裂拉销（24）上套装有拉销弹簧（25）；在靠近所述缸座（18）处的所述缸套（1）上开设有前腔油口（29），在所述缸套内封头板（4）上开设有后腔油口（28），外封头板（5）套接在所述缸套内封头板（4）和所述缸套（1）连接处；所述缸套（1）与所述缸套内封头板（4）之间、所述缸套（1）与所述缸座（18）之间均设有密封圈；所述缸套（1）与所述活塞（9）之间、所述缸座（18）与所述活塞杆（13）之间均设有耐磨圈和密封圈；所述活塞杆（13）与所述活塞（9）的端面设置有密封圈。具体结构如图 3 – 12 所示。

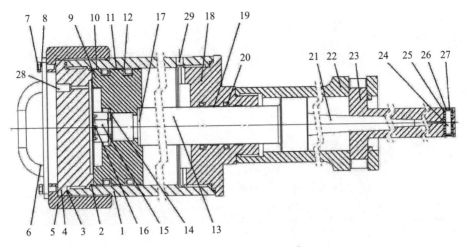

图 3－12　分裂机结构示意

　　根据对权利要求和说明书的理解可知，该技术方案的主要发明构思在于端部的销轴及弹簧回位结构等细节特征。体现其发明构思的关键技术手段之一在于：分裂机上设置有拉销，在分裂机分裂岩石后将分裂头回位，可见，"拉销"为基本检索要素。虽然"拉销"作为基本检索要素，但分裂头的限位与复位功能是由拉销和弹簧共同产生的，弹簧与拉销在实现限位与复位时具有相同的作用，属于实现限位与复位的另一应用手段，但拉销的表达形式众多不易扩展，而弹簧在本案中可以与拉销一样起到限位与复位的作用，同时弹簧的表达形式也更为固定，因而可以考虑将拉销扩展至与其具有关联应用作用的弹簧进行检索。

　　由上述案例可以看出，在通过对技术方案与发明构思的理解确定一个基本特征时，如果这个特征本身不易扩展、难以表达或者形式众多，而同时又存在具有关联应用作用的其他特征，例如，采用其他部件、模块在技术方案中同样能够发挥与其相同的作用时，则也应当对这些关联的应用方式进行检索。

第四章　分类号表达策略

目前，发明和实用新型专利文献都采用分类号进行分类。分类的目的是便于技术主题的检索。相较于关键词检索，分类号检索的优势在于它不受限于语言、专业术语和同义词等多种形式的表达，能够弥补关键词表达有时难以区分技术领域、表达图形、表达技术手段以及专利文献数据库摘要/全文的缺失的缺陷。目前世界上主要专利分类体系有国际专利分类体系（IPC）、联合专利分类体系（CPC）、日本专利分类体系（FI/FT）等。本章以 IPC 为基础介绍分类号的查找和使用策略，同时，详细介绍其他分类体系在检索中的应用。

第一节　IPC 分类号查找策略

查找准确的分类号是成功获取文献的第一步。几乎所有的公开专利文献都提供 IPC 分类号，因此本节以 IPC 查找为例进行说明。

IPC 是一种等级分类系统，按等级递降顺序划分为部、大类、小类、大组和小组。较低等级的内容是其所属较高等级内容的细分。各等级分别由类号和类名构成，各等级类号的组成、类名的范围和类名的作用如表 4-1 所示。

表 4-1　各等级类号的组成、类名的范围和类名的作用

等级	类号的组成	类名的范围	类名的作用
部	A～H 中的一个大写英文字母	概括指出该部范围内的内容	仅有指示作用
大类	部的类号＋两位数字	表明该大类包括的内容	表明大概的范围，无限定作用
小类	大类的类号＋一个大写字母	尽可能确切地表明小类的内容	对其下较低等级的分类位置具有限定作用
大组	小类类号＋"1～3 位数字"＋"/"＋"00"	在小类范围内确切限定对检索有用的技术主题领域	对低于其等级的小组的范围具有限定作用
小组	小类类号＋"1～3 位数字"＋"/"＋非"00"至少两位数字	在大组范围内确切限定对检索有用的特定技术主题	对其下位组具有限定作用

除 H 部外，另外 7 个部还具有由信息性标题组成的分部，用来宽泛地指示其内容。各小组的等级仅仅由其类名前的圆点数来决定，每一个小组是它上面离它最近的又比它少一个圆点的小组的细分类。小组具有两种类型，一种是小组的类名是一个完整的短语（英文版中以一个大写字母开头），可称为细分型；另一种是小组的类名是它所依赖的、少一个圆点的、最靠近的上位组类名的继续（英文版中以一个小写字母开头），可称为追加型。无论是何种类型，在解读小组的类名时，都依赖且限制在其所缩排的上位组的类名之下。

一个完整的分类号由代表部、大类、小类和大组或小组的类号构成。例如：

分类是为了便于检索，分类时把同样的技术主题归在同一分类位置上。因此，确定发明的技术主题，是确定准确分类号的基础。技术主题可以是方法、产品、设备或材料以及它们包含的使用或应用方式。一般来说，根据权利要求确定技术主题。根据权利要求无法确定技术主题时，需要按照说明书记载的内容（特别是实施例）进行确定。和分类相关的信息包括两类，一类是专利申请的全部文本中代表对现有技术的贡献的技术信息，称为发明信息；另一类是不代表对现有技术的贡献，而是对检索可能是有用的信息，称为附加信息，作为对发明信息的补充。对技术主题确定分类号时，应当给出完整的、能代表发明或实用新型的发明信息的分类号，并尽可能对附加信息进行分类。

分类方法包括整体分类、功能分类和应用分类。技术主题都尽可能作为一个整体来分类，而不是将它们的各组成部分分别分类。但如果发明的某一技术主题的各组成部分的本身，例如，一个系统的零件或者部件，代表了对现有技术的贡献，那么它们也可以构成发明信息，也应当对其进行分类。分类表中，除小类、大组和小组的类名影响分类位置的范围之外，还应注意附注和参见。前者以"附注"字样出现在分类表中，定义或者解释一些特定词汇、短语或分类位置的范围，或者指明怎样将技术主题进行分类。后者以"（）"出现在大类、小类或组的类名，或附注中，包括一个涉及分类表另一位置的短语，用来说明由参见指明的技术主题包括在所涉及的一个或几个位置。在选择具体的分类位置时，分类表中还规定了一些原则和规则。一般将该发明主题分类到复杂性和专业性程度较高的组，称为优先原则（通用规则）；但在分类表某些区域采用优先规则，包括最先位置规则和最后位置规则，由附注进行规定。适用最先位置规则时，若无相反指示，分类入最先适当位置。适用最后位置规则时，若无相反指示，分类入最后适当位置。

关于 IPC 分类表的详细介绍，检索者可登录国家知识产权局官方网站（http：//www. sipo. gov. cn/），获取专利分类表中文版，或登录世界知识产权组织（WIPO）官方网站（http：//www. wipo. int），下载专利分类表的英文版或者法文版。

在实际的检索过程中，分类号查找策略有分类表查询策略、统计分析策略及追踪查找策略。

一、分类表查询策略

分类表查询策略是最基础的策略。常用的确定策略有逐级查表策略和 IPC 辅助工具查表策略。

1. 逐级查表策略

分类表的等级结构决定着在确定分类号时，采用逐级确定，具体确定时，可按如下步骤进行：

（1）明确检索的技术主题。对某些类型的检索，如"专利性检索"，也许要检索不止一个技术主题。

（2）确定该技术主题在 IPC 中确切的位置。明确所要检索的技术主题后，检索者首先要浏览 IPC 的 8 个部及其大类，选择最接近的分部和类。接下来，需要转到所选择的类和其下面小类的类名，并注意那些可能包含所要检索的主题的小类。应当选择最确切地包括该主题的小类，根据主题词的属性进而再分入大组或直至小组，每一个过程都应注意参见与附注。

【案例 4 –1】

一种具有冷却装置的发动机汽缸盖，权利要求 1 中记载了该冷却装置的发动机汽缸盖，特征在于，该冷却装置是一个环形通道。权利要求 2 进一步限定所述的环形通道是一个风道。同时，在本案说明书还记载了该摩托车发动机汽缸盖包括设置在汽缸盖内部的冷却风道，此冷却风道包括冷却风进口和冷却风出口，冷却风道中开有通向燃烧室的火花塞安装孔，所述汽缸盖上设置有导向散热片。

根据以上信息，可以确定该发明主要涉及 3 个技术主题。根据权利要求 1 可以确定的技术主题是具有环形冷却通道的发动机汽缸盖；根据权利要求 2 可以确定的技术主题是具有环形风道的发动机汽缸盖；根据说明书记载的内容，可以进一步确定技术主题是具有散热片的风冷式发动机汽缸盖。

查询分类表，首先确定以上 3 个技术主题的部和大类都属于 F02，涉及燃烧发动机、热气或燃烧生成物的发动机装置。

进一步浏览 F02 下的小类，确定小类为 F02F，其定义如下：

F02F 燃烧发动机的汽缸、活塞或曲轴箱；燃烧发动机的密封装置（专用于旋转活塞或摆动活塞内燃机的入 F02B；专用于燃气轮机装置的入 F02C；专用于喷气推进装置的入 F02K）

附注

1. 注意 F01 类前面的附注。

2. 对于专门适用于燃烧发动机之外主题，F16 类优先于本小类。

在该小类下具有附注，由第一节序言部分内容可知其影响分类位置的范围，因此应特别注意。通过查看 F01 前的附注，不影响本案的分类位置的范围，而本案的技术主题适用于燃烧发动机，因此，亦不属于优先分入 F16 的情形。

进一步确定大组，逐级浏览分类表，可以确定 3 个技术主题的分类号属于 F02F 1/00 这一大组。浏览该大组的小组，特别注意 F02F 1/00、F02F 1/02 后面的参见，分别指明了一般的汽缸和汽缸盖分入 F16J，具有冷却装置的汽缸盖则分入 F02F 1/26。最终，确定 3 个技术主题的分类号分别为：F02F 1/26；F02F 1/28；F02F 1/30。分类表中位置如下：❶

F02F 1/00 汽缸；汽缸盖（一般的入 F16J）

F02F 1/02 ·具有冷却装置（汽缸盖入 F02F 1/26）

F02F 1/24 ·汽缸盖

F02F 1/26 · ·具有冷却装置

F02F 1/28 · · ·用于气冷

F02F 1/30 · · · ·散热片式汽缸盖

2. IPC 辅助工具查表策略

国际专利分类（IPC）体系是依照《斯特拉斯堡协定》而创建的，由世界知识产权组织（WIPO）管理。WIPO 的官方网站向全球的知识产权用户全面开放。作为 IPC 的管理者，WIPO 通过其网站提供了多种针对分类号的检索工具，实现 IPC 分类号的快速、全面的匹配。

目前，WIPO 提供的 IPC 辅助工具如图 4 - 1 所示（矩形框选中部分），包括：

---

❶ 为简略起见，本书引用的各种分类号后的内容可能不完整。

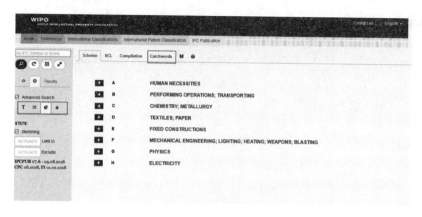

图 4 - 1　IPC 辅助工具

（1）IPCCAT。IPC 体系用的一种归类辅助工具，主要用于帮助在 IPC 大类、小类或大组级别对专利进行分类。

（2）STATS。一个通过对含有特定检索词语的专利文件进行统计学分析来对 IPC 进行预测的工具。

（3）Catchwords。IPC 关键词索引，可为检索者指出准确的 IPC 组，但通常只能指出 IPC 的大组或者 IPC 的小类。

（4）Scheme terms。在 IPC 分类表和关键词索引和定义中检索术语。

以上工具均可通过在设置栏点选高级检索（Advanced Search）进行设置。

在检索输入框输入与被检索的技术主题相关的技术术语，WIPO 网站会基于多个工具给出多个与该技术术语相关的、具有一定相关度的 IPC 分类号，供检索者参考。

另外，工具栏也支持布尔算符（AND/OR/NOT）、通配符（？/＊/“”/＋/－）的使用，还可以通过算符“～”加在关键词后面实现模糊匹配，如"roam～"，系统会检索如"foam"和"roam"的词。

仍以【案例 4 - 1】为例。

在检索输入框输入"engine cylinder head"，得到结果如图 4 - 2 所示。

"IPCCAT"推送的是归类分析后的结果，"STATS"推送的是对发动机汽缸盖的相关专利文献的分类号进行统计后，按频次排序后的结果。"Scheme terms"推送的则是类名中含有"engine""cylinder""head"中所有单词的分类号。分析可以看出，F02F 1/24（发动机汽缸盖）这一分类号在"IPCCAT"中为五星推荐，在"Scheme terms"和"STATS"工具中也排在靠前的位置，进一步地，在"STATS"中我们可以浏览其小组的分类号。通过以上三者的综合分析，能够基本确定本申请的准确分类号应该在 F02F 小类，优先关注 F02F 1/24 该小组。

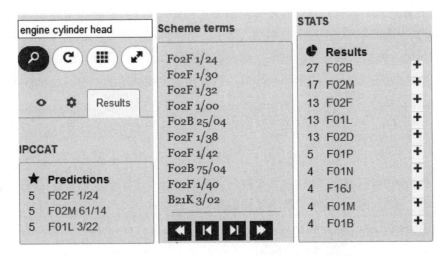

图 4 – 2　engine cylinder head 在工具中的检索结果

可以看出，通过 IPC 辅助工具可以大大提高获取与被检索的技术主题相关的分类号的速度。

二、统计分析策略

分类最主要的目的就是便于技术主题的检索。在分类时，将预分类的文献分配到和该文献的技术主题相同的文献集合中。如果知晓了其他相同的或类似技术主题文献的分类号，实际上就等于获得了被检索的技术主题的分类号。目前的检索系统一般都提供了技术主题（领域）的统计分析功能，通过该功能能够帮助检索者快速达到此目的。在检索实践的过程中，通常有 4 种策略：基于关键词的统计分析策略、基于发明名称的统计分析策略、基于粗分类的统计分析策略及基于申请人的统计分析策略。

1. 基于关键词的统计分析策略

第三章已经介绍过在进行检索要素的表达时，需要确定一些与技术方案密切相关的词语，称为关键词。在包含专利文献全文文本或摘要的数据库中，利用关键词检索入口来确定检索的技术领域是最主要的方式，在正确理解发明的基础上，确定一个或几个关键词，在数据库中对包括该关键词的专利文献进行检索统计分析后，可以获得与待检索发明密切相关的分类号。

【案例 4 – 2】

半固态成形技术是介于固态成形与液体成形之间的一种新的金属成形技术，经过二次加热后的半固态金属坯料需要进行测温，确定二次加热是否达到要求的固液两相区间的温度。现有技术中，需要人工手持热电偶对坯料内部进行测温，操作复杂且不安全。本案公开了一种半固态坯料二次加热设备的辅助测温系统，能够实现半自动测温，减少人员配置，提高了操作安全性。

其权利要求1为一种半固态坯料二次加热设备的辅助测温系统，其特征在于：包括气缸、热电偶和温差电偶温度计，所述的热电偶固定连接在气缸活塞杆上，所述的热电偶在气缸活塞杆的带动下进行往返运动，热电偶与温差电偶温度计之间通过电路连接。

本案的构思在于针对现有技术中人工手持测温、操作复杂且不安全的问题，通过将热电偶固定在气缸活塞杆上，热电偶在气缸活塞杆的带动下进行往返运动，从而快速、准确地测量半固态坯料芯部温度。

本案所载明的分类号为B22D 2/00，其具体含义为指示设备或测量设备的配置，如用于熔融物温度或黏度的。

通过本案所载分类号，并未检索到和本申请十分相关的现有技术，因此，可能还存在其他的分类号。此时，可以利用检索系统提供的分类号统计功能。以国家知识产权局专利及检索分析系统为例，在高级检索模式下，采用和本申请发明构思密切相关的"热电偶"和"测温"为关键词进行检索，在检索结果统计一栏，检索系统会对与检索到的结果相关的分类号进行统计和排序，通过浏览统计结果，获得与本申请相关的分类号，如图4-3所示。

图4-3 分类号统计结果

通过查阅分类表，获得各个分类号的含义，从而确定G01K 7/02为和本申请密切相关的分类号，其含义如下：

G01K 7/00 以应用直接对热敏感的电或磁性元件为基础的温度测量（给出除温度瞬时值之外的其他结果的入 G01K 3/00；测量电或磁变量的入 G01R）

G01K 7/02 · 应用热电元件，例如，热电偶（热电或热磁装置本身入 H01L 35/00，H01L 37/00）

利用上述分类号和相关关键词进行检索，获取与本申请发明构思相同的文献。

2. 基于发明名称的统计分析策略

根据专利法对专利申请文件的撰写要求，申请文件的发明名称应该清楚、简要、全面地反映要求保护的发明或者实用新型的主题和类型。因此，发明名称是体现发明技术主题的重要内容，以发明名称为入口对包括该技术主题的专利文献进行分类号统计，更容易确定与被检索的技术主题十分相关的分类号。

【案例4－3】

本案涉及一种防盗单元和一种防盗系统。为了防止机动车或电动车等移动体设备被盗，往往使用机械式防盗系统或电子式防盗系统对移动体设备进行安全保护。目前的机械式防盗系统主要还是基于传统锁具的方式，具有结构简单、重复钥匙多等缺陷，防盗性能较差；而电子式防盗系统只要输入相关的认证信息进行匹配，匹配成功后即可打开，认证信息很容易在合法使用者没有察觉的情况下被复制，不利于相关设备的防盗。本案的防盗系统需经过服务器进行认证后方可解除防盗状态。

其独立权利要求为：

1. 一种防盗保护系统，其特征在于，包括防盗服务器以及防盗单元组件；所述防盗单元组件包括依次电连接的第一数据通信接口、微处理器、第二数据通信接口以及与所述微处理器电连接的存储器；所述防盗单元组件，用于将认证防盗信息发送至所述防盗服务器进行认证操作；所述防盗服务器，用于接收所述认证防盗信息，并与所述防盗服务器内部的核对防盗信息进行匹配；还用于若所述认证防盗信息与所述核对防盗信息匹配成功时，对所述防盗单元组件进行授权操作，发送授权信息。

所述防盗单元组件还包括存储有防盗控制软件、认证防盗信息和用于鉴别所述授权信息的必要数据的移动终端，所述防盗单元组件，获取所述授权信息，向与所述防盗单元组件相连的移动体设备工作模块发送工作控制信号，所述工作控制信号用于所述防盗控制软件控制所述移动体设备工作模块启动或工作。

说明书附图如图4－4所示。

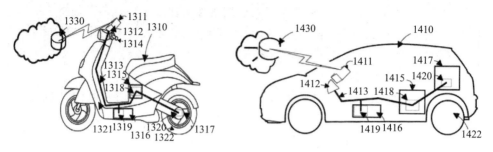

图 4 - 4 本案实施例附图

本案的发明构思是克服现有技术中防盗单元的验证是在自身进行、验证成功即开锁、本地装置被破解则失效的缺陷，通过在电动车、汽车等车辆上设置的防盗单元组件向服务器发送认证请求，服务器认证后车辆上被限制的各部件才可使用，提高了安全性。从权利要求分析可以确定本申请的技术主题是一种需进行认证的防盗系统，结合说明书可以确定本申请是一种应用于汽车或者电动车的需认证的防盗系统。

进入国家知识产权局专利及检索分析系统，在高级检索模式下，以发明名称为入口检索"汽车 and 防盗"，检索结果如图 4 - 5 所示。

图 4 - 5 分类号统计结果

在页面右侧具有检索结果统计区域，点击技术领域统计一栏，列举出了检索文献中的分类号，可以看出主要集中在 B60R 25/00 及其下位组之下，进一步通过查询分类表确定和本申请最为相关的分类号为 B60R 25/00，其定义如下：

B60R 25/00 防止或指示未经许可使用或防窃用的车辆配件或系统（用于

车辆的锁入 E05B 65/12)

注意该小组后面的参见，指示了另外一个分类位置，但是，该分类位置是一般用的车锁，和本案差别较大。

以上过程确定的是汽车的防盗系统的分类号，采用和以上同样的分析过程可以得到自行车的防盗系统的分类号：

B62H 5/00 防止或显示擅自使用或盗窃自行车的装置；与自行车构成一体的锁（一般防止或显示使用或盗窃车辆的装置入 B60R；锁的一般零件入 E05B）

B62H 5/20 · 显示擅自使用的，例如发生信号的装置

在 B62H 5/00 后面的参见中出现了前文确定的分类号的小类，由此也可以看出，两个分类号之间具有一定的技术关联性。

以上两个分类号均是应用型分类，是综合考虑说明书的内容之后确定的，但从权利要求限定的内容来看其仅是一种防盗系统，因此，去除应用领域的限制，只针对防盗系统进行检索分析，得到结果如图 4 - 6 所示。

图 4 - 6　分类号统计结果

通过检索结果发现，除了已经确定的两个分类号之外，G08B 13/00、G08B 13/24 及 G08B 25/10 出现的频率也较高，进一步查询分类表，确定功能性分类号 G08B 13/00，涉及一种夜盗、偷窃或入侵者报警器。

通过以上统计分析，可以获得本案需检索的 IPC 分类号为 B60R 25/00、B62H 5/00、G08B 25/10。

3. 基于粗分类的统计分析策略

专利检索的过程中，通过生活经验结合浏览分类表索引或者关键词查找获得粗分类（小类）往往是比较容易的，但是小类下面又包括成百个小组，如果细致查找，费时费力。此时，在粗分类（小类）的基础上，结合技术领域或技术特征等关键词后，再进行统计分析，能够帮助获得准确的分类位置。

【案例 4 – 4】

传统的积木等玩具无声无息，儿童在玩耍一段时间后就将其丢弃，造成很大浪费；连环画册等益智读物文字少，一般靠家长来讲述，无法将内容准确表达出来。本案利用现有的移动电子设备，使传统玩具或读物与其进行有趣的互动，使静态的东西变得生动活泼。

其权利要求 1 如下：

一种电子设备与传统玩具互动的装置，包括玩具和移动电子设备，玩具包括玩具本体和植入于玩具本体中的射频识别标签，射频识别标签记载有该玩具对应信息的软件的识别码；移动电子设备包括射频识别读写器、无线射频驱动单元、WiFi/网络驱动单元、储存单元、微处理单元、视频驱动单元、音频驱动单元、屏幕、扬声器和电源，无线射频驱动单元分别与射频识别读写器和储存单元连接、并受控于微处理单元，视频驱动单元与屏幕连接并受控于微处理器，音频驱动单元与扬声器连接并受控于微处理器，电源与各功能单元为电连接；移动电子设备通过 WiFi/网络驱动单元到可供用户下载的网站或云端上下载有关该玩具信息的软件到储存单元，当移动电子设备中的射频识别读写器探测到玩具中的射频识别标签时，无线射频驱动单元指示射频识别读写器读取射频识别标签中的玩具信息对应软件的识别码，同时搜索储存单元中是否有与该射频识别标签上的软件识别码对应的软件，如有对应软件，微处理单元立即根据软件的指令指示视频驱动单元和/或音频驱动单元将该玩具的信息通过屏幕和/或扬声器表达出来，如没有对应软件，移动电子设备没有进一步的动作或提示需要下载对应软件。

本案通过利用射频识别技术，将射频识别标签植入传统玩具中，再将玩具与带有射频读写器的移动电子设备近距离靠近，从而触发移动电子设备中预先下载的有关该玩具信息的软件打开，并由移动电子设备通过视频和/或音频将该信息表达出来，为静态的玩具增加生动的画面和声音，激发了幼童玩耍的兴趣。因此，根据权利要求可以确定其技术主题为一种具有射频识别互动设备的玩具，为生活领域的发明，应当在 A 部分类表中，通过在分类表中检索关键词，可以很容易地确定玩具的所属 IPC 小类 A63H。

进入国家知识产权局专利及检索分析系统，检索方式选择"高级检索"，在检索表格中，关键词一栏填写"射频"，分类号一栏填写 A63H，执行检索，得到结果如图 4 – 7 所示。

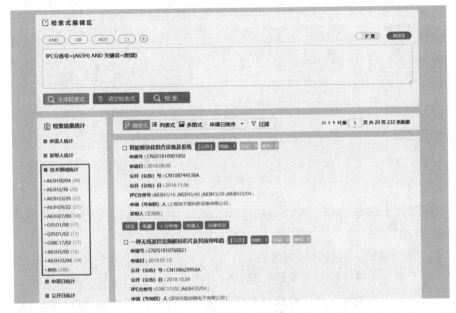

图 4 – 7　分类号统计结果

检索结果右侧系统针对检索结果进行了多项统计，点击技术领域统计项目，得到检索结果中所有分类号中各分类号的文献覆盖排名情况，可以确定分类号 A63H 30/04，具体含义如下：

A63H 30/00 玩具专用的遥控装置，如供玩具车用的（玩具车的遥控驾驶装置入 A63H 17/385；模型铁路用的入 A63H 19/24，A63H 19/28）

A63H 30/02 · 电气装置

A63H 30/04 · · 利用无线电发射的

该分类号确切地表达了本申请所要求保护的技术主题。

除上述应用分类外，本案是射频识别设备的具体应用，因此，射频设备本身的分类号也应该是检索时应重点关注的。同样，通过关键词检索或浏览分类表先确定本案的小类 G06K。

进一步在国家知识产权局专利及检索分析系统中应用分类号"G06K"和"玩具"进行检索，得到结果如图 4 – 8 所示，根据技术领域排行情况，确定本案的另外一个相关分类号 G06K 17/00。

图4-8 分类号统计结果

通过以上统计分析，可以获得本案需检索的 IPC 分类号为 A63H 30/04、G06K 17/00。

4. 基于申请人的统计分析策略

基于申请人的统计分析策略，是指针对申请人申请的专利文献中专利分类号对应的专利数量或占比进行统计和频次排序，其中排名靠前、占比较大的分类号对应的技术内容为该申请人的重点技术，该策略通常用于专利分析或专利导航检索中。在该重点技术下的分类号进行检索分析，可以了解当前申请人在该重点技术下的技术手段分布状况，从而找到申请人的专利技术申请热点与空白点，对于了解申请人的专利技术布局、找到研发方向具有重要意义。

【案例4-5】

以"华为公司"为例，进入国家知识产权局专利及检索分析系统，检索方式选择"高级检索"，在"申请人"字段中输入"华为"，"申请日"输入"2017"，筛选范围选择中国发明申请和中国实用新型申请，执行检索，得到结果如图4-9所示。

由图4-9可知，2017年华为公司在国内共申请专利3045件，在页面左侧给出了分类号的统计结果，点击技术领域统计项目，可以看到系统给出专利文献覆盖最多的前10位分类号。前10位的小组技术主题情况如表4-2所示。

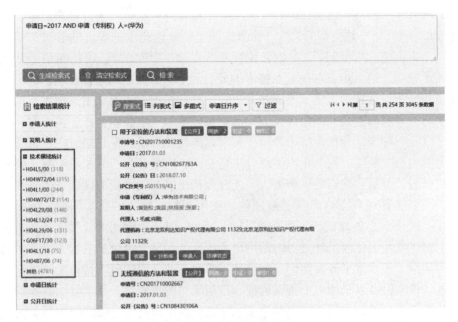

图 4-9　分类号统计结果

表 4-2　华为公司申请量排名前 10 位的技术主题

排名	IPC	技术主题	专利申请量/项
1	H04L 5/00	为传输通道提供多用途的装置	318
2	H04W 72/04	本地资源管理，例如，无线资源的选择或分配或无线业务量调度	315
3	H04L 1/00	检测或防止收到信息中的差错的装置	244
4	H04W 72/12	本地无线业务量调度	154
5	H04L 29/08	以协议为特征的传输控制规程，例如数据链级控制规程	148
6	H04L 12/24	数据交换网络中用于维护或管理的装置	132
7	H04L 29/06	以协议为特征的通信控制；通信处理	131
8	G06F 17/30	特别适用于信息检索及其数据库结构的数字计算设备或数据处理设备或数据处理方法	123
9	H04L 1/18	应用载有自动重复系统的返回信道检测或防止收到信息中的差错的装置	75
10	H04B 7/06	在发射站使用多个空间上分开的独立天线的分集系统	74

从表 4 – 2 可以看出，2017 年华为公司的申请主要在"为传输通道提供多用途的装置""本地资源管理""检测或防止收到信息中的差错的装置"等方面。结合大组分析可知，"本地资源管理"是 2017 年华为公司创新最为活跃的技术领域。进一步在这些重点技术的分类号下结合关键词进行检索，能够确定华为公司在该技术主题下不同技术手段的使用情况，以及该重点技术下的重要申请人，从而为企业制定研发方向和申请策略、寻求技术合作提供方向。

以上 4 种统计分析策略中，基于关键词的统计分析通常是同时在申请文件的发明名称、摘要、权利要求等部分进行检索，在统计分析时相对于基于发明名称的统计分析，检索的噪声更大，统计分析出的分类号更为庞杂。但是，由于说明书摘要（全文）部分一般还包括发明所要求解决的技术问题、解决技术问题的技术方案的要点以及主要用途，因此，基于关键词的检索统计分析相较于基于发明名称的统计分析的使用更为广泛，如结合本书第三章第三节中的技术问题、技术效果等关键词，能够获得与申请的发明构思密切相关的准确分类号，检索时可以采用多个关键词提高分析结果的聚焦度。基于发明名称的统计分析策略要求选取的关键词和技术主题的关联度较高，在确定应用分类时更加精准有效；而基于粗分类下的统计分析结果更加聚焦，统计得到的分类号的噪声大大降低，适用于技术领域比较明确的情况。基于申请人的统计分析策略，一般用于专利分析过程中，通过分析获得申请人的重点技术领域的分类号，通过进一步的检索分析获得该技术领域的技术热点和空白点、竞争对手等情况，从而帮助企业制订科学的研究计划或专利申请策略。

三、追踪查找策略

一般而言，一件发明创造都是以现有技术为基础，解决其存在的技术问题而进行的创新，开拓性发明已经较为罕见。在实际的专利申请中，同一申请人对于同一技术也会进行多层次多方位的专利布局。基于此，在实际的检索过程中，检索者可对相关技术和关联申请进行追踪，根据相关申请已有的分类号，帮助查找被检索主题的分类号。

1. 相关技术分类号追踪策略

一份标准的专利申请文件说明书中一般都包含背景技术，背景技术中申请人往往会提及现有技术文献以陈述该现有技术存在的技术问题，突出本申请对现有技术的贡献点，因此，该现有技术文献是和本申请的技术主题密切相关的，通过追踪该背景技术文献的分类号，可以快捷地找到相关分类号。

【案例 4 – 6】

某案涉及一种喷嘴组件、基板处理设备以及处理基板的方法。通常，在制造平板显示器装置或半导体的过程中，随着处理玻璃基板或晶片的过程，执行有诸如光刻胶（PR）涂覆工艺、显影工艺、蚀刻工艺和灰化工艺之类的各种工艺。在每个工艺中，执行使用化学物质或去离子水（DI）的湿法清洗工艺以去除附着至基板的各种污染物并且执行用于干燥基板的表面上的残留化学物质或去离子水的干燥工艺。

本案是一种清洁装置和清洁方法，本案所载明的分类号为 B08B 3/02，具体含义为使用液体或蒸汽用喷射力来清洁的方法。

在说明书背景技术中记载了"韩国专利公开申请 No. 10－2011－0116471 公开了一种清洗设备。该清洗设备包括用于供应用来清洁的清洗溶液的清洗溶液供应喷嘴、供应有机溶剂的有机溶剂喷射喷嘴以及喷射用于干燥的干燥气体的干燥气体喷射喷嘴"。但根据上述方法，清洗溶液的量是大的，从而增加了用于执行工艺的成本。并且，利用蚀刻工艺不容易去除形成在 PR 薄膜上的壳层。

本案是在背景技术上所做的改进，因此和本案的技术主题是十分相关的，查阅该背景技术文献，文献载明的分类号 H01L 21/302 的含义如下：

H01L 21/00 专门适用于制造或处理半导体或固体器件或其部件的方法或设备组

H01L 21/02 · 半导体器件或其部件的制造或处理

H01L 21/04 · · 至少具有一个跃变势垒或表面势垒的器件，例如 PN 结、耗尽层、载体集结层

H01L 21/18 · · · 器件有由周期表第Ⅳ族元素或含有/不含有杂质的 AⅢB Ⅴ族化合物构成的半导体，如掺杂材料

H01L 21/30 · · · · 用 H01L 21/20 至 H01L 21/26 各组不包含的方法或设备处理半导体材料的（在半导体材料上制作电极的入 H01L 21/28）

H01L 21/302 · · · · · 改变半导体材料的表面物理特性或形状的，例如腐蚀、抛光、切割

可知，H01L 21/302 是应用到半导体领域的表面处理工艺，与本申请的技术领域更为相关，在检索时，应该扩展到该分类号。

相关技术分类号追踪策略是一种最直接的策略，检索者只要在检索时，关注申请人在背景技术中涉及的背景技术文献即可。当然，相关技术分类号追踪策略不仅要对申请本身的背景技术追踪，还包括检索过程中对于检索到的文献（包括申请日以后的文献）的追踪，从而获得相关的分类号。

2. 关联申请分类号追踪策略

同一申请人/发明人针对同一技术主题可能会提交多件申请以对相关技术

形成全方位的专利布局，形成技术壁垒。此时，通过这些关联申请的分类号就可以查找到与本申请相关的分类号。在检索时，一般以申请人/发明人为检索入口。

【案例4-7】

一种电凝镊清洁和擦干支座，通过在清洗槽两端设置擦拭带对电凝镊进行清洗。本案所载分类号为 B08B 1/00，其含义为利用工具、刷子或类似工具的清洁方法。

通过检索本案的申请人，发现其同日提交了大量的电凝镊清洗的装置，和本申请的技术方案十分相关，进一步查看关联申请的分类号，发现其中一部分专利的分类号为 A61B 18/12，其含义如下：

A61B 18/00 向人体或从人体传递非机械形式的能量的外科器械、装置或方法（眼外科入 A61F 9/007；耳外科入 A61F 11/00）

A61B 18/04 · 采用加热（通过实施电磁辐射的入 A61B 18/18；利用电场或磁场，辐射或超声造成的体温过高入 A61N）

A61B 18/12 · · 采用使电流通过待加热组织的方式，例如，高频电流

可见，该分类号是对电凝镊本身进行的分类，和本申请相关度较大，检索时应一并进行检索。

关联申请分类号追踪策略充分利用创新主体在专利申请中的行为特点，能够快速而准确地帮助检索者获得和被检索的技术主题相关的分类号。

第二节　IPC 分类号使用策略

本节将从 3 个方面介绍使用 IPC 分类号的检索策略，包括直接使用分类号的检索策略、基于层级结构扩展的检索策略、基于功能分类/应用分类扩展的检索策略。

一、直接使用分类号的检索策略

在大多数领域，如果一个基本检索要素具有准确的分类号，应当优先考虑直接采用该分类号进行检索，也就是说，多个检索要素中至少有一个检索要素采用分类号表达进行检索。当选择了某一个分类体系之后，在检索时通常首先选择最准确、最下位的分类号进行检索，这便是直接使用分类号的检索策略。其是根据分类表的结构和定义，确定与待检索技术主题贴切的分类号，无须其他扩展，便可以快速准确地检索到相关的专利文献。这种检索策略是从检准的

角度考虑，适用于分类位置准确且属于最下位组，仅使用确定的分类号结合关键词即可检索到相关专利文献的案件。例如，待检索的技术主题为一种快速奶嘴体温计，在对基本检索要素"奶嘴"进行表达时，确定了比较准确的 IPC 分类号 A61J 17/00，无须其他扩展，直接采用该分类号进行检索即可以得到较好的检索结果。

在使用分类号表达基本检索要素进行检索时，应该考虑该基本检索要素用分类号表达时对整个技术方案的影响。例如，如果一个分类的表达主题与一个或者几个基本检索要素的技术内容对应，则需要注意只采用基本检索要素对应的分类号进行检索，不要再采用对应的关键词表达进行多重限定，以免造成漏检。但如果存在多个非常相关的分类号时，也可以一并进行检索。有时候，直接采用确定的 IPC 分类号进行检索未能获得合适的检索结果时，需要考虑将其对应到其他不同的分类体系中，寻找比较准确的分类号，例如 CPC、FI – FT 等。根据对应关系直接确定，同样无须其他扩展进行检索。

【案例 4 – 8】

本案的权利要求请求保护一种钢丝切割装置，其特征在于，包括机架，所述机架上设置有水平导轨，所述水平导轨之间设置有可沿所述水平导轨左右移动的滑板机构，所述滑板机构通过链传动机构与设置在所述机架外侧的传动手轮连接；所述滑板机构的下端固定有砂轮架，所述砂轮架上设置有由电机驱动的砂轮片；所述砂轮片的上方设置有切割罩，其下方设置有用于放置钢丝轮的卷装架；所述卷装架与所述水平导轨相平行并固定在所述机架上；所述滑板机构上还设置有用于带动所述砂轮架上下移动的竖直导轨，所述竖直导轨的上端设置有进给手轮。

发明构思在于，现有技术中用手动砂轮机将废钢丝割断，来实现收线轮的重新利用。现有技术不仅无法保证切割的精度，易造成收线轮损坏，而且还会对人体造成很大危害，如噪声，粉尘、钢屑易吹入人体、易割伤手指等，因此提供一种钢丝切割装置，采用砂轮片对钢丝轮进行切割，并通过水平导轨和竖直导轨调节砂轮片的位置。该切割装置滑动轻巧、操作灵活、定位准确，而且操作环境相对环保、安全。

经过分析，为解决其技术问题，采用的关键技术手段为采用砂轮片对钢丝轮进行切割，并通过水平导轨和竖直导轨调节砂轮片的位置。基于发明构思和围绕关键技术手段确定的基本检索要素为"钢丝切割""砂轮片""水平导轨和竖直导轨""调节砂轮片的位置"。

通过对上述确定的检索要素进行分类号和关键词表达，确定了 IPC 分类号

B24B 27/06（用于切断的磨床）和关键词"钢丝、导轨、滑轨、水平、左右、竖直、上下"，构建检索式之后在国家知识产权局官网上进行检索，未获得合适的相关文献。

深入理解之后，重新查阅分类号，发现另一个比较准确的 IPC 分类号 B21F 11/00（线的切割），虽然该分类号还存在下位组的分类，本案无须其他扩展，结合通过对检索要素"水平导轨和竖直导轨"的关键词表达"导轨"，即可在国家知识产权局官网上快速检索到非常相关的中文文献。

在检索的过程中，必须掌握最基本、常规的分类号检索策略。同时可以根据检索的结果，通过查询分类表，不断调整策略，尝试使用不同的所有相关的 IPC 分类号，也可能达到理想的效果。

【案例 4 – 9】

本案的权利要求请求一种用于将正规语言转换为网络非正规语言的转换系统，包括分割模块、非正规语言词典模块和转换模块，其中，所述分割模块用于将正规语言分割为一个或多个单元，并将分割后的单元输入所述转换模块；所述转换模块通过搜索所述非正规语言词典模块将输入的单元或单元组合转换为与其相对应的非正规语言并输出。

发明构思在于，涉及一种语言转换系统和方法，尤其涉及一种能够将正规语言转换为网络非正规语言（Network Informal Language，NIL）的转换系统和方法。

经过分析，本案的关键技术手段为通过搜索非正规语言词典将分割的正规语言转换为与其相对应的非正规语言，基于发明构思并围绕关键技术手段，确定本案的基本检索要素为"语言转换""正规语言和非正规语言""语言词典"。

接下来对上述确定的基本检索要素进行表达。首先根据语言转换主题，确定属于小类 G06F，说明书确定本发明要求保护的是一个整机系统而并非零部件，根据应用，确定本发明适用于涉及自然语言处理的特定功能，因此找到其所属的大组 G06F 17/00（适用于特定功能的），找到处理自然语言数据的 G06F 17/20 的分支。然后利用分类表继续查找具体的分类号，找到两点组 G06F 17/28（自然语言的处理或转换）。虽然在该两点组之后的附注指示，G06F 17/27 的两点组优先（优先规则），但是，根据以上提取出的本案的技术主题，并没有涉及语法的自动分析。因此，G06F 17/28 是准确的分类位置。因为在该两点组下没有更细的分类了，那么根据整体分类原则和优先规则，可以确定 G06F 17/28 就是该发明信息最合适的分类位置。

直接采用上述确定的分类号表达结合相应的关键词，在国家知识产权局官网上快速检索到非常相关的中文专利文献。

在直接使用分类号表达进行检索时，还要考虑附注和参见中给出的指引是否与案件的主题相关。如果相关，则按照参见中指引的分类号进行检索；如果不相关，则按照常规确定的分类号进行检索。

二、基于层级结构扩展的检索策略

如果基于直接使用分类号的检索策略没有检索到合适的专利文献，应当对分类号进行扩展，首先可以按照层级结构进行扩展。在分类体系中，分类表是由层级结构组成的，即按层次的递降顺序分割技术知识的整体。低等级分类位置对应的技术主题是其所从属的较高等级分类位置对应的技术主题的细分，因此可以利用各层级结构之间的关系对确定的发明技术主题进行分类号扩展，亦即按照层级结构确定最适合发明技术主题的分类位置，以及扩展到不能明显排除的全部相同等级和下位等级的小组分类。

此检索策略是基于检索全面的角度，对技术主题所属的技术领域相关的分类号均进行检索。对于待检索的技术主题，撰写的技术方案概括比较上位，没有限定到某个具体细节，从而在分类体系中不能确定准确且下位的分类位置，采用此种检索策略，可以避免造成漏检。下面分别从上位组扩展、同位组扩展和下位组扩展介绍层级结构扩展的检索策略。

1. 上位组扩展检索策略

如果使用所确定的最适合于覆盖检索主题的分类号均未检索到相关的文献，则还应当将确定的分类号的上位小组，直至大组都作为扩展分类号进行检索，这些扩展的分类位置有可能包含了待检索的技术主题但比保护主题更宽的文献。采用此种检索策略，适用于技术方案的应用领域较广的情况。

例如某案的技术主题涉及指纹图像采集，根据 IPC 分类号规则应当分到 G06K 9/20。该分类号对应的 IPC 分类表描述如下：

G06K 数据识别；数据表示；记录载体；记录载体的处理

G06K 9/00 用于阅读或识别印刷或书写字符或者用于识别图形，例如，指纹的方法或装置

G06K 9/20 · 图像捕获

从检索准确的角度看，应当首先使用 G06K 9/20 分类号进行检索，如果未检索到相关的文献，从检索全面的角度看，还应当进一步扩展到上位组 G06K 9/00 分类号继续检索，防止遗漏相关的文献。

【案例 4－10】

本案的权利要求请求保护一种提升光伏系统发电能力的光伏发电系统，与

电网连接的所述光伏发电系统包括设有光伏电池板本体的光伏电池板，其特征在于：每个所述光伏电池板本体的两端设有控制器；所述控制器包括由所述光伏电池板本体正极到负极依次串联的 IGBT、二极管和电容；所述光伏电池板本体的负极与所述二极管的阴极间设有电感。

发明构思为一种连接于光伏电池两端的电路，包括光伏电池板本体正极到负极依次串联的 IGBT、二极管和电容；光伏电池板本体的负极与二极管的阴极间设有电感；通过检测电池两端电压、电流判断光伏电池是否工作在最大功率点。

充分了解现有技术后，理解本发明的技术方案，察觉本案电路工作原理与常见的 4 种直流 – 直流变换电路（降压斩波、升压斩波、升降压斩波、库克变换）之一的升降压型 DC – DC 变换电路相同，结构非常相似，从而确定本案的基本检索要素为"光伏发电""DC – DC 变换电路"。首先根据技术主题确定准确的分类位置 H02M 3/06（用分压器没有中间变换为变流的直流功率输入变换为直流功率输出）。

使用分类号 H02M 3/06 结合关键词进行检索，未获得相关的专利文献。于是基于该分类号向上扩展上位组和大组，得到分类号 H02M 3/00（直流功率输入变换为直流功率输出）和 H02M 3/02（没有中间变换为交流的），进而使用上述扩展的分类号进行检索，获得相关的文献。

在采用分类号进行检索，基于技术主题确定的分类号，虽然能够预期准确地定位到相关文献，但并一定全面。此时应当合理调整分类号的使用策略，向上扩展后再继续检索。

2. 同位组扩展检索策略

如果使用所确定的最适合于覆盖检索主题的分类号以及扩展到上位组和大组分类号均未检索到相关的文献，还应当扩展到同位组的分类号进行检索。采用此种扩展方式可避免遗漏同属于一个技术主题，但是具体细节限定不同的文献。

例如待检索的技术主题涉及用键盘操作开关的输入装置，根据 IPC 分类规则应当分到 G06F 3/02。该分类号对应的 IPC 分类表描述如下：

G06F 电数字数据处理

G06F 3/00 用于将所要处理的数据转变成为计算机能够处理的形式的输入装置；用于将数据从处理机传送到输出设备的输出装置

G06F 3/01 ·用于用户和计算机之间交互的输入装置或输入和输出组合装置

G06F 3/02 · ·使用手动操作开关的输入装置

G06F 3/03 ·· 将部件的位置或位移转换成为代码形式的装置

G06F 3/048 ·· 基于图形用户界面的交互技术

当使用分类号 G06F 3/00、G06F 3/01 和 G06F 3/02 均未检索到相关的专利文献时，如果待检索的技术主题没有明确排除位置位移、界面交互这几个主题的话，则应当扩展到 G06F 3/03 和 G06F 3/048 这两个同位组分类号继续检索。

【案例 4 – 11】

本案的权利要求请求保护一种电容电压信息感测电路，其特征在于，包含：一混波器，包含：一第一输入端，用来接收一参考信号；

一第二输入端，用来接收一电压信号，其中所述电压信号于一触碰发生时包含一电容电压信息以及一噪声；

一第一输出端，用来根据所述电压信号以及所述参考信号输出一第一差动信号；以及

一第二输出端，用来根据所述电压信号以及所述参考信号输出一第二差动信号；以及

一模拟滤波器，耦接于所述混波器，用来根据所述第一差动信号以及所述第二差动信号产生一第一低频信号以及一第二低频信号；

其中，所述电容电压信息感测电路根据所述第一低频信号以及所述第二低频信号取得所述电容电压信息。

发明构思在于电容电压信息感测电路包含有一混波器以及一模拟滤波器，解决现有技术中噪声路径电路设计过于繁复以及需要较长的更新时间的问题。

本案的技术主题是电容电压信息感测电路，查询分类表得到对应的分类号为 G06F 3/044（电容触摸屏），通过分类号表达的方式进行检索未获得合适的专利文献。此时，需要考虑使用同位组扩展检索策略进行分类号扩展。根据分类表的结构，发现分类号 G06F 3/042、G06F 3/043、G06F 3/045、G06F 3/046、G06F 3/047 均是分类号 G06F 3/044 的同位组，并且涉及的技术主题均是触摸屏，因此，上述同位组分类号也应当作为分类号进行检索，最终通过分类号 G06F 3/046 检索到相关的专利文献。

3. 下位组扩展检索策略

前面介绍了，在检索的时候，分类号向上和向下扩展通常是必要的，特别是没有被明显排除的全部下位组分类号均需要作为扩展分类号进行检索，因为这类下位的分类号通常是对待检索技术主题的进一步补充，其所分类的分类号与待检索主题的相关度相同。采用此种检索策略，能够避免遗漏属于

相同技术领域，但涉及的技术主题比待检索技术方案涉及的技术主题更细化的文献。

例如待检索的技术主题涉及用泡沫材料填充的床垫，根据 IPC 分类规则应当分到 A47C 27/14。该分类号对应的 IPC 分类表描述如下：

A47C 椅子

A47C 27/00 专用于椅子、床或沙发的填充式或充液式垫子

A47C 27/14 · 有泡沫材料镶嵌层的

A47C 27/15 · · 由两层或多层的（A47C 27/16 优先）〔2〕

A47C 27/16 · · 用片状部件加固的，例如成形的

A47C 27/18 · · 与充气体组合的

A47C 27/20 · · 与泡沫材料孔洞形状相符的，或置于泡沫材料孔洞中的弹簧

当使用分类号 A47C 27/14 和 A47C 27/00 未检索到相关的专利文献时，如果待检索的技术主题没有明确排除由两层或多层的、用片状部件加固的、与充气体组合的、与泡沫材料孔洞形状相符的，或置于泡沫材料孔洞中的弹簧这几个主题的话，则应当扩展到 A47C 27/15、A47C 27/16、A47C 27/18 和 A47C 27/20 这 4 个分类号继续检索。

如果下位组存在优先指示，即优先指引的其他分类，本来应该出现，却被另外一个包含它的分类号所占用，则也应当扩展到另外一个包含它的分类号进行检索。

例如待检索的技术主题涉及台球桌，根据分类表的层级结构和每个层级的定义，首先确定其属于 A47B（桌子），接着往下分，A47B 25/00（玩纸牌的桌；其他游戏用的桌子）与技术主题相关，然而参见里有相反指示"台球桌入 A63D 15/00"，因此，在检索的时候，不仅要使用 A47B 25/00 进行检索，也应当扩展到 A63D 15/00 进行检索。

【案例 4 – 12】

本案的权利要求请求保护一种用于测量机动车尾气的回归反射板，平铺在路面上，其特征在于，所述反射板主要由基底（1）及位于基底（1）上方的保护筋（3）组成，所述保护筋（3）将所述基底（1）表面隔离形成多段反射区（2），所述反射区（2）上覆有中红外光回归反射材料。反射板结构如图 4 – 10 所示。

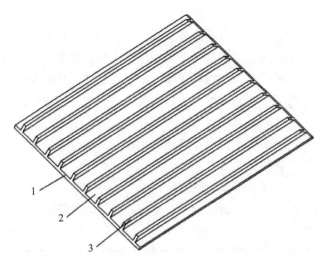

图 4 – 10　反射板结构

发明构思在于涉及机动车尾气遥测领域，特别涉及一种用于测量机动车尾气的中红外光回归反射板，平铺在路面上，其中，所述反射板主要由基底及位于基底上方的保护筋组成，所述保护筋将所述基底表面隔离形成多段反射区，所述反射区上覆有中红外回归反射材料。本发明解决了传统的回归反射测量方式中对仪器的加工精度要求高、成本昂贵的问题，并可应用于中红外波段。

本案采用的关键技术手段为能够起到保护作用的保护筋。针对能够起到保护作用的保护筋的技术主题确定分类号，得到分类号 E01F 9/04。使用 E01F 9/04 和 E01F 9/00 均未检索到相关文献。因此，查找 E01F 9/04 对应的 IPC 分类号描述如下（省略号表示未完整引用）：

E01F 附属工程……

E01F 9/00 道路标志或交通信号装置

E01F 9/04 · 道路表面标志……

E01F 9/06 · · 路钉……

E01F 9/08 · · 交通线

扩展 E01F 9/04 的多个下位组分类号 E01F 9/06 和 E01F 9/08，检索到比较相关的文献。

本案技术改进点在于起到保护作用的保护筋，其可以应用于更多细化的领域，因此合理利用分类表层级结构向下扩展合适的分类号，提高检索效率。

【案例 4 – 13】

本案的权利要求请求保护一种点阵数据的打印控制方法，其特征在于，包括：获取成像部件的配置参数；接收主机端发送的有效点阵数据；根据所述成像部件的配置参数，对所述有效点阵数据进行打印控制处理。

发明构思在于：通过获取成像部件的配置参数；接收主机端发送的有效点阵数据；根据所述成像部件的配置参数，对所述有效点阵数据进行打印控制处理。其中，由于所述接收到的都是主机端发送的有效点阵数据，使得主机端与后端打印控制系统之间的数据传输量大大降低，提高了数据传输带宽的利用率，降低了存储空间的占用；由于所述主机端发送的都是后端打印控制系统中需要打印的有效点阵数据，并且在接收点阵数据的同时进行数据拆分，使得数据传输的效率较高，实时性也较强。

经过分析，本案在于将数据输出至输出设备，尤其是打印设备，因此基于技术主题，按照分类表的结构和定义，分类号 G06F 3/12（到打印装置上去的数字输出）涉及的内容与本案的技术主题非常相关，从而使用该分类号进行检索，但未检索到相关的文献。

然而在 G06F 3/12 小组中发现了参见的指引（用打印机产生永久直观显示的输出数据的装置入 G06K 15/02），G06K 15 下涉及的内容与本案的技术主题也比较相关，转到 G06K 15/00 大组下进行扩展，如下：

G06K 15/00 产生输出数据的永久直观显示的装置

G06K 15/02 · 使用打印机

G06K 15/10 · · 使用点阵式打印机

本案的技术主题同样涉及将数据输出至打印机进行永久直观显示，并且进一步涉及点阵数据的打印，因此，G06K 15/10 分类号也比较相关，进一步扩展得到分类号 G06K 15/00、G06K 15/02 和 G06K 15/10，使用上述扩展的分类号进行检索，得到了合适的文献。

在分类号上下位组扩展检索的时候，应充分重视附注和参见的内容，关注是否存在优先指引，以扩展其他的分类号位置。

三、基于功能分类/应用分类扩展的检索策略

如果基于直接使用分类号的检索策略和层级结构扩展的检索策略均没有检索到合适的检索结果时，需要考虑按照功能分类和应用分类进行分类号扩展，扩展到功能类似的其他技术领域或者应用类似的其他功能分类。首先介绍关于功能分类/应用分类扩展的几种检索策略。

1. 功能相同扩展的检索策略

一般情况下，分类号扩展的顺序为：首先按照常规的确定策略确定最准确的分类进行检索，接着按照层级结构进行扩展，最后进行功能分类/应用分类

的扩展。

功能分类的特点在于，与某物的本质属性或者功能有关，并且不受某一特定应用领域的限制，或者是即使应用领域不予以说明，在技术上也不影响，也就是说，该分类位置的技术主题不专门适于在这一领域应用。可以按照功能分类的情况为，技术主题在于某物的本质属性或功能，且不受某一特定应用领域的限制；技术主题涉及某种特定的应用，但没有明确披露或完全确定，若分类表中有功能分类位置；若宽泛地提到了若干种应用。例如，待检索的技术主题涉及板式弹簧，该板式弹簧是通用的产品，与其本身的特性和功能有关，与板式弹簧应用在哪一个领域无关，按功能分类分入 F16F 1/30。如果上述的板式弹簧，即使是申请文件中指出可用于车辆，由于该主题本质上并未涉及与车辆之间的关系，因此仍分入功能位置。

应当按应用分类的技术主题，若分类表中不存在该应用分类位置，则按适当的功能分类。例如：电冰箱过负荷、过电压及延时启动保护装置。分类表中不存在电冰箱专用的紧急保护电路装置的应用分类位置，经判断其为紧急保护电路装置。按功能分类，分入 H02H 小类。

【案例 4-14】

本案的权利要求请求保护一种杯子，设置有螺旋式吸管，吸管顶端作为吸水口，吸管最下端作为进水口，其特征在于，该螺旋形吸管贴着杯子外壁设置。

发明构思在于任选一种口杯，外壁加一道螺旋式吸管，吸管顶端作为吸水口，最下端作为进水口。该螺旋式吸管是贴着杯壁设置，这样既能够防止吸管从杯中脱落，又能够使杯子在摔落到地面上时起到保护杯子的作用。这种采用了螺旋式吸管的杯子，外形也非常有趣和美观。当然，除了螺旋形外，吸管还可以采用各种形状，比如字母形状、动物形状，来增加杯子整体的美观性和趣味性。

基于请求保护的内容理解，确定的技术主题为螺旋形吸管贴着杯子外壁设置，吸管顶端作为吸水口，最下端作为进水口的杯子；基于说明书的理解，确定的技术主题为螺旋形吸管。根据上述确定的技术主题，查找分类表，得到分类号 A47G 19/22（餐桌上的饮水器皿或茶杯托）和 A47G 21/18（饮水用的茎管等）。使用上述得到的两个分类号进行检索，未检索到合适的文献。进而通过层级扩展策略扩展上位组、同位组和下位组分类号，均未检索到相关的文献。

因此，可以考虑对从功能/应用角度进行扩展。首先，从功能分类的角度进行扩展。B65D 85/72 涉及用于食用或饮用的物料,与本案的技术主题的功能分类非常相关,使用扩展后的功能分类号进行检索,获得较好的结果。

当采用常规确定的分类号以及通过层级扩展策略扩展的分类号,均检索不到相关的文献时,应当基于技术主题重新扩展功能分类。

2. 应用相同扩展的检索策略

应用分类的特点在于,专门适用于某处,受某一特定应用领域限制的技术主题。可以按照应用分类的情况为技术主题涉及"专门适用于"某特定用途的物,例如:专门适用于嵌入人体心脏中的机械阀,按应用分类,分入 A61F 2/24;技术主题涉及某物的特殊用途或应用,例如:香烟过滤嘴,按应用分类,分入 A24D 3/00;技术主题涉及将某物加到一个更大的系统,例如:把板簧安装到车轮的悬架中,按应用分类,分入 B60G 11/02。

应当按功能分类的技术主题,若分类表中不存在该功能分类位置,则按适当的应用分类。例如:线缆覆盖层的剥离器。分类表中不存在覆盖层的剥离器的功能分类位置,经判断其主要应用于电缆外皮的剥离。按应用分类,分入 H05G 1/12。

功能分类和应用分类的扩展也是有先后顺序的。通常情况下,优先按照技术方案所实现的功能进行功能分类的扩展,如果不存在功能分类的分类位置或者采用功能分类检索不到相关文献时,则应当考虑进行应用分类的扩展继续检索。

【案例 4 – 15】

本案的权利要求请求保护一种基板处理设备,该基板处理设备包括:卡盘,该卡盘支承基板并且是可旋转的;容器,该容器围绕卡盘并且收集由于基板的旋转而散落的化学物质;以及第一喷洒喷嘴,该第一喷洒喷嘴将化学物质喷洒至基板。

发明构思在于涉及一种喷嘴组件、基板处理设备以及处理基板的方法,是一种清洁装置和清洁方法,现有技术中清洗溶液的量大,从而增加了用于执行工艺的成本。并且,利用蚀刻工艺不容易去除形成在 PR 薄膜上的壳层。本案提供的基板处理设备,能够降低用于利用化学物质执行处理过程的成本,有效地去除施加在基板上的薄膜,提高化学物质的可复用性。

基于待检索的技术主题,根据 IPC 分类表的分类规则,按照层级结构确定并扩展分类号为 B08B 3/00、B08B 3/02、B08B 3/04。使用该分类号进行检索未获得合适的文献,并且按照功能分类进行扩展未获得合适的分类位置。

然而在说明书背景技术中记载了"现在技术中存在一种清洗设备,该清洗设备包括用于供应用来清洁的清洗溶液的清洗溶液供应喷嘴、供应有机溶剂的有机溶剂喷射喷嘴以及喷射用于干燥的干燥气体的干燥气体喷射喷嘴",可以确定本案的技术主题属于"专门适用于"某特定用途的,因此重新按照应用分类。其分类结构如下:

H01L 21/00 专门适用于制造或处理半导体或固体器件或其部件的方法或设备组

H01L 21/02·半导体器件或其部件的制造或处理

H01L 21/04··至少具有一个跃变势垒或表面势垒的器件,例如 PN 结、耗尽层、载体集结层

H01L 21/18···器件有由周期表第Ⅳ族元素或含有/不含有杂质的 A Ⅲ B Ⅴ族化合物构成的半导体,如掺杂材料

H01L 21/30····用 H01L 21/20 至 H01L 21/26 各组不包含的方法或设备处理半导体材料的（在半导体材料上制作电极的入 H01L 21/28）

H01L 21/302·····改变半导体材料的表面物理特性或形状的,例如腐蚀、抛光、切割

可知,H01L 21/302 是与本案技术主题的应用分类更为相关的分类号,在检索时,应该扩展到该分类号。利用该分类号检索到了相关的文献。当按照常规的确定策略确定的分类号检索不到相关文献时,应当基于技术主题重新扩展应用分类。

3. 功能相似扩展的检索策略

在分类号扩展中,如果已有分类号是按照功能分类或者应用分类位置给出,在该分类号下无法获得相关的专利文献时,而发明实现的功能是利用了普遍的原理,那么可以考虑将分类号由功能分类或应用分类位置向功能类似分类位置扩展,这样就能涵盖所有实现相应功能的专利文献,再结合相应的关键词,可以有效地防止遗漏对比文件。

功能类似的技术领域是根据申请文件中揭示出的申请的主题所必须具备的本质功能或者用途来确定,而不是只根据申请的主题的名称,或者申请文件中明确指出的特定功能来确定。

【案例 4－16】

本案的权利要求请求保护一种自拍杆,包括:伸缩杆;夹持装置,所述夹持装置设置于所述伸缩杆的顶端,所述夹持装置具有用于夹持拍摄设备的弹性夹持空间;其特征在于,所述伸缩杆内设置有收容通道,所述夹持装置可部分收容于所述伸缩杆的收容通道内;所述夹持装置包括固定夹持部分和活动夹持

部分，所述固定夹持部分固定设置在所述伸缩杆的顶端，所述活动夹持部分可在使用位置和收藏位置之间滑动地连接于所述伸缩杆的顶端；当所述活动夹持部分位于所述使用位置时，所述活动夹持部分位于所述收容通道之外，所述活动夹持部分与所述固定夹持部分之间可形成所述弹性夹持空间，当所述活动夹持部分位于所述收藏位置时，所述活动夹持部分的部分或全部收容于所述收容通道内。

传统的自拍杆通常包括伸缩杆、夹持装置及拍照电路，伸缩杆的一端与夹持装置连接，另一端供人们手持，拍照电路设置在伸缩杆中。为了方便携带，有的自拍杆的夹持装置与伸缩杆的前端可转动地连接，使用后将伸缩杆收容于夹持装置的缺口内，不需额外占用空间，便于携带。但这种自拍杆收叠后，夹持装置显露在外面，占据空间加大，为收纳放置带来诸多不便，而且对外观也会造成一定的影响。针对上述现有技术现状，本案的发明构思在于提供一种自拍杆，其收折后占据体积小，方便携带，且不会对外观造成影响。

经分析后，发现该权利要求主题所属领域既涉及机械结构，又涉及电子设备的使用，因此，采用本节第一种和第二种分类号检索策略进行检索，未检索到合适的对比文件。仔细查找原因，本案中虽然在说明书中写明了其用于移动电话的自拍，但是现有技术中需要支持自拍功能的结构显然并不仅限于移动电话，因此，必须要对分类号进行必要的功能类似扩展才能涵盖那些用于其他设备但是构思与本案技术主题相同的专利文献。而这些专利文献虽然根据应用场合不同会分类到不同的位置，但是其支撑个人电子设备、方便携带的工作原理是相同的，那么，如果我们能够将分类号扩展到合适的功能类似分类位置，就能涵盖那些其他应用场合的电子设备支撑装置。

经过统计分析发现，F16M 11/04（头部器械的固定或调整）和 F16M 11/28（具有单独伸缩支柱的支承用底盘）两个分类号是出现最多的功能性分类扩展，采用上述扩展的功能分类结合关键词进行检索，获得多篇新颖性对比文件。如果仅仅针对应用分类进行检索，没有对其功能分类位置进行扩展的话，则无法满足查全和查准的检索要求。

4. 应用相似扩展的检索策略

根据功能分类/应用分类的原则，扩展方式既可以由应用分类位置向功能分类位置扩展，也可以由应用分类位置向其他应用分类位置扩展。若技术主题既涉及某物的本质属性或功能，又涉及该物的特殊用途或应用，或其在某较大系统中的专门应用，则既按功能分类又按应用分类。例如：涂料组合物，既涉及组合物的成分，又涉及专门的应用，则既按功能分类，分入 C09D 101/00 至 C09D 201/00 的适当分类位置，又按应用分类，分入 C09D 5/00。

当存在与检索主题的功能类似的功能性分类位置时，可能还存在与检索主题的功能相关的一个或多个应用性分类位置。若采用功能分类检索不到合适专利文献，则应考虑该申请主题的通用性，其是否可以应用在功能相同的其他类似技术领域。如果可以，则应将分类号扩展到其他的应用分类位置，这样不仅可以有效地提高检索效率，还可以使得检索范围更加全面。

是否需要扩展检索领域，主要取决于技术领域的转换对本领域技术人员而言是否是能够合理地想到的，是否有技术领域转换的动机，需要结合创造性的判断综合考虑。尤其对于机械结构类专利申请，其可能会对应一个功能性分类位置以及多个应用性分类位置。

【案例 4 - 17】

本案的权利要求请求保护一种杀雄装置，该杀雄装置包括瓶体和喷头组件，喷头组件包括手柄，在手柄顶部前端设置杀雄盒，杀雄盒由可相互扣合的上半盒体和下半盒体组成。

发明构思在于通过在杀雄装置的喷头组件设置杀雄盒的结构，使得化学杀雄剂不会扩散到作物叶片，从而不会对作物产生药害，同时也节约了杀雄剂，降低了成本。喷嘴部位设置有一个相对密闭的空间，能够使得喷出的液体被限制在密闭空间内。

在检索过程中，初步检索的重点放在密封空间中对雄蕊进行喷雾杀雄的装置上，选取了反映杀雄装置结构的关键词"盒""壳""箱"等，反映杀雄装置所执行的动作的关键词"喷"以及杀雄装置所能实现的功能的关键词"杀雄""灭雄"，并联合分类号 A01H（植物杂交育种领域）和 A01G（植物栽培领域）进行检索，未能获得相关的专利文献。分析原因可能在于：首先，将杀雄装置的多个结构特征均作为检索要素导致检索范围过小；其次，对装置结构特征的关键词扩展不够充分，要达到对结构类关键词的全面充分扩展存在一定的难度；最后，检索领域仅限定在植物杂交育种和栽培领域是不够的，能够实现相同功能的装置也未必应用于育种领域，即具有相同功能性分类位置的文献不一定具有育种应用性分类位置。

基于以上分析容易理解，具有类似结构、能够实现类似功能的装置不仅仅适用于植物杂交育种和栽培领域，也能够适用于其他多个领域，例如农药喷洒领域、医药消毒领域等。最终寻找到应用性分类号 B05B 15/04（农药喷射）。该分类号的含义与本案的发明构思极其吻合，准确体现了申请发明构思的功能，最终检索到合适的专利文献。

在检索以结构特征作为发明点的机械结构类权利要求时，不应局限于功能分类位置，即不能将检索范围仅局限在某一分部下，而应尽量从其他分部的分类位置进行扩展，重点关注和发掘是否存在具有相同功能的应用类似的分类位置，以提高检索效率，实现全面、准确、高效的检索。

第三节　其他分类体系使用策略

虽然 IPC 是目前使用最广泛的分类体系，但是，由于部分 IPC 存在分类不详细、文献分类不及时以及不同国家对同一分类号的理解不一致等原因，在某些领域和某些国家的文献检索中，有时检索效果不佳。因此，EPO、USPTO 以及 JPO 还使用自己的分类体系。此外，一些商业公司在其提供的专利文献检索数据库中，也采用特殊的分类体系对文件进行标引，如德温特公司重新加工的 MC/DC 分类号。在利用 IPC 检索结果不满意的情况下，还可根据检索的特定需求利用其他合适的分类体系进行检索。本节介绍除 IPC 之外的其他分类体系的特点以及使用策略。

一、CPC 分类体系检索策略

CPC（联合专利分类体系）是 EPO 和 USPTO 于 2013 年联合启用并负责后续管理维护的分类体系，其合并了 EPO 原使用的 ECLA 分类体系和 USPTO 原使用的 UC 分类体系。CPC 基于 IPC 建立的分类体系，采用数字编排的方式，条目数量达到约 25 万。CPC 覆盖了 45 个国家和地区的专利文献，具体包括 1920 年（含）之后所有美国专利文献、具有 EPO 三种官方语言的同族专利文献等。其修订更新速度较快，达到一年数次。它是以"标准统一、更加细化且兼容性更强的分类体系"为目标而提出的，其有助于提升检索质量和效率。相比于其他分类体系而言，CPC 具有细分条目更多更细、修订更新频率更高更快、标准一致性较好并且易于学习等优势。

CPC 分类定义结构和组成上与 IPC 基本相同，包括定义陈述、大技术主题范围之间的关系、该小类/组中分类相关的参见、分类的特殊规则、术语表、同义词和关键词，内容上比 IPC 更丰富详细。CPC 分类原则和规则与 IPC 的分类原则和规则基本相同，分类原则包括利于检索原则、整体分类原则、功能与应用分类原则、多重分类原则，分类规则包括通用规则、优先规则、特殊规则。"利于检索原则"是最根本的原则，高于其他原则，对重要的或对检索可能有用的信息都进行标引。分类过程中，权利要求只是参考，应以说明书和附图（尤其是机械领域）为主。若权利要求的主题属于现有技术，且对检索用处不大，可以不给出。即使权利要求未要求保护，只要对检索可能有用，也应当给出。为了利于检索，对说明书中的优选组和非优选组，都应当给出。对于说明书中未提及的技术主题，如果依据经验或根据附图，可以给出对检索有用的分类号，也应当给出。从功能与应用分类角度，CPC 通常更倾向于给出应用位置，为了检索，有时会同时给出功能和应用分类。只要对检索可能有用，将相关的应用分类位置都予以给出。有时无须严格区分功能或应用位置的性质与优选，而是从细分位置的设置考虑，以利于检索为目的，给出功能或应用分类位置。

可以通过查阅分类表、关键词检索结果统计的方式确定一个专利申请的 CPC 分类号。分类表可以在 CPC 官方网站（http：//www. cpcinfo. org 和 http：//worldwide. espacenet. com/classification？ locale = en_EP）上查询，其提供最新版分类表、分类定义、修订对照表，但不能进行文献检索。EPO 网站（http：//worldwide. espacenet. com）和 USPTO 网站（http：//www. uspto. gov/web/patents）上也可以查询分类号并下载分类表，而且还可以进行文献检索。一旦通过上述方式确定准确的 CPC 分类号之后，可以在 EPO 网站和 USPTO 网站上通过分类号或分类号和关键词进行文献检索。

1. 主干类号检索策略

CPC 的 A ~ H 部的主干类号是由之前的 ECLA 和 UC 中涉及商业方法的 375 个条目演变而来，形式上与 IPC 类号基本相同，例如 G06K 9/00，既可标引发明信息，也可标引附加信息。分类定义与 IPC 的分类定义不同，其既可作为分类依据，还可为检索提供帮助，内容非常丰富、详细，提供了更细致的术语定义。

【案例 4 – 18】

本案的权利要求请求保护一种 PWM 控制器壳体与金属引脚的注塑成型方法，其特征在于，包括以下步骤：

A. 将多个成型后需要分离的金属引脚进行整体化设计，通过多个连接块相互连接冲压成型为一个整体金属件；

B. 将冲压成型的整体金属件定位放入成型 PWM 控制器壳体的模具中，注塑成型；

C. 将连接各金属引脚的多个连接块去除，实现各金属引脚的分离。

发明构思在于现有技术在 PWM 控制器的设计中，共有多块金属引脚需要在注塑时嵌入壳体中。由于各引脚是独立的，在注塑时需要加入多个定位夹持，并通过定位孔和引脚定位固定。另外，多个金属引脚在模具中的安装工艺比较复杂，安装过程也容易出现问题。出模后，由于壳体存在冷却变形，可能造成各金属引脚间的位置发生变化，降低精度。因此提供一种成本低且焊接工艺要求较低的 PWM 控制器壳体与金属引脚的注塑成型方法。通过在金属引脚嵌入注塑模具之前，先将各个金属引脚通过连接块整体化连接为一个金属件，然后再在金属件外周注塑壳体的方式，在 PWM 控制器壳体与金属引脚注塑成型过程中，减少引脚定位夹持数量、简化引脚安装、提高精度、降低工艺难度。

该方案技术领域明确，属于含有嵌件的制品的注塑成型，通过查阅 IPC 分类号确定对应的 IPC 分类号为：B29C 45/14（插入预成型件或层的注塑成型，例如在插入件周围注射成型或用于涂覆制品）；技术方案简单，技术改进点明确，可以提取到关键词为"整体，一体，一体化"等。

在国家知识产权局官网上提供的专利检索网站专利检索与分析页面或其他中文专利检索网站上采用上述 IPC 分类号表达方式和关键词相结合进行中文文献检索。由于背景技术的限定过于宽泛，没有限定在控制器壳体与金属引脚的具体范围内，因此文献量较大，但 IPC 分类表中 B29C 45/14 并没有细分，采用上述常规检索思路，未取得好的结果。

然而 CPC 分类体系中对其有明确的细分位置，因此根据 IPC 分类号 B29C 45/14 在 CPC 分类表中查询到细分的分类号 B29C 45/14639（为获得绝缘效果而插入预成型件的注塑成型，例如电子元件）。由于本案的预成型件为金属引脚，而后注塑成型的壳体为绝缘件，且制品为一种电子元件，因此，这一细分更贴近于本案的背景技术，采用该 CPC 分类号与涉及发明点的关键词"integral +"相结合在 EPO 网站上进行文献检索，可获得理想的相关文献。

从上面的检索效率可以看出，CPC 分类体系对于在相应的 IPC 分类宽泛、关键词提取困难的案例中体现出了较高的检索效率。在 CPC 给出了细分条目的情况下，使用 CPC 分类号进行检索，浏览量明显降低，并且检索方向明确，不需要根据检索结果不断地调整检索思路。

2. Y 部检索策略

CPC 分类表的结构相对 IPC 有所变化，针对部而言，除了延续 A ～ H 部类名之外，还新增加了 Y 部，有与 A ～ H 部的主干类号相似的类号格式，例如 Y10S 37/903。其由 UC 演变而来，只用于标引附加信息，属于新技术和 IPC 跨部交叉技术，由机器标引完成，多用于政府统计。针对大类和小类，均有新增和删减条目。针对大组和小组，变化非常大，不仅增加细分，还会影响交叉领域分类一些小组被 CPC 分类号覆盖或替代，并以 Warning（注意）加以提醒。

【案例 4 – 19】

本案的权利要求请求保护一种轴流式止回阀，其特征在于，包括阀体（1），具有供流体流通的内腔，以及将所述内腔与外界连通的进口和出口；阀座（2），设置在所述阀体（1）内腔的靠近所述进口一侧的壁面上；阀瓣（3），位于所述阀体（1）的内腔中，朝向所述阀座（2）的一侧表面与所述阀座（2）形成密封面；滑动轴（12），固定在所述阀瓣（3）的背对所述阀座（2）的一侧表面上；支撑结构，包括支撑架（41）和与所述支撑架（41）固定的支撑板（42），所述支撑架（41）上沿所述阀体（1）的轴向开设安装通孔，所述滑动轴（12）穿设在所述安装通孔内，所述支撑板（42）固定在所述阀体（1）的内壁面上；限位结构，设置在所述滑动轴（12）的远离所述阀瓣（3）的一端，对所述滑动轴（12）施加背对所述进口一侧的作用力。

发明构思在于向阀瓣施加背对进口一侧的作用力使阀门处于常开状态，人工驱动阀瓣运动并观察其工作状况。

本发明结构较多，本领域没有较为好用的分类号，采用关键词又难以形容，此时，常规检索难度较大，效率较低。因此，首先通过常规检索或追踪得到与本案技术方案具有一定相关性的文献，该文献为一种常开式的止回阀，与本案待检索的技术方案较为接近，而且该文献为 PCT 文件，于是追踪其国际检索报告中的相关文献。该国际检索报告中包括一篇美国文献，其与本案更加相似，其公开了一种常开式的止回阀，支撑架上设置两个长通孔，包括第一驱动结构，可以测试阀瓣是否能够正常移动。

继续对美国文献进行追踪，包括其引用文献（共 15 篇）、申请人等，充分发掘相似文献中的分类号，包括 Y 部分类号。对这 15 篇引用的文献进行分析发现，多篇文献均为常开式止回阀，并且在详览中均包含有一些 Y 部 CPC 分类号，对该文献技术内容具有一定的体现。因此，对该 Y 部分类号定义进行分析，发现部分 Y 部分类号比较贴合本案的相关技术特征的描述：Y10T137/7869（偏向开启）；Y10T137/8359（检测手段）；Y10T137/7785（流量过大时关闭）；Y10T137/0318（流体输送过程）。分析 CPC 分类号 Y 部的特点之后，灵活使用 Y 部分类号，快速找出了合适的专利文献。

在常规检索时，常会发现一些线索，比如与待检索案件具有相似之处的文献，这些文献尤其是外文文献，可能会给出一些比较合适的关键词或分类号（包括 Y 部分类号）。同时，也可以对该文献进行追踪，看是否存在更接近的文献，这样，我们就可以获得较多的相关文献。其中，在集合相关文献后，可通过对采用了与案件相同或相似技术手段的文献进行分析，提取体现该技术手段的分类号，特别是 Y 部分类号，并将其与本领域分类号联合使用，可以比较准确地获得想要的专利文献。

3. CPC 2000 系列检索策略

CPC 还增加了 2000 系列，是由之前 EPO 的 ICO、IPC 分类体系的引得码和之前 EC/ICO 中的重要 KW 演变而来。2000 系列只能标引附加信息，包括进一步细分的索引条目/细分 2000 类号（<2200）和垂直索引条目/垂直 2000 类号（≥2200）。前者对技术主题的进一步细分，内嵌到主分类表。后者体现了分类主题的多个维度的信息，放置于主分类表底部。

【案例 4 – 20】

本案的权利要求请求保护一种沙包连接件，包括形状呈圆盘体的一连接底座（1）和延伸构成于连接底座（1）的一侧的中央位置的连接柱体（2），该连接柱体（2）的高度方向的中央开设有一桩体立柱插孔（21），其特征在于：在所述的连接柱体（2）的外壁上以辐射形态构成有一组增强翼（22），各增强翼（22）的高度与所述连接柱体（2）的高度相等。本案的代表性部件沙包连接件的结构如图 4 – 11 所示。

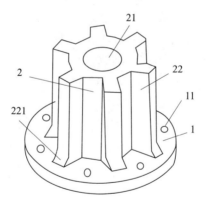

图 4 – 11　沙包连接件的结构

发明构思在于现有技术构成沙包的三个部件中。沙包连接件（也可称桩体过渡连接件）的材料通常择用非金属材料如塑料或工程塑料或类似的材料，因而无需多久便开裂，致使整个沙包报废。或者必须频繁更换沙包连接件，而更换沙包连接件无疑会给体锻场所的工作人员增加劳动强度，并且还会中断使用。因此提供一种有助于保障桩体与底座之间的持久的连接效果、有利于避免开裂和有益于减轻工作人员工作强度并且有益于体现优异的强度而借以保证连续使用的沙包连接件。通过在连接柱体的外壁上以辐射形态构成有一组增强翼，各增强翼的高度与所述连接柱体的高度相等的方式，可以避免已有技术中因频繁更换连接柱体而导致工作人员劳动强度增加的欠缺，使沙包能够连续使用而不会出现因维修而中断使用的现象。

经分析，本案的技术主题为一种沙包连接件，并且采用了"在沙包连接件柱体的外壁上设置一组增强翼"这一技术手段来增强连接件的强度，因此选择涉及沙包的主题 IPC 分类号 A63B 69/22（装于或悬挂于固定的支撑物上的）和 A63B 69/34（·拳击或踢足球练习用的假人），并通过关键词"连接件"和"翼"来表达技术改进点。

由于 IPC 分类号只给到了技术领域——沙包的分类位置，并没有对连接件的细分，因此如果相关文献的技术改进不在于连接件的结构改进，即摘要或全文里没有提到"增强翼"的相关内容，即使相关文献的附图中公开了技术改进的内容，那么检索时直接使用关键词"增强翼"也可能检索不到相关文献。

进而根据本案的特点和 CPC 分类体系的优点，对于技术主题，查询到 CPC 分类体系给出了两个相关分类号：A63B 69/208（涉及安装在弹性支座上的击打用吊球）、A63B 69/34（涉及拳击或足球练习用的假人）。此外，2000 系列中的分类号 A63B 2071/026 对游戏设备的支撑物做了细分，本案的"连接件"可分入该分类位置。由于 CPC 给出了关于支撑物的细分分类号，使得检索思路明确，也避免了在检索过程中引入过多的关键词（事实上，准确表达和充分扩展关键词特别是涉及功能性描述的关键词的难度往往比较大），并且检索结果的范围较 IPC 的大范围更为准确。在 USPTO 官网上进行检索，通过浏览得到了两篇相关文献，极大地提高了检索效率和准确性。

由于 CPC 对中国专利文献的覆盖率还很低，对于一些案情相对简单的申请，通常会优先选择在中文专利中里使用 IPC 分类号和关键词进行检索。然而通过本案可以看出，在 CPC 给出了细分的情况下，使用 CPC 分类号进行检索，不仅可以避免大量扩展关键词的工作，而且检索结果的准确度也大大提高，体现出了 CPC 2000 系列辅助检索的作用。

二、FI/FT 分类体系检索策略

日本特许厅将 IPC 进一步细分和扩展得到 FI/FT 分类号，细分主要是从目的、用途、构造、技能、材料、控制手段等方面进行，并且考虑权利要求和说明书附图。FI 的细分类条目达到大约 19 万条，FT 的细分类条目达到大约 38 万条。但 FI/FT 分类体系仅对日本申请（包括具有日本同族的申请）进行分类，因而有利于查准，不保证查全。由于其是日本特许厅专门针对日本专利文献给出的分类，因此其主要适用于技术发展在日本地区比较成熟、相关专利文献多为日本文献的待检索技术主题。

1. FI 分类体系检索策略

FI 分类体系覆盖了所有的 IPC 分类领域，以最新版 IPC 为基础编制而成，也参照了第 4 版至第 7 版 IPC。使用类似于 IPC 的点层的方式，性质与 CPC 的主干类似。结构上由 IPC 分类号和基于 IPC 的细分类号/基于 IPC 的细分类号 + 文件识别符组成。IPC 的细分类号由 3 位阿拉伯数字构成，对 IPC 进行的细分类，从使用场合、结构特征等不同方面进行分类。文件识别符由 1 位英文字母构成，为 A ~ Z 中不含字母 I 和 O 的英文字母，Z 表示其他。FI 分类表结构如图 4 – 12 所示。

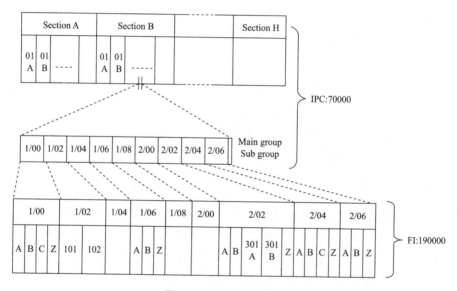

图 4 – 12　FI 分类表结构

结构中的等级划分举例如下：

H04L 12/28　··以通路配置为特征的，例如局域网（LAN），广域网（VAN）

　　100　···用于特殊应用的网络占用控制（通常的每种形式的网络）

　　A 运载工具上的（例如船载的）

　　C 计算机系统

　　F 工业网络（设备生产线制造）

　　H 家庭网络（例如适于家用的 IEEE1394）

　　S 商用通信网络（适于商用的）

　　Z 其他

　　200　···不具有典型性的局域网络

　　　　　A 地址管理

　　　　　B 宽带分配

H04N 1/12　··应用图片给进运动作为慢扫描元件结构

　　　　　A 涉及电动机启动、停止和波动

　　　　　B 机械的平面扫描

　　　　　Z 其他

　　　101　···应用固定光纤

　　　102　···应用旋转镜

　　　103　···应用固定扫描

　　　104　···应用阴极射线管

　　上述结构举例中的等级划分，圆点表示等级，圆点越多等级越低。然而具体到"文件识别符"时，圆点往往会很多，因此"文件识别符"点数从 0 点开始赋予。例如一个 IPC 分类号或者一个 IPC 细分号下面的文件识别符之间没有等级差别时，分类表就不给"文件识别符"赋点，但是，当它们之间有等级差别时，从 0 点开始赋予，第一级的文件识别符赋予 0 点（即不赋予点），第二级的文件识别符赋予 1 点，第三级的赋予 2 点……解读分类号时，包含"文件识别符"的分类号需要把点数还原来解读，例如上表中的含文件识别符的分类号均是 4 点组。

　　FI 分类号表现形式主要有 4 种：（1）只有 IPC 分类号，例如 H04L 12/28；（2）IPC 分类号 + IPC 细分类号，例如 F02F 3/00 301；（3）IPC 分类号 + 文件识别符，例如 H04N 1/12 A；（4）IPC 分类号 + IPC 细分类号 + 文件识别符，例如 F02F 3/00 301 B。可以通过直接查 IPC - FI 对应关系分类表（先确定 IPC 再确定 FI）、统计分析、参考相关的日本文献等方式确定一个专利申请的 FI 分类号。FI 分类表可以通过日本特许厅专利信息平台网站（www. j - platpat. inpit. go. jp）或日本特许厅工业产权图书馆网站（www. ipdl. inpt. go. jp）的 Patent Map Guidance System（PMGS）均可获取。一旦确定了准确的 FI 分类号，即可构建检索式在日本特许厅工业产权图书馆网站（www. ipdl. inpt. go. jp）的 FI/FT 检索界面上进行检索，查找相关的日本文献。然而在检索过程中，分类号的检索输入格式必须正确。

　　FI 的输入格式为 IPC 分类号和 IPC 细分类号之间用逗号隔开，IPC 细分类号和文件识别符之间用 @ 隔开，例如想要检索 H01M 2/10 G 则应当输入 H01M2/10@ G，想要检索 H04L 12/28 200 则应当输入 H04L12/28，200，想要检索 G09G 3/20 660 F 则应当输入 G09G3/20，660@ F，并且上述输入格式可以自动截词。

【案例 4 – 21】

本案的权利要求请求保护一种半导体结构，其特征在于，介质层，具有位于其中的至少一个开口，所述至少一个开口包括底部和侧部；

扩散阻挡层，位于所述至少一个开口内，覆盖所述侧部和所述底部，其中所述扩散阻挡层在所述侧部上的厚度大于在所述底部的厚度；以及

导电材料，其位于所述至少一个开口内的所述扩散阻挡层上。

发明构思在于涉及一种镶嵌互连结构。现有的镶嵌布线结构包含铜（Cu），从而在大量晶体管之间提供高速信号传输。在典型的互连结构内，通过将金属线和金属通路（导电部件）埋置在介电常数小于二氧化硅的电介质材料内，进一步提高了信号传输速度并降低相邻金属线的串扰。在当前的技术中，沉积 TaN 用作 Cu 扩散阻挡层，但现有的沉积技术会使部件底部的阻挡材料覆盖度比部件侧壁厚，这对于降低半导体产品的电阻不利。因此，需要提供一种部件侧壁上的阻挡覆盖度厚于部件底部的互连结构。

经过分析本案例，为解决其技术问题采用的关键技术手段为互连结构，在部件侧壁上的阻挡材料覆盖度与部件底部的阻挡材料的厚度相比更厚，确定基本检索要素为"互连结构""阻挡材料"和"覆盖度、厚度"，对基本检索要素进行关键词和 IPC 分类号表达，构建检索式后未检索到相关的文献。然而 FI 分类更细化，因此考虑采用 FI 分类号进行检索。根据技术主题确定本案的 IPC 分类号为 H01L 23/52、H01L 21/768、C23C 14/34，初步判定该技术主题的 FI 分类应当在 H01L23、H01L21 和 C23C14 位置。

通过 IPDL 网站上的 PMGS 查阅 FI 分类表，发现 H01L23 没有相关的分类，在 H01L21 和 C23C14 下发现了几个分类位置，分别为 H01L21/88R（采用金属积层材料制作导电元件）、H01L21/90A（线路连接件）和 C23C14/34S（采用溅射方法涂覆），其涉及的内容与本案的技术主题非常相关。随后通过上述确定的 3 个 FI 组合使用，以检索式"H01L21/88@ R ＊ H01L21/90@ A"检索到一篇非常相关的日本文献。通过查询 FI – FT 对照表，根据 FI 分类号又找到合适的 FT 分类号 5F033 WW02（5F033：半导体集成电路的内部电路；WW02：通过厚度限制），同样在 IPDL 网站上输入检索式"5F033WW02"，检索到两篇非常相关的日本文献。

相比 IPC 分类体系，FI/FT 分类体系更细致，在 IPC 分类号检索不到的情况下，尝试使用 FI/FT 分类号可能会有意想不到的效果。尤其对于特定的或者在日本技术发展比较成熟的技术领域，检索效率更高。

2. FT 分类体系检索策略

FT（F – term）分类体系是针对技术术语索引，专为计算机检索而设计，

性质类似于 CPC 的 2000 系列，从各种不同技术角度，进行细分或者重分某个特定的 IPC 技术领域，从而构成一个技术主题的立体分类，例如目的、效果、应用、结构、材料、制作过程、加工和操作方法等。一项发明的各 FT 分类号无主副之分，每个分类号都是从与本发明相关的不同的技术角度给出的，标引主要基于对权利要求的拆解，但也可能根据说明书以及附图的内容进行分类。

FT 结构上由 5 位字符主题码 +2 位字母视点符 +2 位数字位符组成。字符主题码表示技术主题和技术领域，例如 5F051（光伏器件）；字母视点符表示材料、方法、结构、应用等，例如 GA（衬底）；数字位符表示视点符表征的技术特征的进一步细化，例如 04（半导体衬底）。另外，在结构上有时还包括附加码，组成部分包括 5 位字符主题码 +2 位字母观点码 +2 位数字位符 + 附加码，例如 2E110 GA 03．W。附加码是对字母观点符的再次细分，多角度细分的终极形式，包括数字 0 至字母 Z 的数字或字母，仅在部分 F - term 字母观点码中存在，目前在 87 个主题码中具有附加码，化学领域较多。FT 分类表结构举例如图 4 - 13 所示。

5K032	小型网络中的总线系统				
	H04L11/00,320-11/00,321；11/16				
AA	AA 00	AA 01	AA 02	AA 03	AA 04	AA 05
	目的和作用	·提高传输效率	·高速运转或处理	负载减少	·提高经济性	·阻止故障或者事故
BA	BA 00	BA 01	BA 02	BA 03	BA 04	BA 05
	应用	·家庭使用（例如家用总线）	·商业使用（例如销售点[POS]或者现金售货机[CD]）	··制造业（例如制造业自动协议[MAP]）	·计算机系统	·多处理

图 4 - 13　FT 分类表结构示意

分类表左上角 5K032 是字符主题码，表示技术领域；AA、BA 是字母视点符，分别表示目的和作用、应用；00、01 等是数字位符，表示具体应用。FT 也是以"圆点"表示分类号的等级，圆点越多，等级越低。分类表中 H04L11/00，320 - 11/00，321；11/16 表示相应的 FI 分类号，是分类系统之间的指引。FT 分类号的类名继承上一级的类名。因此，分类号"5K032 BA05"含义是"应用于计算机多处理系统的小型网络中的总线系统"。

FT 分类号的获取方式和检索方式与 FI 相同，在此不作过多介绍。但输入格式与 FI 的输入格式不同，FT 的输入格式与表现形式相同，不需要特殊变形，例如想要检索 5K032BA15 则直接输入 5K032BA15 检索即可，想要检索 3G301PA01. A 则直接输入 3G301PA01. A 检索即可。

【案例 4 – 22】

本案的权利要求请求保护一种用于制造半导体器件的方法，其特征在于：

a）制备半导体晶片，在所述半导体晶片的顶层已顺次形成有蚀刻停止层、层间介电层和具有图案的光致抗蚀剂层；

b）在第一工艺反应腔中，以所述光致抗蚀剂层为掩膜蚀刻所述层间介电层至露出所述刻蚀停止层；

c）将所述半导体晶片传送至第二工艺反应腔；

d）在所述第二工艺反应腔中，去除所述光致抗蚀剂层；

e）将所述半导体晶片传送回所述第一工艺反应腔；

f）在所述第一工艺反应腔中，以所述刻蚀后的层间介电层为掩膜刻蚀所述蚀刻停止层。

发明构思在于涉及一种制造半导体器件的方法，现有技术中层间介电层（ILD）中的沟槽剖面形貌在蚀刻处理之后经低压剥离 PR 掩膜层而形成，从而由于"记忆效应"产生的各向同性蚀刻导致低 k 材料层中的沟槽侧壁顶部倒圆。因此，沟槽剖面形貌是否良好主要取决于 PR 掩膜层剥离处理而非蚀刻处理。为了改善沟槽剖面形貌，迫切需要一种能够显著减小"记忆效应"的半导体器件制造方法。通过使光致抗蚀剂层剥离处理与蚀刻处理和蚀刻停止层去除处理分别在两个不同的工艺反应腔中执行，能够防止蚀刻处理中残留的氟在后续工艺中对低 k 材料层造成损伤，从而改善沟槽剖面形貌并提高半导体器件的电学性能。

经过分析，从本案所解决的技术问题看，采用的关键技术手段为光致抗蚀剂层剥离处理与蚀刻处理和蚀刻停止层去除处理分别在两个不同的工艺反应腔中执行。基于发明构思，确定基本检索要素为"刻蚀层间介电层（绝缘膜）形成沟槽""两个工艺反应腔""两次刻蚀进行晶片搬运"。对基本检索要素进行关键词和 IPC 分类号表达，构建检索式后未检索到相关的文献。根据领域特点和分类体系的特点，考虑采用 FT 分类号对检索要素进行表达。

根据本案的技术主题，初步判定本案的 IPC 分类应当在 H01L21 位置下，通过查阅 IPC – FT 对照表，找到合适的 FT 分类号为 5F033（半导体集成电路的内部电路）和 5F004（半导体干法刻蚀），继续查看 FT 的细分条目

5F033 如下：

QQ00 图案的形成方法；衬底、导电膜或绝缘膜的处理方法

QQ01．曝光

QQ02．．与防反射有关

QQ03．．．采用导电的防反射膜

QQ04．．．采用绝缘的防反射膜

QQ06．蚀刻

QQ07．．蚀刻的物体

QQ08．．．导电膜

QQ09．．．绝缘膜（与本案的技术主题相关）

QQ10．．．叠层膜

5F004 的细分如下：

BC00 装置的细节

BC01．真空密封方法

BC02．真空泵、气体阀

BC03．气体管、阀、流量控制

BC04．气体等再利用

BC05．备用的真空腔室

BC06．晶片搬运（与本案的技术主题相关）

BC07．臭氧发生装置

BC08．其他

通过以上的查表和分析过程，最后对基本检索要素的 FT 分类表达为 5F033QQ09 和 5F004BC06，在 IPDL 网站上输入检索式"5F033QQ09＊5F004BC06"，检索到一篇非常相关的日本文献。

关于半导体制造的技术领域，FT 与 IPC、CPC 相比，分类更为细致。适合采用 FI/FT 进行检索的情况主要有以下几种：检索领域是日本申请较多的技术领域；采用 IPC、CPC 没有检索到相关文献，为避免漏检日本文献的情况，采用 FI/FT 进行日文文献检索；特定的技术领域例如半导体、电力、镜头、医疗器械，IPC 和 CPC 对技术主题的领域分类没有 FI/FT 细致，考虑到检索效率，可优先选用 FI/FT 分类号检索。

【案例 4 –23】

本案的权利要求请求保护一种电压互感器的诊断装置，包括：

至少一个电源开关元件；布置在所述至少一个电源开关元件的输出端口的

一侧的电流互感器，用于根据所述电源开关元件的开/关操作而产生电流变化；

第一电流检测器，其配置成检测来自所述电流互感器的正向电流；

第二电流检测器，其配置成检测来自所述电流互感器的逆向电流；

第一电压互感器，其配置成将由所述第一电流检测器检测到的所述正向电流变换成正向电压；第二电压互感器，其配置成将由所述第二电流检测器检测到的所述逆向电流变换成逆向电压；以及

诊断部，用于将所述正向电压与所述逆向电压进行比较以确定是否形成偏移。

发明构思在于涉及一种用于诊断 DC – DC 转换器的装置及其方法，现有技术中 DC – DC 转换器是电压互感器，尤其针对对称结构的 DC – DC 转换器，其输出电流对称，因此难以确定 DC – DC 转换器是否产生了电流偏移。为解决上述问题，提供一种电压互感器的诊断装置及方法，实时地检测正电流和负电流，对应将其变为电压后，进行比较，判断是否发生偏移，使得设计者在研发过程中可以迅速地改变设计并提高其可靠性。

经过分析，为解决技术问题采用的关键技术手段为实时地检测正电流和负电流，对应将其变为电压后，进行比较，判断是否发生偏移。基于发明构思和围绕关键技术手段，确定的基本检索要素为"电压互感器""实时检测正负电流""判断偏移"，对基本检索要素进行关键词和 IPC/CPC 分类号表达，构建检索式后未检索到相关的文献。

深入理解之后，发现本案的实质在于分别检测 DC – DC 转换器中 DC – AC 级中输出电流的正负部分，将二者对应变为电压后，进行比较，判断偏移。从发明实质考虑，真正能输出对称的交流电流的为 DC – DC 变换器的 DC – AC 变换部分，所以，在检索时应将技术领域部分扩展到 DC/AC 变换器。

查找 FT 分类表，确定了准确的 FT 分类号 5H007CB05（桥式逆变设备）和 5H007DC02（涉及电流检测逆变设备），在 IPDL 网站上输入检索式"5H007CB05 * 5H007DC02"，检索到一篇非常相关的日本文献。

三、DC/MC 分类体系检索策略

德温特世界专利索引（DWPI）是具有权威性的、高附加值的深加工专利数据库，最初由英国德温特公司制作提供。现有 3000 万条专利信息，覆盖 47 个国家或地区的专利，更新周期为 5 天，每年数据库更新约 150 万份新的专利。DWPI 数据涵盖生物、化学、电子等领域，提供包括美国、日本、德温特分类的信息，同时，也提供人工改写摘要信息、人工分类和索引。此外德温特专利数据还将其收入的专利按照一定的规则整理出具有德温特数据特色的同族

数据。数据具有准确、有序的特性。DWPI 在对所有的专利文献进行分类时，除了 IPC、CPC、FI/FT 分类外，还包括其独特的德温特分类代码（DC）和人工代码（MC）。DC/MC 是德温特技术人员对现有技术的人工分类和标引。

1. DC 分类体系检索策略

德温特世界专利索引分类代码（Derwent World Patents Index Class Code，DC）是德温特公司从 1970 年开始使用的专业专利文献分类，是从应用性角度编制的分类体系。DC 分类按照技术领域分为 3 类，分别是：化学（Chemical）、工程（Engineering）、电子电气（Electronic and Electrical）。其中化学包含 A ~ M 共 12 个部（sections），其又进一步分为 138 个小类（classes）；工程领域有 P 和 Q 两个部，其又进一步分为 103 个小类；电子电器领域有 S ~ X 共 6 个部，其又进一步分为 50 个小类。

化学的 12 个部分别为：A Polymers and Plastics（聚合物和塑料）；B Pharmaceuticals（药物）；C Agricultural Chemicals（农业化学）；D Food，Detergents，Water Treatment and Biotechnology（食品、洗涤剂、水处理和生物技术）；E General Chemicals（一般化学）；F Textiles and Paper – Making（纺织，造纸）；G Printing，Coating，Photographic（印刷，涂层，摄影）；H Petroleum（石油）；J Chemical Engineering（化学工程）；K Nucleonics，Explosives and Protection（核子能，炸药，防护）；L Refractories，Ceramics，Cement and Electro (in) organics［耐火材料、陶瓷、水泥和（无机）有机电化学］；M Metallurgy（冶金）。

工程的两个部分别为：P General（一般）；Q Mechanical（机械）。

电子电气的 6 个部分别为：S Instrumentation，Measuring and Testing（仪器、测量和测试）；T Computing and Control（计算和控制）；U Semiconductors and Electronic Circuitry（半导体和电子电路）；V Electronic Components（电子元件）；W Communications（通信）；X Electric Power Engineering（电力工程）。

DC 分类的结构是由表示部的一个字母 + 表示小类的两位数字构成，例如 W01：电话和数据传输系统。可以通过查阅分类表、关键词检索结果统计的方式确定一个专利申请的 DC 分类号。分类表可以在 http：//thomsonderwent. com/support/codingclass 网站上查询。一旦确定了 DC 分类号后，可以在 STN 国际联机检索系统、DIALOG 国际联机检索系统等商用检索系统以及 ISI Web of Knowledge 等多个检索系统中进行检索。

2. MC 分类体系检索策略

德温特手工代码（Manual Codes，MC），属于 DWPI 及 ISI 平台下的 Derwent Innovations Index（简称 DII）数据库中的分类，是对化学领域和电子电气等领域文献的等级分类和标引体系，因此仅在 CPI（化学专利索引）和 EPI（电气专利索引）中收录。

MC 由德温特公司将专利内容进行收集整理后，由经过特殊培训的具备分类领域专业知识的分类人员统一给定，其专业性更强，并且由于其是由德温特公司统一给出代码，其具有很强的一致性，可避免不同专利局针对同一发明给出的 IPC 分类号不一致的问题，减少漏检的发生。

CPI（化学专利索引）手工代码是德温特分类中化学类的进一步分级。CPI 手工代码（以下简称代码）已有 30 多年历史，1963 年刚使用时仅用于对药物专利的标引，从 1970 年起逐步扩展到整个化学领域。德温特公司创立这种手工代码，其初衷是为了手工检索的便利和分类卡片的管理，但后来又将其应用于联机检索中。德温特的这种手工代码是以应用性分类为基础的检索语言，它已在 DIALOG、STN、ORBIT、QUESTEL 等著名的国际联机数据库中被使用。德温特手工代码有标引的一致性和使用一个代码可以检索不同拼写形式的同义词等特点。

其中 CPI 下包含 13 个部：A——聚合物、塑料；B——药物；C——农业；D——食品、洗涤剂、水处理、生物技术；E——一般化学；F——纺织和造纸；G——印刷、涂料、照相；H——石油；J——化学工程；K——核子能、爆破、防护；L——耐火材料、陶瓷、水泥、电化学；M——冶金；N——催化剂。

CPI 按照等级排列，著录格式是由一组字母和数字组成：首先是表示部的 A、B、C 等字母，然后数字、字母交替表示不同等级，标识符号越多，技术范围越专指。CPI 代码后除附有代码的含义外，还附有表示年代的数字，表明该代码被引入的时间或使用年代范围。由于在不同时期，代码所表示的含义会发生改变，因此需要对各个年代的代码均进行检索。

为了方便使用者及时检索电气和电子技术专利，德温特在 1980 年创建了 EPI（Electrical Patent Index，电气专利索引），而《EPI 手工代码手册》（以下简称代码手册）也应运而生。同 CPI 手工代码一样，EPI 手工代码同样是一个分级结构的索引系统（EPI Manual Coding System）。它有 6 个部（S～X），下设 50 个 EPI 大类，每一个大类又进一步细分，以满足更精确的检索要求。到 2000 年，代码手册已收入约 9000 个代码，而在其开始创立时（1980 年），只有 1900 个代码。

EPI 代码的构成按等级排列，标识符号越多，代码越精确。代码分级包括部（Section）、EPI 分类码（EPI Class）、属性码（Generic Manual Code）、组代码（Sub-group）、小组代码（Sub-group division）、段代码（Full Manual

Code）完整代码、分段代码。

MC 分类号的获取方式和检索途径与 DC 分类号相同，在此不再介绍。

【案例 4 - 24】

本案的权利要求涉及一种磷溴复合阻燃环氧树脂的制备方法，其特征在于包括以下步骤：

（1）将双酚 A 环氧树脂、四溴双酚 A 和催化剂加入溶剂中，搅拌下加热反应体系至回流状态，保持回流温度使之反应 2 ~ 3 小时，制得中间产物料液；

（2）向中间产物料液中加入 ODOPB，加热中间产物料液至回流状态，搅拌下保温反应 1 ~ 2 小时，制得产物料液；

（3）减压蒸馏除去产物料液中的溶剂，得粗产物；

（4）使粗产物在温度 120 ~ 140℃ 下继续反应 3 ~ 4 小时，反应完成后，即得磷溴复合阻燃环氧树脂；所述溶剂、四溴双酚 A、ODOPB 和催化剂的用量分别为双酚 A 环氧树脂质量的 1.5 ~ 4、0.112 ~ 0.253、0.821 ~ 0.966 和 0.0005 ~ 0.0015 倍。

发明构思在于，通过向双酚 A 型环氧树脂的结构中同时引入溴和磷两种阻燃元素，以克服上述两种阻燃元素各自的不足，达到更好的阻燃效果。

首先确定基本检索要素，然后从权利要求中技术手段的角度对检索要素进行表达之后进行检索，未得到合适的对比文件。

深入分析之后发现，现有技术中含磷阻燃剂、含溴阻燃剂均为常见阻燃剂种类，含磷环氧树脂以及含溴环氧树脂也均为常见阻燃环氧树脂。采用常见关键词检索，结果大多为使用含磷等无卤阻燃物质进行阻燃，与本案发明构思完全不相同，并且 IPC 分类体系中，没有对应磷或溴阻燃元素的分类号。同时，本案未记载具体的产物结构，也无法使用 STN 进行检索，因此，检索难度大。

然而，针对化学领域的化合物，MC 分类体系有较具体的分类，能够查找到含磷阻燃剂和含卤素阻燃剂对应的 MC 分类号 F03 - C03A 和 F03 - C03C。进而采用 MC 分类号 F03 - C03A 和 F03 - C03C，结合 IPC 分类号 C08G59（环氧树脂）在 ISI Web of Knowledge 检索系统上快速检索到一篇最接近的现有技术文献。

对于关键词均为本领域常见词并且部分检索要素没有合适分类号表达的技术方案，通常检索结果噪声较大。遇到此类案例，可以根据不同分类体系的优点，合理选择不同体系的分类号进行检索。具体到本案，需要熟练掌握不同分类体系的分类规则，结合具体案件领域特点，不同的检索要素采用不同的分类号表达，将 MC 分类号和 IPC 分类号结合使用进行检索，以快速准确地获得有效对比文件。

第五章　检索要素组合策略

检索要素的确定、表达以及组合，构成了检索的 3 个核心环节。在对检索对象进行分析、确定检索要素及其表达之后，就需要按照一定的检索要素组合策略在检索资源中实施检索。在专利性检索中，要素组合策略是否得当，在很大程度上影响着检索质量和检索效率。本章结合案例介绍常用的检索要素组合策略。

第一节　检索要素组合的一般策略

每一个检索要素都需要以一定方式进行表达，按照不同要素、不同表达间相互组合的方式及推进检索顺序的不同，可将检索要素组合的一般策略分为块检索、渐进式检索和混合式检索 3 种策略。

一、块检索策略

块检索，是指将检索主题分为几个技术上有意义的检索概念组，针对每一个检索概念组创建一个独立的块，之后将各个块进行组合。亦即，通过将检索要素进行较为全面的表达，其中不同表达方式间使用"或"运算，形成一个检索"块"；然后，块与块之间使用"与"运算，获得最终的检索结果。块检索是检索实践中最广泛使用的一种基本检索策略。

块检索策略最大的优点是构建检索式时，同一检索要素的不同表达之间、不同检索要素的表达之间，逻辑运算关系都很清晰。其中，每个检索要素的不同表达之间（块内）的关系是"或"的关系，不同检索要素的表达式之间（块间）是"与"的关系。这是一种基于"检全"思路的检索策略。由于其检索式中各个要素及其不同表达间的关系清晰，也使得调整检索式时思路很清晰。当发现需要调整某个检索要素的表达，在检索"块"中进行上述调整即可，而不影响块组合的实施。并且，当发现之前使用的某个检索要素"块"实际不应当作为基本检索要素，或者基于两篇或多篇文献结合评述创造性的预期角度，重新构造块组合进行检索时，直接减少一个或多个检索"块"即可。块检索尤其适用于检索要素多、检索要素间关系复杂的情形。

【案例 5 – 1】

本案涉及一种盒式磁带，具有：带记录介质（T）的磁带盒（1），和位于所示磁带盒外表面、用于向用户指示信息的部件（100）；所述部件（100）由可将吸收的能量以光的形式发射出来的材料制成。其结构如图 5 – 1 所示。

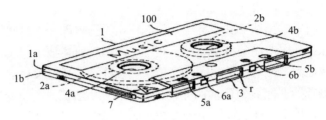

图 5 – 1　磁带盒

按照本书前面章节的方法，确定上述技术方案的 3 个基本检索要素分别为：盒式磁带、指示、发光，并由此对应 3 个检索块（盒式磁带、指示、发光）；然后将各个检索块进行组合检索。检索过程如下：

构建"盒式磁带"检索块 1：cassette？ or tape？ or box?? or packag??? or cartridge？ or tray？ or G11B 23/IC

构建"指示"检索块 2：indicat??? or display??? or signal + or view + or check + or g11b27/10/ic

构建"发光"检索块 3：emit + or light + or + transmit + or + send +

对 3 个检索块进行逻辑"与"运算，并在命中的文献中进一步筛选相关文件。

块检索存在一定的不足：一是有可能过于期待"检全"而忽视了对"检准"的需求；二是由于每个基本检索要素块都需要单独构建，然后再进行逻辑"与"运算，获得第一个能用于阅读、筛选的检索结果集就比较晚，有可能使得检索的整体"效率"降低。实际实施块检索时，需要考虑各个表达方式对检索要素表达的效果，必要时要对块构造和/或块组合进行适当的调整。例如，在使用块检索策略时，需要在"检全"思路的基础上，进一步考虑如何能更加"检准"。最先构造检索"块"时，应当选择使用第一优先级，即最准确、最下位、与本案发明构思最接近的表达方式进行检索。在第一优先级检索未获得理想文献的情况下，再考虑对"块"进行进一步扩展，即使用第二优先级的表达方式进行检索，依次类推。

【案例 5 - 2】

本案涉及"一种制备冷冻面团的方法，所述方法包括以下步骤：a. 将面粉、水、酵母和任选的其他食品添加剂混合成面团；b. 将面团分切、制造成产品所需的大小、形状和设计样式；c. 冷冻面团；d. 使冷冻面团经受至少一次冻融循环过程；e. 重新冷冻面团"。

按照说明书的描述，其要解决如何制作出无须解冻和长时间发酵、可即时烹饪的冷冻生面团产品的技术问题。其中，为解决所述技术问题，本案做出贡献的技术特征为：使冷冻的面团经受至少一次冻融循环过程后重新冷冻。所谓的"冻融循环"是指：对生面团先进行冷冻，然后解冻，再重新冷冻的过程。

首先，按照本书在前面章节的方法来确定检索对象的基本检索要素。根据技术主题明确的基本检索要素 1 为"冷冻面团"；根据其对现有技术做出技术贡献的手段提取的基本检索要素 2 为"冻融循环"。

其次，对各个基本检索要素进行表达。对检索要素 1 "冷冻面团"用分类号进行表达，确定本案的 IPC 分类号为 A21D 6/00（在焙烤前面粉或面团的其他处理方法，例如冷却、辐射、加热）。经查询发现，其对应的 CPC 有进一步细分 A21D 6/001（焙烤前面粉或面团的其他处理方法，例如冷却）。对于基本检索要素 2，"冻融循环"属于自造的词汇，不易准确表达，尽管可以进行检索尝试，但是可发现其命中的文献量极少。考虑到冷冻面团在烹饪时通常都进行解冻处理，采用关键词"冷冻""解冻"必然带来大量噪声，且没有表达出"冷冻""解冻"间存在的密切联系。此时，可从该手段的技术效果"即时烹饪"角度考虑，将其表达为"即时烹饪"或者"直接烘焙"，英文表达为"direct"和"cook + or bak +"。

典型的块检索策略为：将检索要素 1、2 的不同表达间分别进行"或"运算，然后 3 个检索结果之间进行"与"运算。具体为：将检索要素 1 "冷冻面团"的 CPC 表达作为其第一个检索块；将检索要素 2 "冻融循环"从效果角度选择"无需解冻、即时烹饪"等不同关键词加以表达，并进行"或"运算，形成第二个检索块；将两个检索块之间进行"与"运算，获得相关文件。

由该案例可知，块检索策略的适当实施，既依赖于检索块自身的适当构造，也依赖于检索块间运算的适当构造。有时候，由于一些检索要素难以表达，会在实际构建检索块时将其省略，而仅在后续筛选文献时再次考虑该检索要素。检索块构造时要考虑各个表达方式准确性的差异，可通过考虑根据表达形式的准确性确定不同的使用优先级，以便提升检索效率。

【案例 5 - 3】

本案涉及"一种离子注入的方法，其特征在于，所述方法包括：在基板表面制备石墨薄膜；通过一次构图工艺形成石墨掩膜层；以所述石墨掩膜层为掩膜进行离子注入"。

说明书描述了本案要解决的是半导体生产过程中离子注入工艺的热效应带来的掩膜层容易硬化变形、不易除去的技术问题。本案通过使用石墨薄膜作为离子注入工艺的掩膜层来解决这一技术问题。

按照本书在前面章节所述的方法，确定本案的基本检索要素为：由技术主题确定检索要素 1 "离子注入的掩膜层"，由关键技术手段确定检索要素 2 "石墨"。

对于基本检索要素 1，其具有较为准确的两个 CPC 分类号 H01L 21/0337 和 H01L 21/266，其含义分别如下：

H01L 21/02 · 半导体器件或其部件的制造或处理

……

H01L 21/033 · · · 包括无机层的

H01L 21/0334 · · · · 特征在于它们的它们的大小，方位，性格，行为，形状

H01L 21/0337 · · · · · 按产生膜的工艺特点进行区分的，如剥离掩膜，侧壁，或者掩膜的修复，如预处理，后处理

H01L 21/02 · 半导体器件或其部件的制造或处理

……

H01L 21/265 · · · · · · 离子注入的（用于局部处理的离子束管入 H01J 37/30）

H01L 21/266 · · · · · · · 应用掩模的 ｛（H01L 21/26586 优先）｝

可见，对于检索要素 1，其从目的、效果的角度表达为 H01L 21/0337；其从方法、结构角度表达为 H01L 21/266；其对应的关键词表达为"掩膜"和"离子注入"；英文关键词可表达为"mask"和"ion"。

对于检索要素 2，其关键词表达为"石墨""graphite"；其更上位的关键词表达为"碳""carbon"。

典型的块检索策略 1 为：将"离子注入的掩膜层"和"石墨薄膜"的不同表达间分别进行"或"运算，再将二者的结果进行"与"运算，最终可以得到两篇相关文件 US2010055882A1 和 KR20060134596A。

由于检索要素的不同表达间存在使用优先级，在表达"离子注入的掩膜

层"时，分类号表达的精准性要高于关键词。本案在表达第二个基本检索要素"石墨"时，"石墨""graphite"的精准性要高于"碳""carbon"。因此，使用二者各自的全部表达方式直接构建块，并进行块组合的块检索策略 1 显然不是效率最高的检索策略。

更要推荐的块检索策略是使用第一优先级表达方式的块检索策略 2：由检索要素 1 的 CPC 分类号表达（H01L 21/0337 or H01L 21/266）形成检索块 1，将第二个基本检索要素"石墨薄膜"的关键词表达"石墨"或"graphite"形成检索块 2，再将两个检索块进行"与"操作，从而获得检索结果。

在实施上述块检索策略 2 后，如果检索结果未达到终止检索的要求，就需要将每个块的表达扩展至其他表达方式，例如"离子注入的掩膜层"的关键词表达和"石墨薄膜"的上位概念表达，从而实施块检索 3，以达到"检全"的目标。

由上面的案例可以看出，块检索构造时需要在对技术方案深入分析，对基本检索要素进行准确确定、精确和/或全面表达，并深入分析各个表达的特点、相互关系等内容的基础上展开。块检索需要根据案件的实际情况，构造出存在不同检索层次的多级块检索，以达到高效检索的目的。

二、渐进式检索策略

渐进式检索，是指每一个检索要素对应的检索过程都是在前一个检索要素对应的检索结果中进行，通过多次检索的层层限制，逐步缩小检索范围，得到适合数量的检索结果。渐进式检索是检索实践中另一种广泛使用的基本检索策略。渐进式检索是一种基于"检准"的检索策略。

渐进式检索最大的优点在于运算速度快，因为后续检索式均在第一个检索式的基础上进行。此外，还便于根据检索结果数量的多少，随时判断是需要增加新的检索要素表达以对检索结果进一步缩限，还是直接浏览、筛选文献。可见，渐进式的检索策略在策略构建上更加灵活。对于较复杂、检索要素较多的案件，往往构建第一组渐进式检索策略的系列检索式是容易的；甚至可以从"检准"的角度，将同一检索要素的不同表达间采用"与"连接，以尽快缩小文献范围，尽快命中相关文献。可以说，很多情况下，这种逐渐聚焦、多重聚焦的方式有利于更快发现相关现有技术。

但是，也不可否认，层层嵌套的检索方式在给渐进式检索带来灵活性的同时，也带来检索策略调整上的困难。例如，当需要调整中间某个检索式时，包括调整、特别是扩展某一检索要素的表达时，不仅可能需要全部从头重新执行检索运算，导致检索时间上的延长，也因各检索式间的关系不那么清晰，导致后续检索式的构建可能不够全面，从而增大漏检风险。因此，在使用渐进式检索式，特别是经过渐进式检索未获得目标文献时，需要仔细分析检索可能在哪些方面没有覆盖所有范围，并由此指导检索式的调整。

还以本节前面的【案例 5–1】为例，当使用渐进式检索策略时，需要将每一步的检索在之前的检索结果中进行，逐步缩小检索范围。检索过程如下：

检索式 1：cassette?

检索式 2：检索式 1 and（indicat??? 　or 　display??? 　or 　signal + or view + or 　Check + ）

检索式 3：检索式 2 　and（emit + or 　light + or 　+transmit + or 　+send + ）
……

可见，块检索和渐进式检索在很多情况下最终的检索结果是相似的，但由于过程中的思路不同，两者在检索效率和检索式调整难度上存在差异。

需要注意，在使用渐进式检索策略将检索范围由大向小逐步靠近目标文献的尝试且未获得理想文献之后，后续检索策略的调整可采取"反向渐进式"的检索策略，即首先对部分或者全部基本检索要素采用最精确、可能性最大的表达方式进行表达，其次根据检索结果的情况，逐步增加检索要素的表达方式，以扩大检索命中的范围。这种逐步扩大检索范围的检索方式即为"反向渐进式"的检索策略。

三、混合式检索策略

由于对发明的理解通常是一个循序渐进的过程，随着检索的进行，包括相关文献浏览量的增加，对检索要素的表达方式也有可能在逐步扩展。因此，实际的检索过程可能更加复杂、更加综合，常常需要使用块检索和渐进式检索结合的混合式检索策略。混合式检索，通常是指结合渐进式逐步缩小范围的检索特点，以及每一检索要素不同表达间形成检索块的检索方式构造检索式的检索策略。

该策略的基本思路仍然是在对技术主题进行分析、确定基本检索要素的基础上，同一基本检索要素不同表达间采用"或"的关系连接，不同基本检索要素的表达间采用"与"的方式进行连接，进而获得检索结果。与"块检索"相比，混合式检索最初构建的概念块的表达可能并不全面，其逐步将"块"的表达方式进行扩展。与"渐进式"检索相比，混合式检索的"渐进"的过程，更充分利用了"块"检索的构建方式。混合式检索的最大优点是可以综合块检索基于"检全"和渐进式基于"检准"的优势，在检准的基础上，实现一定程度的检全。混合式检索还可根据检索结果的情况，对检索式进行更为灵活的调整。

当检索者对于检索对象的构思把握不够准确，对于检索要素的不同表达及不同表达间的差异认识不够清晰时，就不能很好地发挥混合式检索的优点，并可能导致检索思路混乱，从而带来检索效率低下和可能的漏检。因此，混合式检索更需要检索者准确把握检索对象的构思，进而准确确定其基本检索要素，并清楚认识不同的基本检索要素及其不同表达间的检索"精准性"，因此，该检索策略更需要检索者更好地站位本领域的技术人员。

第二节　全要素组合检索策略

由于现有技术的广泛性以及检索时间合理的成本控制，专利检索是一种相对的、有限的检索。检索要同时兼顾质量和效率，在有限的时间内寻求检索结果全面性（检全）和准确性（检准）之间的平衡。专利检索基于查准的思路，通常会优先采用全要素组合检索，以希望尽快检索到相似度最高的现有技术。特别是在专利性检索中，进行全要素组合检索的目的在于，尽快得到能够单篇评价本案全部主题的新颖性或创造性的现有技术。

一、常规的全要素组合策略

基于分类号和关键词在检索中各自的特点，当检索对象的基本检索要素能找到适合的分类号时，通常优先使用分来号对其进行表达。根据基本检索要素分类号的确定情况（参见本书第四章第一节），也可以采用分类号与关键词联合的方式，或者单独使用关键词的方式对该要素进行表达。

1. 仅使用分类号的全要素组合策略

由于准确的分类号涵盖了丰富的信息，包括限定技术主题（领域）、限定发明做出贡献的某些技术特征及其关联关系等，因此准确的分类号往往是基本检索要素优选的表达方式。当检索对象的基本检索要素均能找到适合的分类号进行准确表达时，使用分类号表达各检索要素并进行"与"运算，能够最大限度地发挥分类号的检索优势，达到事半功倍的效果。但对于分类表中未进行充分细分的部分技术主题而言，仅使用分类号进行检索会导致引入过多噪声从而使得检索结果过多、检索目标不明确。对于这类情形，使用适当的关键词进行补充表达更有利于降低检索噪声。

【案例 5 - 4】

本案涉及带式液压侧向举升装置，其为代替传统的封闭式液压缸和有活塞杆的活塞，采用开缝式液压缸、封缸板带和穿带承载活塞，封缸板带穿过穿带承载活塞，以随着穿带承载活塞的运动而实现封缸板带在液体输入端对限制开缝式液压缸缝口的贴合封闭，而封缸板带在另一端被穿带承载活塞分离而不接触缝口，以保持缝口的开放状态；穿带承载活塞通过开放的缝口连接外部机构，实现对外部输出运动和做功，由此可以实现无压杆、大行程和侧出式举升的功能，同时提升机件对横向以及冲击载荷的适应能力。

经过分析，确定其基本检索要素为"开缝式"和"液压缸"。通过浏览CPC分类表发现，CPC分类表中针对这两个要素均存在专门的细分分类号：F15B 15/082，其含义为"the motor being of theslotted cylinder type"，即开缝缸；F15B 15/084，其含义为"the motor being of the rodless piston type，e. g. with cable，belt or chain"，即无杆缸。于是，在外文专利库中采用两个CPC分类号进行"与"运算检索。通过浏览检索结果，迅速找到文献US2650571，其能够破坏所述技术方案的创造性。

通过本案可以看出，精准的分类号能够大大提高检索效率。对于较复杂、技术细节较多的检索对象，可尝试确定其中对技术主题做出贡献的技术特征在某分类体系下的最佳分类位置，采用分类号构建全要素组合的检索式，以避免关键词扩展工作的烦琐或因关键词扩展不全导致的漏检，从而提高检索的效率。

2. 分类号与关键词相结合的全要素组合策略

若检索对象的主题要素有适当的分类号表达，但是其他检索要素的分类号表达不够准确，则经常采用分类号与关键词相结合的全要素检索策略，用分类号表达技术主题，用关键词表达具体改进手段。该检索策略能发挥分类号和关键词在检索要素表达中的各自优势，提高检索结果的命中效率。

【案例 5 – 5】

本案例涉及一种健身器材，其采用磁粉制动器作为阻力源。具体地，其采用通过通电线圈产生的磁场磁化磁粉，形成阻碍磁性扭力器（磁性扭力装置的核心部件）中转子旋转的阻力，进而为训练器械提供人体进行锻炼时所需的阻力。其权利要求1涉及"一种磁性扭力装置，所述磁性扭力装置固定在所述支架的底面，所述磁性扭力装置与所述脚拖滚轮一端相连；所述磁性扭力装置包括底板，其特征在于，所述底板上分别安装磁性扭力器和轴承座，所述磁性扭力器的中部两侧安装从动链轮，所述轴承座的中部两侧安装主动链轮，所述从动链轮与所述主动链轮通过传动链条连接，所述主动链轮与所述脚拖滚轮通过主轴连接，所述主轴安装在所述主动链轮中部两侧，所述主轴与所述主动链轮同轴配合"。相关结构如图5−2、图5−3、图5−4所示。

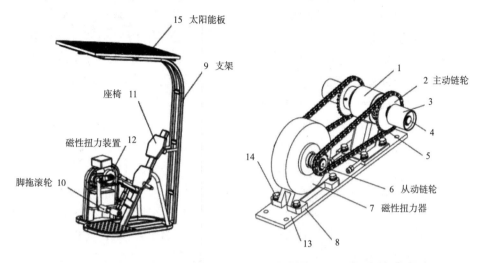

图5−2 含有磁性扭力装置的   图5−3 磁性扭力装置
　　　 训练器械

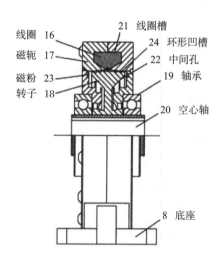

图5−4 磁性扭力器

　　经分析,权利要求1的技术方案有两个基本检索要素:由技术领域确定的检索要素1为"磁性扭力装置",由其关键技术手段确定的检索要素2为"磁粉"。
　　经查询IPC分类表可确认检索要素1对应的分类号为A63B 21/005,其含义为"使用电磁的或电动阻力的训练器械",此分类号能够很好地体现本案的技术领域。同时，经过分析，检索要素2最准确的关键词表达为"磁粉 or magnetic powder"。将分类号"A63B 21/005"与关键词"磁粉 or magnetic powder"进行"与"运算。浏览检索结果，获得一篇相关现有技术 CN103706078A（下称对比文件1）。该文件公开了一种健身器材阻力源专用磁粉扭力器，并具体公开如下内容：本发明结构合理，使用安全，适用于各种形式的健身器材和运动训练专项力量器材。其结构如图5-5所示。

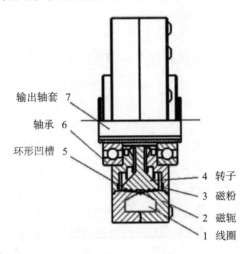

输出轴套　7
轴承　6
环形凹槽　5
4　转子
3　磁粉
2　磁轭
1　线圈

图5-5　CN103706078A中公开的磁粉扭力器

如图5-5所示，对比文件1中的磁粉扭力器包括：线圈1、磁轭2、磁粉3、转子4、轴承6、输出轴套7，所述线圈1安装在环形的磁轭2线圈槽体内，转子4设置在两磁轭2中间孔内，转子4与磁轭2的配合面呈V形状或弧形状，转子4与磁轭2的配合面之间的间距为0.5~1.0mm，间距随着转子4和磁轭2的配合面配合大小而定。转子4的配合面上均匀分布有环形凹槽5，转子4与磁轭2之间的V形弧形配合面中填充磁粉3，磁粉选择100~250目，转子4、轴承6内圈与输出轴套7同轴配合连接，轴承6外圈与磁轭2同轴配合连接。结合附图可知，权利要求1与对比文件1的发明构思相似，且其也是将磁性扭力器作为磁性扭力源应用于训练器材中，因此能够用于评述技术方案的创造性。

通过本案可以看出，采用适当分类号对技术领域进行表达固然重要，通过准确理解发明从而正确认定对发明做出贡献的技术特征也不可偏废，检索中应当充分发挥二者的各自优势以提高检索的效率。

有时，检索中会遇到技术方案的主题要素没有合适的分类号表达，但是其他检索要素存在较为准确分类号细分位置的情形，此时，最常用的检索要素组合方式是用关键词表达技术主题，用分类号表达具体改进手段。此组合方式既能避免过于上位的技术主题分类位置带来的检索噪声，又能够发挥分类号对技术手段精确定位的作用。

【案例 5-6】

本案涉及用于工程机械的油门操作手柄装置，采用手柄控制卡爪卡住拨盘，能够限制拨盘以及油门扳机的随意转动，只有拨动手柄使卡爪与拨盘分离后，才能拨动油门扳机来调节与拨盘连接的油门线伸缩运动，形成油门调节的安全保护，使该油门操作手柄装置在调节油门前必须先拨动手柄打开安全保护，在操作结束后，将手柄复位，再次使卡爪卡入拨盘，锁定油门扳机，油门扳机无法调节油门，从而防止误操作的发生，提高了油门操作手柄装置操作的安全性。权利要求 1 如下。

一种用于工程机械的油门操作手柄装置，其特征是：包括壳体（1）、油门扳机（2）、手柄（3）和油门线（4），壳体（1）内装设有卡爪（5）和拨盘（6），壳体（1）上开设有孔一（11）、孔二（12）和孔三（13），油门扳机（2）穿过孔一（11）套装在壳体（1）上，油门扳机（2）能沿孔一（11）转动，所述拨盘（6）与油门扳机（2）连接且能随油门扳机（2）转动，所述拨盘（6）上开设有卡口一（61），所述壳体（1）的内壁上固定有转轴一（14），所述手柄（3）通过孔二（12）伸入壳体（1）内并套装在转轴一（14）上，所述卡爪（5）与手柄（3）连接，所述卡爪（5）套装在转轴一（14）上且能随手柄（3）转动，所述卡爪（5）具有拨爪一（51），所述拨爪一（51）能卡入卡口一（61）限制拨盘（6）和油门扳机（2）转动，所述拨爪一（51）与卡口一（61）分离时拨盘（6）和油门扳机（2）能够转动，所述油门线（4）穿过孔三（13）与拨盘（6）固定连接。

经分析，确定权利要求 1 包括两个基本检索要素：由技术领域确定的基本检索要素 1 为"发动机"，由改进手段确定的基本检索要素 2 为"通过手柄限制拨盘和油门扳机随意转动"。

通过权利要求的撰写可以看出，其中技术特征均比较具体且常规，例如壳体、油门扳机、手柄、油门线、卡爪、拨盘、卡盘、轴、孔等。可见，若直接采用权利要求中技术特征对检索要素 2 进行表达，势必会给检索结果带来较大噪声，因此，考虑采用分类号对改进手段进行表达。通过查询 CPC 分类表，得到两个能够较准确表达改进手段的分类号：F02D 11/02，其含义为"具有以手、脚或类似的操作方式控制的起动装置为特点的、用于或适用于非自动的发动机控制的起动装置"；F02D 11/04，其含义为"以机械控制连接为特点的、用于或适用于非自动的发动机控制的起动装置"。综上，采用 engine 对技术领域进行表达，采用 F02D 11/02 or F02D 11/04 作为 CPC 分类号对改进技术手段进行表达，再将两者的检索结果进行"与"运算。在国家知识产权局官网的专利检索及分析系统中，采用检索式"CPC 分类号 =（F02D 11/02 or F02D 11/04）AND 关键词 = engine"进行检索，将检索结果的公开日限定至早于本申请的申请日，浏览检索结果，发现一篇能够破坏权利要求 1 新颖性的对比文件 CN102985276A。

需要注意的是，在确定某检索要素的分类号表达时，通常应该首先使用最下位、最准确的分类号。在没有检索到结果时才进行上位组分类号或其他分类号扩展。对于补充型下位组，由于其与上位组具有相同的相关度，因此应当与上位组一同首先被使用。分类号查找策略具体可参见本书第四章第一节分类号查找部分的内容。

3. 仅使用关键词的全要素组合策略

在检索中，除了需要进行试探性检索外，还有可能出现难以确定合适分类号对检索要素进行表达，从而需要仅依赖关键词完成检索要素的表达和组合的情形。此时，采用适当关键词对检索要素进行直观表达，并将各要素进行"与"运算，是首选的检索策略。需要注意的是，如果检索结果过多，应注意技术方案中技术特征之间的逻辑关系，依据其关系的紧密程度使用各种同在算符（同段、同句等）构建检索式，以提高检索的精准性，具体可参见本书第三章第一节关键词形式表达部分的内容。

【案例 5－7】

本案例涉及一种适用于褐煤空冷发电机组的内加热流化床干燥系统，其利用汽轮机发电后的蒸汽作为干燥热源，同时抽取空冷塔中冷却乏汽后的热空气作为干燥及流化介质，在流化床中使煤粉形成流化状态以使其干燥。权利要求 1 如下：

一种适用于褐煤空冷发电机组的内加热流化床干燥系统，其特征在于，在褐煤空冷发电机组中，煤料仓（5）固定在称重皮带（6）上方，称重皮带（6）与磨煤机（9）之间增设带有内置换热器的内加热流化床干燥机（8），其内置换热器的入口经过蒸汽流量调节阀（4）连接至电站汽轮机（2）的低压缸排汽管道，电站汽轮机（2）的低压缸排汽管道还连接至电站汽水系统的空冷岛（12），空冷岛（12）的热空气出口与流量控制阀（11）连接，流量控制阀（11）经过风机（10）与内加热流化床干燥机（8）下部气体喷口连通，内加热流化床干燥机（8）上部的气体出口与除尘器（7）相连，除尘器（7）底部出口和内加热流化床干燥机（8）底部出口均连接至磨煤机（9）；经除尘器（7）净化后的尾气排放到大气；空冷岛（12）的凝结水管道连接至凝结水泵（13），凝结水泵（13）、回热加热单元（14）、锅炉（1）和汽轮机（2）依次连接。

该干燥系统如图5-6所示。

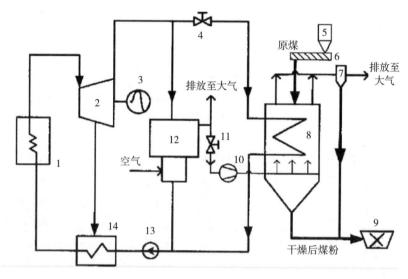

图5-6　一种适用于褐煤空冷发电机组的内加热流化床干燥系统

本着把握发明构思的原则，确定权利要求1包括3个基本检索要素：表达技术领域的检索要素1"煤发电"，表达技术手段的检索要素2"空冷岛"和检索要素3"流化床干燥机"。

尝试用关键词对各检索要素进行表达。从权利要求中提取关键词"发电、煤"对检索要素1进行表达；由于空冷岛是一种换热设备，故采用"换热 OR 空冷"对检索要素2进行表达；同时，采用"流化床"对检索要素3进行表达。进而，在国家知识产权局官网的专利检索及分析系统中，构建检索式"关键词＝发电 AND 煤 AND（换热 OR 空冷）AND 流化床"进行检索。浏览检索结果，得到对比文件CN102192639A，其公开了一种适用于燃煤蒸汽发电机组的空冷流化床煤干燥系统，其公开了一种增设流化床干燥降低燃煤电厂煤耗的方法，其公开了在现有燃煤锅炉发电机组中的煤粉料仓与磨煤机之间增设流化床干燥系统，并从汽轮机抽出做过部分功的过热蒸汽作为干燥介质，利用过热蒸汽的显热和潜热使煤粉中的水分蒸发，过热蒸汽冷凝成水后通过凝液水泵送入汽轮机组的除氧器循环使用。可见，CN102192639A的发明构思与本案相似，能够破坏该案权利要求的创造性。该干燥系统如图5-7、图5-8所示。

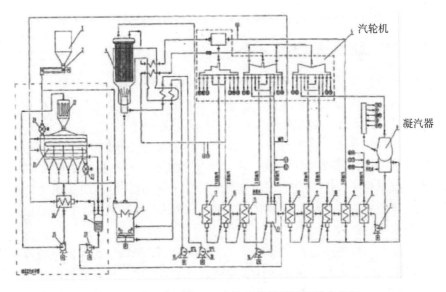

图 5-7 CN102192639A 中公开的燃煤蒸汽发电机组

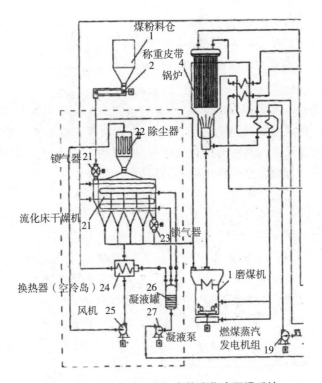

图 5-8 CN102192639A 中的流化床干燥系统

可见，在未查找到可准确表达领域和改进点的分类号，或者仅作为试探性简单检索时，采用关键词进行全要素组合检索有时也是较为便捷高效的检索策略。

二、基于检准的全要素组合策略

检索结果的准确性和全面性是检索需要兼顾的两个目标。当偏向于检索结果准确性时，会优选全要素组合的检索策略。此时，分别对各要素进行尽可能准确的表达，而无须过多考虑同义词、扩展分类号等。必要的情况下，甚至会增加非基本检索要素，以快速命中与技术方案最为相关的现有技术。这是一种常用的检索策略，其优势是：能迅速命中相关文献，并根据命中的文献（文献数量、技术相关程度、关键词表达方式等）更准确认定发明做出贡献的技术特征，以便更准确判断发明可能的高度，并为进一步扩展基本检索要素的表达方式积累素材。

需要注意，这种检索策略能够极大地提高检索的准确性，但也伴随着可能更大的漏检风险。因此，在上述检索策略完成之后，除非检索到数量和质量都足以终止检索的文献，一般情况下，还需要进一步考虑基于检全的检索策略。

【案例 5 – 8】

本案涉及一种牦牛毛变性褪色方法，其工序为：变性褪色→温水洗涤→还原洗涤→热水洗涤→氧化漂白，变性褪色液为：在水中加入六水硫酸亚铁 8 ~ 12g/L，50% 亚磷酸 1 ~ 2g/L，用甲酸调 pH 至 3.0 ~ 3.5。由于 Fe^{2+} 为过氧化氢漂白的催化剂，本案利用 Fe^{2+} 对色素的亲和力远大于其对纤维的亲和力的特性，在过氧化氢漂白动物毛之前，先用 Fe^{2+} 对其进行处理，使 Fe^{2+} 集中吸附在动物毛的色素上，然后再用过氧化氢进行漂白，达到过氧化氢对色素的选择性漂白明显，且减少其对纤维破坏的效果。

经过分析，确定上述技术方案的基本检索要素为牦牛毛、过氧化氢、Fe^{2+}。使用上述检索要素进行检索后发现，由于对牦牛毛的限定过于狭窄，导致未检索到可用的对比文件。将牦牛毛扩展至"毛"后又导致浏览量偏多，不利于筛选。此时，补充非基本检索要素"亚磷酸"进行检索。通过浏览，迅速定位到一篇进行牛毛染色的对比文件。本案的技术方案与该对比文件所述方案的主要区别在于：本案的技术方案限定了特种动物纤维为牦牛毛，其在氧化漂白步骤还加入了层状硅酸钠和螯合分散剂，还包括在氧化漂白液中加入脱过氧化氢酶浸泡的步骤。可见，该对比文件公开了本案的发明构思，可考虑评价本案技术方案的创造性。

三、基于检全的全要素组合策略

基于检准的全要素组合策略存在的较大漏检风险使其后续通常需要进行扩

展检索。扩展时一般会采用基于检全的全要素组合策略。具体为，对于每一检索要素，在考虑不同的分类号、关键词的基础上，构建由尽可能全面的不同表达相"或"获得检索块，并将各个检索块间采用"与"操作。这在某种程度上跟通常意义上的块检索有对应关系。该策略的优势是，检索策略的构建和调整思路清晰，并且由于最初构建的检索式就考虑了检索的全面性，因此在可以有效进行文献筛选的情况下，一般不需要后续进一步扩展检索范围。

该检索策略的不足在于，有可能检索噪声比较大，增加筛选文献的难度；或者需要引入进一步的降噪手段，而使用过多或者不当的降噪手段对检索结果进行修正时，又会从另一个角度增加漏检的风险。

【案例5－9】

目前手机并不能有效地减少电池电量的消耗，例如当使用者触压接听电话键，进行接听电话时，该手机的背光将因接听电话键被触压后就作动（发光），并于一定时间后才会关闭，故使用者听电话时，不需要看屏幕，但是该背光还是继续发亮，因而产生了一定的不必要的电量消耗，如此，造成手机的待机时间缩短，手机的电池寿命减少。因此，为使手机在接听电话时减少不必要的电量消耗，本案提出了一种接电话后可自动省电的手机，包括：感测器，设于手机的受话部一侧表面上，当使用者皮肤接触或接近该感测器时，所述感测器传送一触发信号至控制电路；控制电路，接收来自感测器的接触信号，控制该手机的背光灯泡为关闭状态。具体地，其感测方式为触摸式开关。该手机及感测器工作过程如图5－9、图5－10所示。

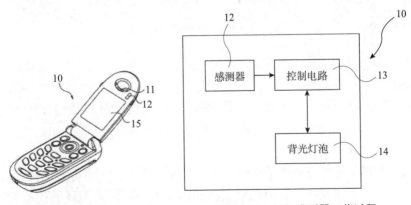

图5－9　手机　　　　　图5－10　手机感测器工作过程

从所属领域角度确定上述技术方案的基本检索要素为"手机"，从技术方案对现有技术做出改进的角度确定其基本检索要素为"关闭背光"和"感测使用者的接触或接近"。如对上述3个基本检索要素进行扩展，会发现其中的

"感测使用者的接触或接近"即为"感测器"，其能够表达为感测器、检测器、检测、探测等。可以预期的是，各种具体感测原理的感测装置都可以起到本案中所述"感测器"的"感测"功能，利用"检测、探测"等关键词对上述检索要素进行表达将检索到大量各种感测方式的感测器。

通过进一步阅读专利文件发现，其中限定具体感测方式为触摸式开关，因此优先针对"触摸式"进行检索，以缩小检索和浏览范围。

与"检准"思路完全不同的是，"检全"思路要在检索要素表达上做"加法"，尽可能扩充检索要素的表达，而在检索要素数量上做"减法"，尽可能剔除非基本检索要素，甚至采用部分基本检索要素组合的方式进行检索以实现更加全面的检索。

在基于检全的全要素组合检索过程中，为了提高检索效率，通常应当依据精准度的高低依次使用基本检索要素的不同表达，而不应该将不同层次的表达同时使用。当对检索要素进行了较为全面的表达使得检索噪声过大时，就需要对检索要素的表达层次进行调整，优先选择适度扩展的表达进行检索。

第三节 部分要素组合检索策略

当全要素检索得到的检索结果中不包括能够单篇影响检索对象新颖性或创造性的对比文件时，可尝试部分要素组合检索。通过删除某些检索要素，并适当调整不同检索要素的组合方式，以期检索到能够单篇或组合后评判检索对象创造性的对比文件。本节介绍部分要素组合的不同检索策略。

一、基于"两步法"检索的部分要素组合检索策略

对于每项发明创造，通常先进行全要素组合检索，如果没有检索到可评述其新颖性或创造性的现有技术文献，则应进行部分要素组合检索以实现更加全面的检索。在本书第二章已经介绍"两步法"检索策略的基础上，下面重点探讨针对基础构思和改进构思的部分要素组合检索策略。

1. 基础构思检索策略

基础构思检索的目的在于找到与发明主题和发明原理相同的现有技术，并不要求发明点也完全相同，因此对基础构思检索一般针对发明的技术主题进行，必要时辅以技术原理、技术问题或重要技术特征进行检索。基于背景技术以及检索人员已经掌握的现有技术，如果能够确定技术主题是新的基础构思，则可以直接采用技术主题进行检索。如果检索对象提出了新的技术需求或新的技术问题，还可将技术主题结合技术问题进行检索。如果检索对象采用新发现

的或在其他技术领域中的自然现象、自然规律或技术原理来解决本技术领域的技术问题时，可将技术主题结合自然现象、自然规律或技术原理进行检索。如果技术主题不是新的基础构思，通常根据申请人的描述，以技术主题，必要时辅以技术问题、技术原理或重要技术特征进行检索，以检索出具有尽可能多相同特征的现有技术。❶

　　基础构思检索是整个检索的基础，尤其是对于技术主题是新的基础构思，如果没有检索到可破坏基础构思的现有技术文献，则一般无须进行进一步检索。

【案例 5－10】

　　本案例涉及一种制动器磨合设备。制动器在没有磨合之前产品合格率较低，为提高制动器产品合格率，该专利涉及的制动器磨合设备可用于对制动器进行磨合。在磨合设备磨合后再对鼓式制动器的制动力矩进行检测，产品的合格率将得到显著提升。

　　其权利要求 1 涉及一种制动器磨合设备，包括工作台（10）和机架（13），其特征在于：所述工作台（10）的底部设置有液压摆线马达（11），所述液压摆线马达（11）与置于工作台（10）之上的用于固定鼓式制动器制动鼓的制动器固定工装（12）连接；所述机架（13）上设置有若干平行排布的呈三角形的支撑块（18），所述支撑块（18）的底部设置有底板（17），螺纹压紧杆（16）穿过该底板（17），所述螺纹压紧杆（16）的底端与鼓式制动器抵接以压紧鼓式制动器，所述螺纹压紧杆（16）的顶端设置有手动旋转杆（19）；所述机架（13）的侧端设置有楔形加强件（15），所述楔形加强件（15）上设置有呈水平布置的用于挡住鼓式制动器的转向节以避免其旋转的挡杆（14）。该磨合设备如图 5－11 所示。

　　分析其发明构思，针对现有技术存在没有进行充分磨合的情况下直接对制动器性能测试导致合率不高的问题，该发明提出了一种制动器磨合设备，包括工作台、液压摆线马达、制动器固定工装、螺纹压紧杆、楔形加强件等。通过上述磨合设备磨合后，再对鼓式制动器的制动力矩进行检测，产品的合格率将得到显著提升。基于上述分析，该发明的技术主题属于申请人针对新发现的技术问题而提出的，因此基础构思可概括为提升制动器检测合格率的制动器磨合设备，改进构思则需要根据检索获得的现有技术再行确定。

　　在针对权利要求 1 进行常规全要素组合检索未检索到合适对比文件的情况下，可实施上文提出的"两步法"检索以实现更加全面的检索。第一步针对

---

❶ 周胜生. 技术创新性检索"两步法"研究——以专利为视角［J］. 知识产权，2018（8）.

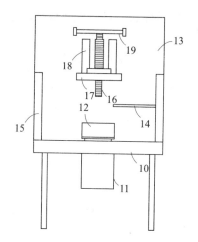

图 5-11　制动器磨合设备

基础构思进行检索，具体检索策略为采用技术主题（制动器磨合设备）结合技术问题（检测合格率不高），即"制动器磨合 + 检测合格率"。

按照上述检索策略，经对检索要素表达进行适当扩展后，很快检索到一篇相关的现有技术文献。该文献针对装配好的制动器无法在装配线中进行测量，从而无法确保下线产品的合格率问题，公开了一种制动器力矩测量试验台。该测量试验台可在测量时对制动器进行磨合，从而提高制动器制动性能，由此提高产品合格率。经进一步的具体结构对比，该文献也公开了权利要求 1 中的主要结构特征，结合本领域普通技术知识判断，该现有技术可破坏上述权利要求 1 的创造性。本案检索策略从基础构思入手，避开了难以表达的机械结构特征，使得检索过程更加清晰、简单。

2. 改进构思检索策略

在完成基础构思检索之后，如果检索到相同或类似的基础构思的现有技术，可通过技术对比确定改进构思并检索改进构思。只有检索到公开改进构思的现有技术才有可能通过与基础构思检索获得的现有技术文献结合评判技术方案的创造性。对改进构思检索一般以技术手段结合技术主题或技术功能的方式进行。技术手段结合技术主题的检索通常在其特定的技术领域中进行，这种检索模式获得的检索结果与基础构思的检索结果领域相同或相近，便于与基础构思检索到的现有技术相结合评判创造性。在这种检索模式下，从创造性判断的角度考虑，筛选检索结果时需要重点关注特定技术手段的作用，以便找到结合的技术启示。

如果上述检索策略没有检索到合适的对比文件，在获得相同或类似技术主题并采用相同技术原理的现有技术基础上，还应当从区别技术手段本身进行检索，即将区别技术手段与技术功能结合。这种检索一般不限于发明所在的技术领域，只要检索到特定的现有技术手段并具有与基础构思检索到的现有技术相结合的启示即可用于评判创造性，因此这种检索策略的检索范围更宽，这是改进构思检索相对于基础构思检索的一个重要区别。此外，从创造性评判的角度看，本领域技术人员在一定的技术启示下可以将不同的现有技术组合起来评判创造性。在检索中，在涉及多个改进技术手段的情况下，如果没有检索到一篇现有技术全部公开这些改进点，还可以设想多篇现有技术组合的方式评判创造性。为实现这种组合，首先需要分析改进构思的可分性，之后按照拆分的改进构思分别进行检索。这是改进构思检索相对于基础构思检索的另一重要区别。❶

【案例 5 – 11】

在现有的云存储系统中，当用户将文件数据上传云存储服务器时，用户端需要先计算上传文件数据的摘要值，云存储服务器通过检索全局摘要字典来确定服务器中是否存在该摘要值。因此，用户端每上传一个摘要值给云存储服务器就需要进行一次全局摘要字典的检索。由于全局摘要字典中数据量庞大，导致每次检索时云存储服务器都要耗费大量的计算资源。该发明公开了一种云存储方法、用户端及云存储服务器，在云存储服务器中将全局摘要字典分成不同数据类型的特征码字典，对于每个上传的数据特征码依据类型检索相应类型的特征码字典，由此降低云存储服务器的计算负担，提高了检索效率。

其权利要求 1 涉及一种云存储系统，其特征在于，该系统包括用户端和云存储服务器；其中，所述用户端，用于产生业务请求，提取数据特征码和数据类型，并对数据特征码、数据类型和业务请求封装后一起发送；所述云存储服务器，用于将全局摘要字典分成不同数据类型的特征码字典，接收并解析数据特征码、数据类型及业务请求，依据数据类型对业务请求进行处理。

分析发明构思，根据申请人所述，该发明涉及一种云存储系统。针对现有技术中在云存储服务器中检索负担重的问题，该发明的主要改进在于，在上传数据时提取数据特征码并在云存储服务器中将全局摘要字典分成不同类型的特征码字典，对于每个上传的数据特征码依据类型检索相应类型的特征码字典，由此降低云存储服务器的计算负担。由于该发明是针对现有云存储系统中特定内容检索方式的一种改进，因此基础构思可确定为一种包括用户端和云存储服务器的云存储系统，其中在上传数据时云存储服务器通过全局检索确定其中是

❶ 周胜生. 技术创新性检索"两步法"研究——以专利为视角［J］. 知识产权, 2018（8）.

否已经存在该摘要值以减少重复存储，属于该发明基于的现有技术。改进构思为在云存储服务器中将全局摘要字典分成不同类型的特征码字典，对于每个上传的数据特征码依据类型检索相应类型的特征码字典，由此降低云存储服务器的计算负担。

在针对权利要求1进行常规全要素组合检索未检索到合适对比文件的情况下，实施上文提出的"两步法"检索以实现更加全面的检索。第一步针对基础构思进行检索，具体检索策略为检索主题"云存储系统"，并结合主要解决数据重复存储（数据冗余）问题，为尽可能检索到更接近的现有技术，在检索结果较多时可增加"云存储服务器""特征码"等检索要素。经浏览，获得发明名称为"控制云存储中数据冗余的方法及装置"的现有技术文献1，其与该发明所基于的现有技术文献基本相同。

第二步针对改进构思进行检索。由于改进手段与技术主题结合即为全要素组合检索，未检索到合适对比文件，因此重点从改进手段及其实现的功能方面进行检索，即根据数据类型进行存储和检索以降低计算负担，提高检索效率，即检索"数据类型检索""检索和存储效率"这两个基本检索要素。

在对基本检索要素表达进行适当扩展后，获得一篇发明名称为"文件发布和检索的方法及其系统"的现有技术文献2，其公开了为提高检索效率根据数据类型进行存储和检索。文献1和2相结合，可以破坏上述权利要求1的创造性。上述检索过程通过"两步法"检索，不仅扩展了检索领域，而且还实现了将检索策略与后续创造性评判方式相结合，提高了检索的针对性。

基于"两步法"的部分要素组合检索策略，实质在于通过检索要素的部分组合体现发明构思的层次和发明创造的过程，并将检索与创造性评判要求结合，使得检索更加有针对性，检索思路更加清晰，从而提升检索的质量和效率。

二、多要素检索的部分要素组合检索策略

采用部分要素组合进行检索的情形通常有两种。

第一种情形是，由于某一基本检索要素难以表达、不适宜使用该检索要素的表达进行全要素组合检索。例如，由于表达方式过于多变、不易准确标引，或是检索要素不易全面表达，或是因表达方式过于常见等原因使得其在数据库中可能未被标引。这种情况下如果采用全要素组合的检索策略就会导致漏检。因此，就需要在构建检索式时省去相关检索要素的表达，仅利用其他的检索要素、进行部分要素组合的检索策略，由此获得检索结果，并在文献筛选阶段重新考虑所省去的检索要素的内容。

第二种情形是，对于包含 3 个以上基本检索要素的技术方案，例如，包含技术主题要素、技术手段要素 1、技术手段要素 2……和技术手段要素 N 的情形，在全要素组合检索未获得理想结果的情况下，分析技术手段之间的可拆分性，根据各技术手段之间的相关程度、解决技术问题的关联程度，在检索式构建中，将其分为可以进行结合的两组或更多组，由此将目标文献预期为两篇或者更多篇，并相应地构建检索式。其每一组的检索策略均属于部分要素组合的检索策略。

下面重点针对第二种情形以具体案例介绍存在较多检索要素时如何进行部分要素组合检索。

【案例 5 – 12】

本案涉及一种硅片清洗液，其表面去污力强，可保持清洁度的持续性，具有良好的清洁效果，并且对环境无不利影响。权利要求 1 和 2 如下：

1. 一种硅片清洗液，其特征在于，由以下成分组成（按重量份数计）：

表面活性剂	15 ~ 30 份
乙醇	5 ~ 8 份
氟化氢	2 ~ 4 份
EDTA 二钠	2 ~ 3 份
三乙醇胺	3 ~ 5 份
柠檬酸	0.5 ~ 2 份

去离子水余量。

2. 如权利要求 1 所述的硅片清洗液，其特征在于，所述表面活性剂脂肪醇聚环氧乙烷醚、烷基酚聚环氧乙烷醚、十二烷基苯磺酸钠、十二烷基二醇酰胺或甲氧基脂肪酰胺基苯磺酸钠。

经分析，该硅片清洗剂中各组分组合后互不影响，能够发挥各自的作用。因此在全要素检索未果的情况下，对各组分在清洗剂领域的应用分别进行检索。

首先，通过"清洗 and 三乙醇胺"得到对比文件 1：CN101255386A，其公开了一种半导体硅片化学机械抛光用清洗液，其特征在于含有的原料及重量百分比如下：

有机碱	5% ~ 20%
表面活性剂	0.1% ~ 1%
渗透剂	2% ~ 5%
螯合剂	0.1% ~ 1%

光亮剂　　　　　　0.01% ~ 0.1%

水余量。

所述的有机碱是二乙胺、三乙胺、乙二胺、单乙醇胺、二乙醇胺、三乙醇胺、β－羟乙基乙二胺、六亚甲基二胺、二亚乙基三胺、三亚乙基四胺中的至少一种……所述的螯合剂是乙二胺四乙酸、乙二胺四乙酸二钠盐（即权利要求1中的EDTA二钠）、二亚乙基三胺五乙酸、三亚乙基四胺六乙酸或次氮基三乙酸中的至少一种。

其次，通过"清洗 and 氟化氢"检索。

浏览获得对比文件2（CN101503650A），其公开了一种硅片清洗液，主要由乙醇和氢氟酸经混合配成，所述乙醇与氢氟酸的体积比为（35 ~ 45）∶1，所述乙醇的质量百分比浓度为18% ~ 100%，所述氢氟酸由氟化氢和去离子水配成，其质量百分比浓度为48% ~ 50%

最后，通过"清洗 and 柠檬酸"检索到对比文件3（CN101275105A），其公开了一种太阳能硅片清洗剂，并公开了所使用的清洗剂为柠檬酸，柠檬酸的浓度为5%。

由于对比文件1、对比文件2和对比文件3中各组分的作用与其在本案中的作用相同，且组合后未产生预料不到的技术效果，所以3篇对比文件结合能够破坏本案权利要求的创造性。可见，应当基于对创造性评判的预期，对多要素进行合理划分，分别检索，之后将多篇对比文件进行组合评述技术方案不具备创造性。

【案例 5 – 13】

本案涉及一种红枣养生茶，其原料的重量百分比组分为：红枣40% ~ 60%、人参10 ~ 12%、小麦15% ~ 18%、枸杞15% ~ 20%。

经分析，4种组分均为技术方案的基本检索要素。经过全要素组合检索，未检索到单篇公开4种组分的对比文件。因此下面尝试进行部分要素组合检索。

暂时放弃检索要素"小麦"，采用"枣 and 人参 and 枸杞"进行检索。浏览得到对比文件1，其公开了一种人参枸杞枣茶，并具体公开了原料：人参10克，红枣45枚，枸杞子15克，冰糖5克。制作方法：人参切成薄片，红枣剖开，与枸杞子、冰糖一同放杯中，用沸水冲泡，盖焖10分钟即成。能够补气养血，可用于气血不足、短气乏力、面乏华色等。

可见，本案技术方案相对于对比文件1公开的内容，区别在于权利要求1中还包括小麦。所以，权利要求1相对于对比文件1实际所要解决的技术问题为如何进一步提高人参枸杞枣茶的补气养血功效。

进一步，采取"枣 and 小麦""人参 and 小麦"和"枸杞 and 小麦"分别进行检索，以期得到对比文件1中的某部分能与小麦结合使用的对比文件。

检索到一种参麦茶，包括人参11克，浮小麦（是小麦的下位概念）15克。可见，对比文件2公开了浮小麦与人参共同用于茶饮品中，且共同使用的作用为补气养血。同时，当本领域技术人员希望进一步提高对比文件1中人参枸杞枣茶的补气养血功效时，能够想到将浮小麦添加至其中，以强化其补气养血的功效。

可见，对于存在多个基本检索要素的技术方案，从检索两篇对比文件相结合对其进行评述的角度出发，可以通过其中某个检索要素作为桥梁，建立其他各检索要素之间的联系，进而通过对比文件的组合评判得到技术方案不具备创造性的结论。

【案例5-14】

本案涉及"一种白酒罐，其特征在于：包括合金材质制成的罐体，所述罐体的上端设置有便于进气的进气口，所述进气口的进气通道上设置有只能向所述罐体内腔中补入空气的单向阀，所述进气口设置在所述罐体上表面的中心位置，所述罐体的侧边靠近下端设置有出酒阀，所述罐体的侧边沿周向设置有若干道用于加强所述罐体强度的加强箍，所述罐体的上端面设置有便于提携的提手"。罐体结构如图5-12、图5-13所示。

图5-12 白酒罐体结构侧视图

本案说明书记载，传统的白酒储酒罐采用陶瓷或塑料制成，陶瓷罐较为笨

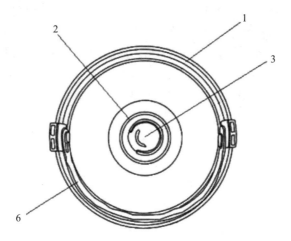

图 5 – 13　白酒罐体结构俯视图

重，且体积大、易碎，搬运不方便，由于陶瓷罐的开口只能设置在上部，其开口较大，需要较大盖体密封，封口工作十分麻烦，且每次打酒时均会有大量酒精气体从开口处溢出，进而严重影响了储酒的质量。本案要解决的是储酒罐开口处容易导致酒气溢出、影响储酒品质的技术问题。本案通过在储酒罐的罐体上侧设置进气口，且进气口的进气通道上设置有只能向罐体内腔中补入空气的单向阀的技术手段来实现防止酒精气溢出、保证储酒品质的技术效果。并且，本案通过在储酒罐罐体的侧边沿周向设置加强箍以及上端面设置提手，达到了加强罐体强度和便于提携的目的。可见，本案解决的技术问题有 3 个。问题 1 为防止酒罐开口处出现酒气溢出、影响储酒品质，问题 2 为加强罐体强度，问题 3 为便于罐体提携。其中，问题 1 是核心问题，其相应的检索要素也是核心要素。

　　按照本书前面章节所描述的方法来确定基本检索要素，检索要素 1 为技术主题"储酒罐"，检索要素 2 为涉及问题 1 这一核心问题的技术手段"具有单向阀的通气孔"，检索要素 3 为"罐体侧边沿周向设置的加强箍"，检索要素 4 为"罐体上端面的提手"。

　　对上述 4 个检索要素实施块检索，未发现相关现有技术。

　　此时，进一步分析可知，3 个技术问题的解决之间不存在关联性。在未获得相关文件的基础上，考虑到上述技术问题之间的解决不具有关联性且其分别通过不同的技术手段解决不同的技术问题，可将上述 3 个问题的相关技术手段进行拆分，将其预期分布在 3 篇文献中，并由此制定检索策略。

　　对于核心问题的相关检索要素加以分析，将"储酒罐"进行分类号表达为 IPC B65D1，其含义为"具有用一块板构成主体的刚性或半刚性容器"；将

"具有单向阀的通气孔"表达为 IPC B65D 51/16，其含义为"带有通空气或气体的装置"，其对应的关键词表达为"通气孔"和"单向阀"，还可提取所述通气孔的位置关键词"盖"作为通气孔的特定类型，从其作用效果角度提取关键词为"酒""挥发"。由此按照块检索策略构建检索式，获得包含检索要素 1 和检索要素 2 的现有技术文献 CN201784888，其公开了一种可防止液体（葡萄酒）变质的容器，其中公开了具有单向导入空气的单向阀这一关键技术手段。按照同样的方法，组合检索要素 1 和检索要素 3 的表达，以及组合检索要素 1 和检索要素 4 的表达，分别获得下述两篇现有技术：CN201235959Y，其公开了一种啤酒桶，轻金属板料制造，包括出酒阀（拉旋式放酒阀 11），同时具有放气孔 14 和通气旋钮 15；CN202265398U，其公开了加强箍、提手等技术特征。经分析，上述 3 篇文献结合可评价本案的创造性。

由该案可知，对于解决多个技术问题的技术方案，可以根据这些问题及其手段之间的相互关联程度，构建部分要素的检索策略，以获得可以结合评判技术方案创造性的文件。需要注意，如果一个技术方案要解决的多个技术问题之间存在密切的关联关系，或者尽管技术问题间不存在关联关系，但技术手段间存在关联关系，则不能按照上述方法简单拆分。

第六章　检索降噪与文献筛选策略

前面章节已经介绍了如何在检索过程中对关键词和分类号进行表达扩展，而在关键词和分类号的扩展过程中，会不可避免地引入一些噪声。因此，如何在检索时兼顾查全率、查准率，制定合理的策略来减少噪声，是检索过程中的重要技巧。在检索得到适合浏览的文献量后，如何从检索结果中快速筛选出目标文献也是检索中的关键步骤。本章针对上述问题，分别对检索降噪策略、专利性检索的文献筛选策略、专利分析检索的文献筛选策略进行介绍。

第一节　检索降噪策略

本节主要从字段限定、算符使用及调整基本检索要素几个方面，总结实现检索结果降噪的策略，并结合具体案例说明如何限缩检索结果，实现高效、准确地获得所需要的文献。

一、基于字段的降噪策略

专利文献中既包含了技术内容，也包含了其他的著录项目信息等内容。专利文献的技术内容体现在专利文献的名称、摘要、权利要求书和说明书中，专利文献的著录项目信息还包括申请人、申请日、国别等信息。目前任何一个专利检索系统，都至少提供了 10 种以上的检索字段，包括名称、摘要、权利要求书、说明书、发明人、申请人、国别等。在检索过程中，结合待检索技术方案的特点，通过灵活选择合理的字段进行限定，能够有效地排除非相关文献，降低检索噪声。

1. 基于专利文献内容的特定字段的降噪策略

根据专利法规定，专利申请应当有说明书及其摘要和权利要求书。根据本书第一章中的介绍，专利文献在撰写上具有分层次公开的特点。可以利用专利文献的这一特点，实现检索中的降噪。

专利文献分层次公开的特点体现在专利文献的摘要、权利要求书和说明书的撰写中。作为专利文献的重要组成部分，它们在表达技术内容方面分别有着各自的特点。摘要中的技术方案一般是从说明书中提炼出来的比较概括的技术方案,是专利全文的概要和浓缩。权利要求从整体上反映发明或者实用新型的技术方案。而其中,独立权利要求是对说明书的内容进行的描述或概括,技术术语较为上位,例如将"手机"概括为"通信设备";从属权利要求对引用的权利要求做进一步的限定,概括程度较低。说明书应当包括发明名称、技术领域、背景技术、发明内容和具体实施例,其中发明名称一般与权利要求的主题名称相适应,是整个发明内容的浓缩。

目前各个检索网站中提供对于专利文献各个部分的字段,例如:摘要/ab、权利要求/clms、说明书/desc、复合索引/bi、标题/ti 等。通过分析摘要、权利要求和说明书中发明名称的不同特点,判定所检索的关键词可能出现的位置,有针对性地选择特定的字段进行检索,可以有效去除检索噪声,提高检索效率。

【案例 6 - 1】

循环流化床(Circulating Fluidized - bed,CFB)锅炉因其具有燃料适应性广、燃烧效率高、负荷调节大、可在床内直接脱硫及易于实现灰渣综合利用等众多优点,在生产用汽、供热、热电联产、电站锅炉中被广泛采用。而对于300MW 及以上等级的大型 CFB 锅炉,其启动床料量较大,为了满足锅炉启动床料量的需求,如果采用人工输送方式,不仅劳动强度大,而且无法满足在锅炉机组运行过程中的补料要求。现有的 CFB 锅炉启动床料输送方式多采用气力输送方式,即采用压缩气体来驱动启动床料在预定的启动床料输送管道中流动直至进入 CFB 锅炉炉膛。这种气力输送系统的构造比较复杂,其建设投资和运行费用都比较高,而且受启动床料的种类和颗粒分布的影响比较大,在实际运行中输送管道磨损严重,启动床料也容易沉积造成输送管道的堵塞,使得气力输送系统的输出力减小,启动床料的添加时间延长,不能满足 CFB 锅炉必须快速、平稳和连续地添加启动床料的应用需求。针对上述技术问题,本案提供一种 CFB 锅炉启动床料机械输送系统,结构简单且实施成本低,完全不需要气力输送即可满足 CFB 锅炉对启动床料快速、平稳和连续添加的需求。

具体技术方案如下:一种 CFB 锅炉启动床料机械输送系统,其特征在于:包括呈梯级式依次降低设置的犁煤器(1)、启动床料仓、启动床料给料机(5)以及第一给煤机(6)和第二给煤机(7),所述的犁煤器(1)设置在启动床料仓进料口上方的带式输送机上,所述的启动床料仓出料口、启动床料给料机(5)、第一给煤机(6)、第二给煤机(7)以及 CFB 锅炉炉膛灰道进料口之间通过管道依次连接相通;还包括称重式给料机(4),所述称重式给料机(4)的进料口、出料口分别与启动床料仓出料口、启动床料给料机(5)

进料口通过管道连接相通；所述的启动床料仓与启动床料给料机（5）之间的落料管与水平面之间的夹角大于或者等于 60°；所述的第一给煤机（6）、第二给煤机（7）分别设置 4 套，且相邻的第一给煤机（6）与第二给煤机（7）之间通过管道连接相通，所述启动床料给料机（5）设置 4 个出料口，分别与第一给煤机（6）进料口通过管道连接相通；所述的启动床料给料机（5）、第一给煤机（6）和第二给煤机（7）均通过独立的电动机（3）驱动，所述电动机（3）由 CFB 锅炉的控制系统集中控制。该输送系统如图 6-1 所示。

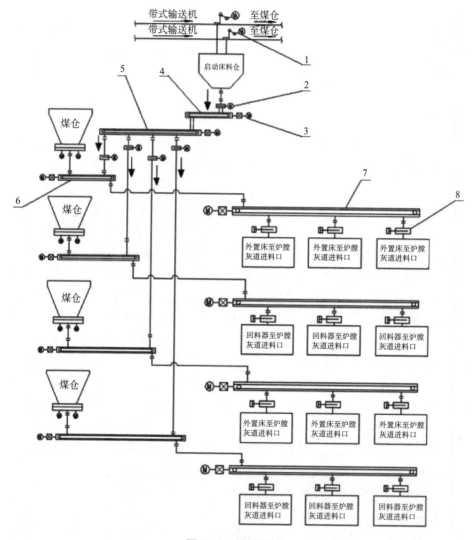

图 6-1　输送系统

具体分析本案的权利要求和说明书的内容可知，本案属于装置系统类型的权利要求。用于表达技术方案中的结构零部件的关键词均属于该领域常见的关键词，缺少特点，在检索时容易引入较多的噪声。本案所述技术领域的分类号F23C 10/22（··专门适用于流化床燃烧设备的燃料送入装置）较为准确，经过检索，在其分类号下文献有 1700 余篇。进一步结合表达解决技术问题的关键词"堵塞、磨损、平稳"，以及技术手段的关键词"床料、给煤"进行检索，检索结果依然很大，不利于浏览。考虑到"床料"是该领域的专有名词，且对于目标文献而言，"床料"在标题中出现的可能性较大，因此将检索结果进一步利用检索式"（床料 or（Fluidized 3d bed））/ti"进行限定。通过将床料及其英文表达限定在标题中，缩小了检索结果，去除了噪声，达到了快速、准确的检索目的。

【案例 6 - 2】

鼠标是计算机的一种输入控制装置，也是计算机显示系统纵横坐标定位的指示器，最初的鼠标只有左右两个键，后来增加了中间的滚轮。在阅读文档时，用户可以滚动这个滚轮来快速上下卷动页面，因其使用方便而深受用户喜爱。对于滚动图形对象（诸如一页文本、图像、视频等）而言，常需要用户垂直滚动控制和水平滚动控制，其越过显示器的垂直和水平的显示宽度延伸，使得图形对象的这些部分可方便地滚动显示。更新的控制装置提供垂直于显示器表面的一个轴的图形对象的滚动控制。这个轴常被称为 Z 轴，且与 Z 轴相关联的滚动常被称为 Z 滚动。Z 滚动常用于扩大或缩减显示器上显示的图像，且有时用于显示图形对象的不同的 Z 轴横截面。本案涉及一种用于经配置以控制显示器上显示的图形对象的控制装置的倾斜滚轮，其提供显示器上显示的图形对象的控制并易于使用和制造。

具体技术方案如下：一种控制装置，其包含：一滚轮，其经配置以旋转和倾斜；一滚轮支撑件，其耦接到所述滚轮，其中所述滚轮经配置以相对于所述滚轮支撑件而旋转；第一转轴，其安置在所述滚轮支撑件的第一端的邻近处；和第二转轴，其安置在所述滚轮支撑件的第二端的邻近处，其中所述第一端和所述第二端是所述滚轮支撑件的实质相对末端，所述第二转轴位于所述第一转轴上方，且所述第一转轴和所述第二转轴经配置以为所述滚轮和所述滚轮支撑件提供倾斜支撑；一棘轮支撑件，其中形成有一孔，其中所述棘轮支撑件的至少一部分位于形成于所述滚轮中的一中心孔中，且其中所述滚轮经配置以相对于所述棘轮支撑件而旋转；一弹簧装置，其位于所述孔中；和一棘球，其耦接到所述弹簧，其中所述弹簧经配置以将所述棘球从所述孔往外推，从而将所述棘球耦接到位于所述中心孔的内表面上的一组突出部分，且其中所述棘球和所述突出部分经配置以当旋转所述滚轮时啮合。该控制装置如图6-2所示。

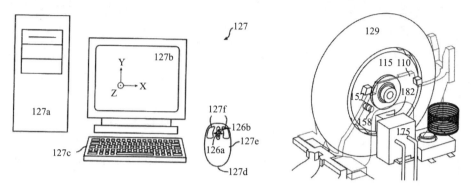

图6-2 控制装置

具体分析本案的权利要求，同时结合说明书中的有关内容可知，本方案的改进在于扩充了鼠标滚轮的功能，使其能够向左右倾斜。因此，其领域为鼠标或输入输出控制领域，达到的效果是能够进行滚轮的倾斜。在检索过程中，使用关键词"鼠标""输入""转动""旋转""倾斜""轴"等，结合分类号G06F 3/033（···由使用者移动或定位的指示装置，例如鼠标、跟踪球、笔或操纵杆；其附加配件），并将分类号进一步扩展到其上位点组和大组（G06F 3/03，G06F 3/01，G06F 3/00）等在国家知识产权局提供的专利检索网站专利检索与分析页面（http：//www.pss-system.gov.cn）进行检索，获得400余篇检索结果，检索结果数量较多不利于查看。考虑到关键词上下位扩展的范围不大，且上述检索过程能够很好地体现发明点，而"鼠标"作为该装置的具体应用形式，很有可能出现在权利要求中。根据上述分析，使用"鼠标 or mouse"在权利要求中进行限定进一步缩小检索结果，去除了噪声，达到了快速、准确的检索目的。

一般来说，按内容公开的细节程度，各字段的排序为：标题＜摘要＜权利要求＜说明书，因此在检索过程中限定不同的字段，选取关键词的策略也有所不同。对于和技术领域相关的关键词，可以考虑在标题字段、摘要字段、权利要求字段中进行检索，避免在说明书中检索而带来的干扰；和技术效果相关的关键词一般不在权利要求和标题中出现，此时优先选择摘要和说明书字段进行检索；和技术细节相关的关键词一般出现在摘要、权利要求和说明书中，根据上下位概念，对于上位概念优先在摘要和权利要求书中进行检索，对于下位概念，其可能出现在权利要求和说明书中，应首先在权利要求中检索再扩展到说明书中检索。而过于细节的关键词一般只会出现在说明书中。

2. 基于时间字段的降噪策略

如第一章第二节中介绍，不同类型的检索具有不同的检索目的。在以明确研发方向为目的的检索中，其所研发产品通常会具有一定的技术背景。例如，在智能交通行业，当需要研发辅助驾驶技术及其相关产品时，需要明确该行业未来技术的发展方向。而新技术的发展通常是在原有技术的基础上发展而来的，因此，可以通过限定某种技术产生的时间对检索结果进行降噪。

在不同网站中，时间字段的表达略有区别。在 IncoPat 网站中，"PD"字段表示公开（告）日，"AD"字段表示申请日；在 Patentics 网站中，"DI"字段表示公开日，具体的"DI/"表示之前，"DI/＋"表示之后，"APD"字段表示申请日。

【案例 6 - 3】

在现代生活中，诸如个人计算机、膝上型计算机、平板计算机、蜂窝电话等具有因特网功能的装置的计算装置越来越流行。随着技术的发展，这些装置向用户提供信息的方式也变得更智能、更有效、更直观和更友好。计算硬件、外围装置以及传感器、检测器与图像和音频处理器等其他技术的微型化趋势已经向"可佩戴计算"的领域发展。具有近眼显示器的可佩戴计算装置也可以被称为"头部可安装显示器""头部安装显示器""头部安装装置"或"头部可安装装置"等。头部可安装显示器将一个或多个图形显示器放置为接近佩戴者的一只或两只眼睛。为了在显示器上生成图像，可以使用计算机处理系统。这样的显示器可以占用佩戴者的整个视场，或仅占用佩戴者的视场的一部分。而且，头部安装显示器可以在大小上不同，例如采取诸如眼镜型显示器的较小的形式或者诸如头盔的较大形式。然而，这样的装置具有许多限制，包括对于佩戴者的适配性和舒适性以及受限的功能上。本案提供了一种可佩戴装置组装件，其装置组装件可佩戴在用户的头部上，其中所述模块位于所述头部的第一侧上，并且所述显示器与用户的眼睛相邻，所述侧壁位于所述头部的第二侧上，并且所述鼻梁接触所述用户的鼻子，能够使得佩戴较为舒适。

具体技术方案如下：一种可佩戴装置组装件，包括：装置模块，所述装置模块包括：组件外壳，所述组件外壳具有显示器，所述显示器被配置为向用户呈现信息；远离所述组件外壳的辅助外壳单元；以及在所述外壳单元和所述辅助外壳单元之间延伸的连接构件，所述连接构件在其表面上包括第一附接结构；以及头部保持结构，所述头部保持结构包括：中心支撑，所述中心支撑具有从其延伸的鼻梁；第一侧臂，所述第一侧臂在中心框架支撑的第一侧上从所述中心框架支撑延伸；以及附接臂，所述附接臂在所述中心支撑的第二侧上从所述中心支撑延伸，所述附接臂包括被配置为与所述第一附接结构配对的第二附接结构；其中，所述装置模块和所述头部保持结构被配置为通过将所述第一附接特征与所述第二附接特征可拆卸地附接来一起用于可释放的组装件，并且其中，当被组装在一起时，所述装置组装件可佩戴在用户的头部上，其中所述模块位于所述头部的第一侧上，并且所述显示器与用户的眼睛相邻，所述侧壁位于所述头部的第二侧上，并且所述鼻梁接触所述用户的鼻子；其中，当所述装置模块和所述保持结构被组装在一起时，所述附接臂沿着连接构件的至少一部分延伸；所述第二附接结构包括钩子，所述钩子具有相对于所述附接臂向内延伸的部分和在与所述附接臂基本平行的方向上延伸的第二部分；以及所述第一附接特征包括狭槽，所述狭槽具有对于所述连接构件的表面开放并且被配置为在其中容纳所述钩子的第一部分以及与所述第一部分连通并且相对于所述连接构件的表面闭合的第二部分，所述第二部分被配置为将所述钩子的所述第二部分保持在所述狭槽内。该可佩戴装置组装件结构如图6-3所示。

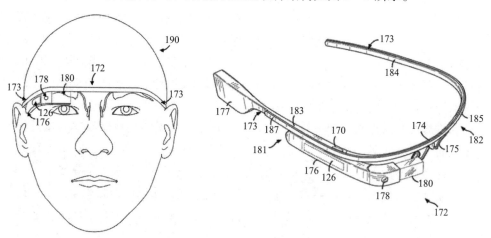

图6-3　可佩戴装置组装件结构

具体分析该技术方案的内容可知，该技术方案通过辅助的中心支撑和附接臂实现可佩戴部件的头部保持，并且装置模块和所述头部保持结构被配置为通过将所述第一附接特征与所述第二附接特征可拆卸地附接来一起用于可释放的组装件实现小型化、舒适佩戴。在检索时，利用分类号G02B 27/01（·加盖显示器），结合关键词穿戴、拆卸、舒适、wearable、HMD、minimized等进行检索，在IncoPat网站（http：//www. incopat. com/advancedSearch/init）中进行检索，发现检索结果非常多。进一步分析本专利的技术方案，权利要求中技术方案所描述的结构较为复杂，且部件都是常规元件，在检索时容易引入很大的噪声。

考虑到本案涉及可穿戴电子设备领域，特别是增强现实的头戴现实设备，经过对该领域知识的进一步了解，头戴显示设备（Head Mounted Display）是一种头戴式可视设备，又称眼镜式显示器、随身影院，其可以戴在头上，从而在 AR/VR 等技术中以视频为主的方式输出信息，为用户提供区别于传统 PC 端的感知和交互体验。

该项技术起源于 1968 年哈佛大学的萨瑟兰发明的名为"达摩克利斯之剑"的头戴式显示设备。20 世纪 80 年代，AR/VR 技术的理论已初步成形。在 2008 年以后，随着计算机技术和处理器技术以及精密加工技术的快速发展，头戴式显示装置技术也进入一个快速发展的阶段，专利申请量开始迅速增长。根据上述信息，考虑到出现相关文献的可能性大小，在检索时利用时间算符，将检索结果进一步限定为 PD = 20080101 to 20181129，进一步缩小了文献量，达到快速、准确的检索目的。

由上述案例可以看出，对于结构复杂，元件又较为常规、没有特色的装置进行检索时，往往会引入较多的噪声文件。为了滤除噪声，可以具体分析技术的发展路线，根据相关技术出现、特别是快速发展的时间，利用时间算符进行限定，能够缩小文献量，同时避免漏检。

在专利性检索中，需要查找与申请的主题密切相关的现有技术文件。其中，现有技术是指申请日以前在国内外为公众所知的技术，只有公开日早于待检索的专利申请文件的申请日或优先权日的文献才能作为对比文件。因此，可以对检索结果的公开日进行限定。可以通过时间算符的使用，对时间进行限定来进一步缩小检索结果，滤除检索噪声。

【案例 6 - 4】

现有的很多网站都可能存在一些漏洞，例如，跨站请求伪造（Cross - Site Request Forgery，CSRF）是一种对网站的恶意利用，它使黑客可以冒充合法用户的身份，使合法用户在不知情的情况下触发如金融支付、发表微博等危险操作，并可直接导致蠕虫病毒，危害巨大。传统的漏洞检测方法仅支持简单的对页面所提交的表单信息进行抓取，然后由用户人工地进行修改该数据来确定是否存在漏洞，效率低下。为了解决上述问题，本案提供了一种漏洞检测装置，通过携带 Cookie 和不带 Cookie 两种不同的方式访问待检测页面，得到两个表单，即第一表单和第二表单，进一步判断第一表单和第二表单是否相同，如果不相同，则再根据第二表单检测待检测页面是否存在漏洞。由于第二表单是以携带 Cookie 的方式访问待检测页面得到的表单，该第二表单中的内容能够用于检测页面是否存在漏洞，且在访问待检测页面时自动按照两种不同方式进行访问，因此能够自动检测出待检测页面是否存在漏洞，相对于传统技术，能够提高检测效率。

具体技术方案如下：一种漏洞检测装置，其特征在于，所述装置包括：第一页面访问模块，用于以不带 Cookie 的方式访问待检测页面，获取第一表单；第二页面访问模块，用于以携带 Cookie 的方式访问所述待检测页面，获取第二表单；表单判断模块，用于判断所述第一表单与第二表单是否相同；漏洞检测模块，用于如果所述第一表单与第二表单不相同，则根据所述第二表单检测所述待检测页面是否存在漏洞；在所述判断第二表单中是否存在预设的敏感性字符串的步骤之前，还包括：判断所述第二表单中是否存在预设的非敏感性字符串，如果不存在，则进入所述判断第二表单中是否存在预设的敏感性字符串的步骤；如果存在，则判定所述待检测页面不存在漏洞；在所述判断第二表单中是否存在预设的非敏感性字符串的步骤之前，还包括：判断所述第二表单中是否存在校验字样，如果不存在，则进入所述判断第二表单中是否存在预设的非敏感性字符串的步骤；如果存在，则判定所述待检测页面不存在漏洞。

具体分析本案的权利要求，同时结合说明书中的有关内容可知，该技术方案通过是否携带 Cookie 的方式检测漏洞，因此使用"Cookie"和"漏洞"作为检索词进行检索。利用国家知识产权局提供的专利检索网站专利检索与分析页面（http：//www. pss - system. gov. cn），在全文中进行检索，构建检索式"漏洞 S COOKIE"，结果为 130 余篇文献。为了尽快查找到可以对该专利进行专利性评价的现有技术，考虑到本专利的申请日为 2013 年 10 月 16 日，因此，为了获取在该案申请日之前的现有技术，可以采用公开（公告日）＜20131016 对检索结果进行限定，为了避免遗漏抵触申请文献，可以采用申请日 ＜20131016 对检索结果进行进一步的限定，最终结果为 50 余篇文献。在筛选中获得了能够评价本案新颖性的抵触申请文件。

由上述案例可以看出，由于专利性检索是具有明确的时间界限的，只有公开日早于待检索的专利申请文件的申请日或优先权日的文献才能作为对比文件，因此可以对检索结果的公开日进行限定。此外，为了避免对抵触申请文件和防止重复授权文件的遗漏，可以对检索结果的申请日或优先权日进行限定，通过对时间的限定，来进一步减少噪声。

3. 基于申请人信息字段的降噪策略

专利申请人涉及各个行业，不同行业的创新都具有本行业的一些特征。在不同的国家或地区，也存在一些行业的集中和优势，某些申请人对于某些行业也具有一定的技术领先或者技术聚集优势。在检索中，适当对申请人或者专利申请的国家或地区进行限定，能够有效地降低检索噪声的干扰。例如，对于头戴显示设备技术领域的申请而言，该项技术在日本、美国涉及的申请人较多，相关行业活跃度较高，技术发展较为领先，其次为韩国、德国等。因此，为了快速定位检索结果，可以对检索结果的国别信息具体限定在日本、美国。如果未筛选到合适的文献，再进一步限定在韩国、德国。又如，对于光学镜头领域的申请而言，从全球来看，镜头产业主要集中在德国和日本，德国的莱卡（Leica）和卡尔蔡司（Carl Zeiss）等公司为光学元件的制造巨头，而日本也存在佳能（Canon）、尼康（Nikon）、富士（Fuji）、奥林巴斯（Olympus）等著名的镜头制造企业。另外，在我国也涌现了如舜宇光学、联合光电等优秀的光学企业。因此，在对该领域案件进行检索时，可以将检索结果进一步限定在上述申请人中以提高检索效率。

专利申请包括了申请人的相关信息，例如申请人是中国单位或个人的，包括其名称或者姓名、地址、邮政编码、组织机构代码或者居民身份证号码，申请人是外国人、外国企业或者外国其他组织的，包括其姓名或者名称、国籍或者注册的国家或者地区。许多检索网站都提供了相关字段，可以实现对于国别或者申请人的限定，例如：国家知识产权局提供的专利检索网站专利检索与分析页面（http：//www.pss-system.gov.cn），在高级检索中提供了"申请（专利权）人"字段，在范围筛选功能中提供了主要国家和地区的筛选功能。在 Patentics 网站提供了"ND"字段用于识别专利号开头的国家代码，"AN"字段用于申请人的限定。在 Incopat 网站提供了"ap"字段用于限定申请人，"ap-country"字段用于限定申请人国别。

【案例 6-5】

本案涉及医学成像领域，尤其涉及一种全方位三维立体视觉的单目内窥镜系统。二维成像的技术内窥镜技术所成图像缺乏三维空间信息，无法获得深度、尺寸等三维场景信息，使得医生在手术时需凭经验进行判断和操作。然而在临床医学上，很多胃肠道等疾病的病灶处具有独特的表面形貌，三维图像比二维图像更利于发现病灶处，并进行诊断。现有的三维内窥镜大多成像视场小，无法实现全景成像并且对于传统的双目视觉三维内窥镜和结构光三维内窥镜，都存在尺寸瓶颈问题。对于双目视觉，为了形成视差图像，要求两个摄像头间满足一定的距离间隔，这大大限制了双目视觉三维内窥镜的直径尺寸的压缩；对于结构光三维内窥镜，则要求结构光投射器和摄像头间也必须满足一定的距离间隔，这限制了内窥镜直径尺寸的进一步压缩。因此，现有的三维内窥镜的直径尺寸遇到了瓶颈，难以进一步压缩内窥镜探头的直径尺寸。针对上述问题，本案提供了一种单目内窥镜系统。

具体技术方案如下：一种单目内窥镜系统，其特征在于，包括：透明护罩（7），由透明材料制备，呈圆筒状结构；图像传感器芯片（1），固定于所述透明护罩（7）的后端，其所在平面与所述透明护罩（7）的中心轴线垂直；鱼眼透镜（2），固定于所述透明护罩（7）内，所述图像传感器芯片（1）的正前方；以及二次曲面反射镜（3），固定于所述透明护罩（7）内，所述鱼眼透镜（2）的正前方，其凸部朝向所述鱼眼透镜（2）；其中，单目内窥镜系统外围的环向视场内的场景信息透过所述透明护罩（7），并由所述二次曲面反射镜（3）反射至所述鱼眼透镜（2），所述图像传感器芯片（1）采集鱼眼透镜（2）上的图像，从而实现环向视场内场景信息的收集；所述二次曲面反射镜（3）为空心结构，其顶部具有通光孔；所述单目内窥镜还包括：前视透镜组（4），固定于所述透明护罩（7）内，所述二次曲面反射镜（3）的正前方，正对所述二次曲面反射镜（3）顶部的通光孔设置；其中，所述前视透镜组（4）、二次曲面反射镜（3）、鱼眼透镜（2）以及图像传感器芯片（1）的光轴共轴，所述单目内窥镜前方视场内的场景信息经由所述前视透镜组（4）和所述二次曲面反射镜（3）顶部的通光孔，透射至鱼眼透镜（2），所述图像传感器芯片（1）采集鱼眼透镜（2）上的图像，实现前方视场内场景信息的收集。其系统结构如图 6-4 所示。

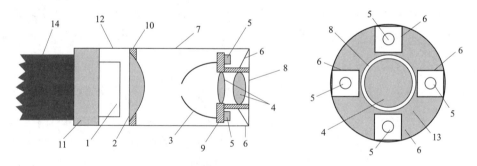

图 6-4　案例 6-5 单目内窥镜系统结构

具体分析本案的权利要求和说明书的内容可知，该技术方案通过鱼眼透镜和二次曲面反射镜实现视差图像的采集，从而实现全方位三维立体视觉，解决了传统双目视觉内窥镜径向特定间距布放微型摄像头而导致三维内窥镜直径尺寸无法进一步压缩的问题。根据对现有技术的了解和本案说明书记载内容的介绍，目前的内窥镜仅对前方视场内的场景信息进行成像，因此，本案的发明构思体现在借助二次曲面反射镜进行环向视场成像。因此，二次曲面反射镜是检索的关键点。曲面反射镜进一步可以扩展为：凹面镜、凸面镜等。其他关键词选取为：三维、3D、立体、鱼眼、全、环、视场等。该技术方案技术领域涉及的分类号为 A61B 1/00（用目视或照相检查人体的腔或管的仪器，如内窥镜）及其所有下位小组。因此，在采用关键词和分类号联合检索后，检索结果较多。进一步分析该案涉及的技术领域，在内窥镜领域日本企业占据优势地位，创新主体也多集中在日本，涉及的专利数量也较多，因此，检索结果中进一步将国别限定为日本以缩限结果，去除检索噪声。

【案例 6 - 6】

本案涉及厨房烹饪用具领域，具体涉及一种烹饪器具的内胆及其制作方法。现有烹饪器具如压力煲或饭煲的内胆外表面上的图案或/和文字，一般采用移印、丝网印刷、激光雕刻等工艺实现。但是通过移印、丝网印刷这种工艺做出的图案存在附着力差、容易磨损、不耐高温的缺点，而且在长期使用后容易脱落并且不耐清洗。激光雕刻存在图案或/和文字的效果差，无立体效果等问题。本案为解决现有技术中存在的上述问题，提供一种烹饪器具的内胆及其制作方法，该内胆表面的图案以及文字的附着力较好，耐磨性强，具有明显的立体感。

具体技术方案如下：一种烹饪器具的内胆，其特征在于，所述内胆外表面包括熔射区域，所述熔射区域设有经过喷砂粗化处理形成的粗糙面，所述粗糙面上设有通过熔射附着的图案或/和文字；所述图案或/和文字凸出内胆外表面的高度为 0.4～1.5mm，所述内胆为金属内胆或非金属内胆；所述内胆外表面为弧面结构，所述用于制作内胆上图案或/和文字的膜片为与所述内胆外表面配合的弧面结构。内胆结构如图 6 - 5 所示。

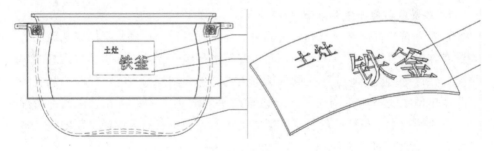

图 6 - 5　案例 6 - 6 烹饪器具内胆结构

具体分析上述技术方案可知，上述技术方案详细限定了内胆的结构及制作方法，本案给出的分类号为 A47J 27/00（烹调器具）、B41M 1/26（在不同于普通纸张的其他表面上的印刷）、B41M 5/24（烧蚀标记法，例如烙标记；用电火花作标记）。但是从技术贡献上来看，方案并不在于烹调器皿或是印刷、复制、标记或拷贝工艺领域，因此结合本申请的分类号进行检索，难以得到有效对比文件。在这种情况下，单独采用关键词进行检索又必然会造成检索结果较多、噪声较大的情况。因此，具体分析本案的申请人：某阳股份有限公司。根据对于该厨房烹饪用具领域的了解，该公司与美的、苏泊尔等都是该领域重要的产品生产厂家，且生产的产品类型相近。因此，检索时，在检索结果中对以上几个本领域重要申请人进行限定，缩小了检索范围，迅速得到了有效对比文件，提高了检索效率。

由上述案例可以看出，在对案件的专利性检索中，通过分析行业特点，有针对性地选取申请人或者技术发展较为活跃的国别对检索结果进行限定，对于某些案件，能够有效地去除检索噪声，收到良好的检索效果。但同时也应注意到，虽然这种方法在缩限检索结果、去除检索噪声的效果上非常明显，但因为限定了特定的国别甚至申请人，其存在漏检的概率也是很大的。因此在利用申请人信息字段进行降噪后，如果未获得目标文献也不应终止检索，而应该继续采用其他检索策略进行检索。

二、基于算符的降噪策略

现有的检索网站中提供多种算符，例如位置算符、逻辑算符等。位置算符是用来表示检索词之间位置关系的算符，有的用来限定检索词出现在同一区域中，有的用来限定检索词之间的"距离"以及前后顺序等。逻辑算符是用来表示检索要素之间逻辑关系的运算符。下面通过对位置算符、逻辑算符的介绍，说明如何通过上述算符的使用实现减少检索噪声、达到提高检索效率的目的。

1. 基于位置算符的降噪策略

位置算符包括同在算符和邻近算符。在检索过程中，经常会出现选取的关键词存在多种含义、关键词之间用布尔算符进行组合无法准确表达检索意图等情况。在这些情况下，由于关联的面过大，必然会增加检索噪声，即检索到许多与本申请主题不相关的文献，令检索结果的准确性大打折扣。在这种情况下，本领域技术人员结合对技术方案的理解，采用位置对关键词进行限定，常常能够取得较好的效果。

同在算符具体包括，将不同检索词限定在同一段中的同段算符（在检索网站中，多用"P"表示）；将不同检索词限定在同一句中的同句算符（在检索网站中，多用"S"表示）。由于段落的范围比较大，因此在关键词检索时，使用同在算符"P"产生的结果会很多。相对"P"而言，同句算符"S"的限定就更为精确了。当明确检索要素之间的关系是直接关联的、必然存在的时候，优先使用"S"算符。

邻近算符具体包括：限定检索词顺序的邻近算符（在网站中多用"nw"表示）；不限定检索词顺序的邻近算符（在网站中多用"nD"或者"adj/n"等表示）。邻近算符在计算位置时，空白字符（如空格，换行等）不算入位置计算；同时在算符的整个字符串中不能包含空格。当两个（或多个）检索要素的关联性比较强的时候，通过对邻近算符间隔字符数"n"的合理选取，能够有效地排除检索噪声。检索要素的关联性一般体现在动宾关系、修饰关系和组合词关系中。动宾关系的含义就是检索要素之间的关系是动词与其宾语的关系，由于动词与其宾语之间的关系往往比较紧密，因此比较适合采用邻近算符来进行表达。在动宾关系中，虽然动词与其宾语关系比较紧密，但关联词在记载时有可能距离较远，因此对于间隔字符数可以选取较大的数值以避免在去除噪声过程中的漏检，例如"10d"。修饰关系的两个检索要素中，被修饰的检索要素一般是名词，而起修饰作用的检索要素可以有多种类型，如形容词、数量词、副词、名词等。在修饰关系中，关联词在记载中出现的位置相比动宾关系，距离更为接近，因此，对于间隔字符数"n"通常选用小于或等于 5 的数值，例如"5d"。在组合词关系中，组合词的表达方式虽然不唯一，但相比动宾关系、修饰关系，其位置关系更为确定，距离间隔也更近，因此，对于间隔字符数"n"通常选用小于或等于 3 的数值，例如"3d"，并且对于某些词也可以尝试使用限定词序的"w"算符进行检索。

【案例 6 - 7】

APS（自动保护倒换）是 SDH（同步数字系列）网络的一个重要特性。APS 是指使用一条保护通路为一条或多条工作通路提供保护，当工作通路上出现故障后，原来在工作通路上传输的业务可以自动倒换到保护通路上来，从而保障用户数据不被丢失，提高网络的可靠性。APS 的保护结构可以分为 1 + 1 和 1：n，1 + 1 是指为每条工作通路都配备一条保护通路，而 1：n 是指为 n 条工作通路配备一条保护通路。APS 可以在一个设备内实现对工作通路的保护，也可以跨设备实现对工作通路的保护。以跨设备的 APS 为例，在基站侧与 BSC（基站控制器）/RNC（无线网络控制器）网关之间部署保护结构为 1：1 的 APS，基站通过 CSG（基站侧网关）分别与主用 RSG（无线网络控制器侧网关）和备用 RSG 连接，然后主用 RSG 通过工作通路连接到 BSC/RNC，备用 RSG 通过保护通路连接到 BSC/RNC。当主用 RSG 和 BSC/RNC 之间的工作通路出现故障时，备用 RSG 和 BSC/RNC 之间通过 K1 字节和 K2 字节进行协商，将备用 RSG 升为主用并通知 CSG，并将备用 RSG 与 CSG 之间的 PW（伪线）激活；并且，备用 RSG 通过框间链路通知主用 RSG，主用 RSG 在接到通知消息后降为备用并通知 CSG，并将与 CSG 之间的 PW 去激活，从而将原本在工作通路传输的业务数据倒换到保护通路上，保障用户数据不被丢失。在上述场景中，如果主用 RSG 和备用 RSG 之间的框间链路出现故障，会导致业务中断，降低用户体验。本案提供了一种跨设备的线性复用段保护方法，能够解决主用 RSG 和备用 RSG 之间的链路发生故障导致的业务中断问题，提高用户体验。

具体技术方案如下：一种跨设备的线性复用段保护方法，其特征在于，包括：基站控制器 BSC/无线网络控制器 RNC 接收第一无线网络控制器侧网关 RSG 发送的第一协商消息，所述第一协商消息是当所述第一 RSG 检测到与第二 RSG 之间的链路发生故障时发送的；所述 BSC/RNC 向所述第一 RSG 和所述第二 RSG 发送第二协商消息，以使得所述第二 RSG 根据所述第二协商消息降为备用状态，其中，所述第二协商消息用于指示将工作链路上的业务数据桥接到保护链路上进行传输，所述工作链路为所述第二 RSG 与所述 BSC/RNC 之间的链路，所述保护链路为所述第一 RSG 与所述 BSC/RNC 之间的链路；所述 BSC/RNC 接收所述第一 RSG 发送的第三协商消息，所述第三协商消息用于指示业务数据桥接完成；所述第三协商消息包括 K1 字节桥接请求信息和 K2 字节桥接状态指示信息，所述 K1 字节桥接请求信息用于表示工作链路发生故障，所述 K2 字节桥接状态指示信息用于表示当前的业务数据已从工作链路被桥接。

具体分析本案的技术方案，该技术方案设计跨设备的线性复用段的保护，特别涉及主备链路出现故障时如何保证业务正常运行。本案技术方案利用备用链路检测到主备链路之间的链路故障，向控制器发送第一协商信息，该第一协商信息用于指示框间链路发生故障并向控制器请求业务桥接；控制器向主用和备用链路发送第二协商信息，该第二协商信息消息指示工作链路上的业务数据桥接到了保护链路上；主用链路接收到第二协商信息后，降为备用。即给出了一种机制，在备用链路发现框间链路故障的情况下，负责向控制器汇报故障，由控制器来控制二者状态的切换和业务数据从工作链路到备用链路的桥接。了解技术方案后进行检索。提取和表达关键词，同时选择分类号。针对主、备、链路、故障、桥接，进行扩展。例如，"链路"扩展成通道、通路、线路、伪线，"桥接"扩展成切换、倒换、激活、去、激活等。而 IPC 和 CPC 中均没有发现特别贴切的分类号。由于本案发明点较细，发明点难以提取，因此在检索时未进行检索字段的限定。构建检索式：（主 s 备）and（故障 s（切换 or 倒换 or 桥接））and（链路 or 通道 or 通路）and（复用 or 倒换），检索后得到的结果数量很大。进一步分析本案的技术方案，由于其目的在于解决主、备链路中的故障，因此主、备链路二者在描述中应与解决问题采用的手段"切换、倒换、桥接"等同段甚至同句出现，而主链路与备链路在描述中间隔距离有限，因此利用"（主 10d 备）P 切换 or 倒换 or 桥接"对检索结果进行进一步的限定，达到了降低检索噪声的效果。

【案例 6 - 8】

近年来，由于排放二氧化碳造成全球持续变暖，关于汽车废气的法规和二氧化碳排放的法规都已经制定。随着法规的制定，对汽车例如卡车和客车节油的需求也越来越强烈，具有更小滚动阻力的轮胎（低耗油的轮胎）也成为汽车技术发展的趋势。提高胎面在轮胎部件中占有的重量作为一种降低轮胎滚动阻力的方法，具有一定的效果。同时，可以通过对胎面的改进降低轮胎的滚动阻力。然而，由于胎面是对轮胎耐磨性和抓地抗滑性能影响最大的轮胎部件，在现有技术上，已经难以进一步通过降低滚动阻力来提高耐磨性和抓地抗滑性能。因此，现在发展的技术是通过改善除胎面以外的其他轮胎部件以降低轮胎的滚动阻力。现有的能够降低滚动阻力的轮胎部件有缓冲层胶垫或胎侧壁衬垫。当橡胶组合物被用于胎侧壁衬垫时，轮胎的负载使轮胎发生变形，因而在胎体帘布层之间产生的剪切变形被作用于轮胎的负载造成的轮胎变形所松弛，从而无法充分获得足够耐受施加于轮胎的负载的断裂特性。为解决上述问题，本案提供了一种可以降低滚动阻力的子午线轮胎，其具有的缓冲层胶垫或胎侧壁衬垫所包含的橡胶组合物中，损耗角正切值 $\tan\delta$ 下降，并且复合弹性模数 E 与断裂特性能够以很好的平衡方式得到改进。

具体技术方案如下：一种子午线轮胎，其具有的胎侧壁衬垫所包含的橡胶组合物含有：作为基准的 100 重量份橡胶组分，30 ~ 40 重量份的碘吸附量为 40 ~ 74mg/g 并且邻苯二甲酸二丁酯吸油量为 110 ~ 150ml/100g 的炭黑，以及 10 ~ 30 重量份的 BET 比表面积为 115 ~ 200m²/g 的二氧化硅，并且所述橡胶组合物在测试温度为 70℃、初始应变为 10%、动态应变为 ± 2%，以及频率为 10Hz 的条件下，测得复合弹性模数 E 至少为 4MPa，并且损耗角正切值 $\tan\delta$ 小于 0.06，所述子午线轮胎安装在重负载汽车上。

具体分析本案的技术方案，该技术方案属于材料组分类型的技术方案，表达轮胎技术领域的分类号为 B60C［车用轮胎（制造、修理入 B29）；轮胎充气；轮胎的更换；一般充气弹性体与气门的连接；与轮胎有关的装置或布置。附注：在本小类内，下列所用术语其意是指："轮胎"是指局部接地且位于轮辋周边外面的连续部件，并包括外胎，胎罩或外壳及其内装零件，例如内胎。在有关气门连接的组内，"轮胎"一词也包括除轮胎或内胎以外的充气弹性体］。

根据上述分类号的说明可知，该分类号主要表达的是关于车用轮胎结构上的特点，而本案的技术贡献并不体现在其轮胎的结构上，因此，如果结合本案的分类号进行检索，难以得到有效的对比文件。进一步结合本领域的检索经验，可知本领域中碘、炭黑与二氧化硅等，均为材料领域常规的物质材料，不仅应用于轮胎领域，还广泛应用于油墨、色素等领域。因此，如果采用炭黑以及二氧化硅等进行检索，噪声将较大。为了排除检索结果中简单选取材料成分的文献（例如，所述添加成分为：炭黑……），将检索结果进一步限缩到对于材料组分的改进的文献中，可以在检索时通过在结果中限定"～"的方式进行检索。进一步分析权利要求，该"～"与橡胶组合物的具体成分联系紧密，因此，可以联合同在算符"d"进行检索，选取合适的数值范围，构建检索式"（～ or —）8d 碘"进行检索。

针对上述案例可以看出，在使用材料组分进行检索时，检索中存在仅有材料组分物质而没有数值配比的情况，这为检索带来了很大的噪声。例如，检索某合金材料组分为铜、铁、铝等，在检索获得的结果中存在相当部分为"某材料选择铜、铁或铝等"的类似形式。对于材料组分的检索具有其自身的特点，通常在技术方案中会出现表示单位或者配比的标识符，例如:%、～、/等符号，并且上述符号通常与所对应的材料组分距离相近，因此可以通过在检索结果中对相关标识符与组分位置的限定的方式，排除明显的非相关文献，减少检索噪声，提高检索效率。

邻近算符中对于"n"的取值没有数量的限定；w 及 d 在检索中可对关键词出现的顺序性进行限定，这一功能为专利文献在全文内容中的检索创造了更多的约束方式。通过合理选择检索关键词，综合使用同在算符和邻近算符，并选择合适的间隔数值，构建要素之间的位置关系以及邻近关系，可以很好地划定检索的范围，去除检索噪声。

2. 基于频率算符的降噪策略

频率算符是用于表示和限定检索词出现的频率的运算符。在对少数的、个例的下位概念进行检索时，虽然检索目标的锁定较明确，但容易漏检。如果对相应的上位概念进行检索，又存在概括的范围比较宽泛、产生噪声大的问题。对于技术方案中存在的很多对于检索帮助不大的特征词，在某些情况下，这类词还具有相对较高的出现频率，如在组合物领域，可能出现各种各样的添加剂，其中"剂"字的出现频率高，但单独对"剂"进行检索，噪声会很大，起不到好的检索效果。如果在检索中对这类词的频率进行限定，一定程度上却能起到降低检索噪声的效果。通过利用频率算符，限定重点关键词在全文中出现的次数可以达到缩小检索结果范围的目的。例如，在 LexisNexis 数据库中可以使用 ATLEAST 算符限定关键词在文中出现的次数，具体用法为 ATLEASTn（contact），表示检索词 contact 在文中至少出现 n 次。该命令通常用来限定检索关键词在文中被深入记载而非简单提到的情况。在 Patentics 网站可以通过在检索结果中使用"关键词/frec"用来对检索结果依据关键词出现的次数进行排序筛选。

【案例 6 – 9】

随着无线通信的高速发展，无线通信逐渐成为人们日常工作和生活中必不可少的工具，各种业务应运而生，而对于无线网络的服务质量（Quality of Service，QoS）保证的需求也日趋强烈。Wimax 系统是一个基于 IEEE802.16 协议的宽带无线接入系统，IEEE802.16 协议是一个支持高速无线接入的空中接口协议。按现有的 IEEE802.16 协议，以 VoIP 业务为例，建立应用类业务的流程。当实时业务连接建立起来后，虽然可以保证上层以往数据的实时性，但是在上层业务建立期间 BS 和 MS 之间由于需要多次 MAC 层连接的建立交互，所以上层业务的建立时延比较长。而 VoIP 的呼叫时延是衡量 VoIP QoS 的一个重要参数。对于视频电话和 VOD 等需要信令交互的实时业务应用也存在同样的问题。本案为了解决上述问题，提供了一种建立上层业务连接的方法。

具体技术方案如下：一种建立上层业务连接的方法，其特征在于，包括：在终端接入网络之后，建立基站与终端之间的应用业务信令业务 ASMS 连接，所述 ASMS 连接用于传输终端与业务服务器之间建立上层业务连接时的信令数据；终端向基站发送要求建立上行上层业务连接的请求信息并通过所述 ASMS 连接发送所述信令数据，基站将该信令数据转发给所述业务服务器并根据所述请求信息与终端进行上行连接协商；所述基站将该信令数据转发给所述业务服务器之前进一步包括：第二终端接入网络然后建立第二基站与第二终端之间的 ASMS 连接；所述基站将该信令数据转发给所述业务服务器之后进一步包括：业务服务器将基站发来的信令数据转发给第二基站，第二基站向第二终端发送要求建立下行上层业务连接的第二请求信息并通过 ASMS 连接将业务服务器发来的信令数据发送给第二终端，第二终端根据第二请求信息与第二基站进行下行连接协商；所述建立基站与终端之间的应用业务信令业务 ASMS 连接之前或之后进一步包括：选择一个或多个业务作为 ASMS 连接的授权业务；所述通过所述 ASMS 连接发送所述信令数据之前进一步包括：确认终端当前请求的上层业务属于所述 ASMS 连接的授权业务。

具体分析本案的技术方案可知，本案属于方法类的权利要求，具体涉及无线通信领域。该权利要求中可选取和扩展的关键词如：连接、信令、建立、时延等均属于常规的检索词，也是其他领域中会使用到的关键词。因此，使用上述关键词及其扩展检索会引入很多噪声。该案件给出的主分类号为 H04W 28/18（··协商无线通信参数），其上位点组 H04W 28/00（网络业务量或资源管理）或大类 H04W（无线通信网络）均属于应该扩展的分类号。在进行关键词与分类号的联合检索后，结果包含大量的检索噪声，不适宜浏览。进一步分析本案可知，在该方法中需要不同业务信令之间的连接，因此，关键词"连接"在技术方案中频繁出现，关键词"发送"和"信令"也是如此。针对上述特点，在检索结果中进一步将"连接""发送""信令"的出现频率限定为大于 5 次。在 LexisNexis 数据库中利用检索式 ATLEAST5（connect）and ATLEAST5（sent）and ATLEAST5（order），对结果进行限定，从浏览结果发现，限定后得到的文献与本申请的相关度较高，初步达到了降低检索噪声的效果。

在一般情况下，能够作为对比文件的文献，相关的主要技术特征的关键词不会仅仅提及一次，其出现的频率较之不相关的噪声文献要高。基于这种考虑，对主要特征的关键词出现频率进行合理的限定，或能在检索中达到有效限缩的作用。在使用频率算符的过程中，词频参数的选择是关键。选择较大的词频参数可以减少噪声，但同时也会带来漏检的风险。因此，选择使用的词频参数要根据具体的案情进行分析，所使用数值不宜过大，通常以 3~8 为宜。如果在检索时能合理地利用好频率算符，可以起到降低检索噪声、提高检索效率的目的。

3. 基于与非算符的降噪策略

"与非"算符表示逻辑"非"，在检索中使用"与非"算符可以在结果中排除含有某些技术手段的文献。在检索过程中，可以通过仔细分析专利文献，得到需要排除的技术手段。利用"与非"算符，与用于表达这些技术手段的关键词限定在权利要求字段联合使用，可以在检索中排除在权利要求字段出现上述关键词的专利文献，去除这些专利文献带来的检索噪声，以到达节省筛选时间、高效获取文献的目的。

在检索过程中存在着某些专利文献的技术方案，它们虽然属于目标文献的技术领域，但在技术原理上相违背，或者检索出的文献在某些技术手段上是明显的替代的。对于这一类的技术方案，其检索所需的目标专利在权利要求技术方案的撰写中也必然排除了上述技术原理相违背的，或者手段是被替换的相关技术特征的表达。与非算符在专利检索与分析网站（http：//www. pss-system. gov. cn）、SooPat 网站和 Incopat 网站上均表达为"not"；Patentics 网站上表达为"andnot"。

【案例 6 – 10】

在半导体制造领域涉及接触孔插塞以及第一层金属的制备，现有的接触孔插塞和第一层金属的材质分别为钨和铝（或铜），其制作时是分开进行的。接触孔插塞和第一层金属的制作方法具体为：在已制备有栅极、源极和漏极的衬底上淀积一金属前介质层且对其进行化学机械抛光；光刻并刻蚀出接触孔；在接触孔上淀积扩散阻挡层；通过化学气相沉积金属钨并在接触孔内形成钨插塞；通过化学机械抛光使钨插塞与金属前介质层等高；在金属前介质层淀积第一层金属间介质层；然后，光刻并刻蚀出第一层金属沟槽；在第一层金属沟槽上淀积扩散阻挡层；淀积金属（例如铝）并通过干法刻蚀或化学机械抛光去除多余的金属而形成第一层金属。但是，上述接触孔插塞和第一层金属分别使用电阻率较高的钨和铝制成，致使半导体器件的互连电阻无法满足半导体器件特征尺寸不断减小的需求；另外，在通过物理气相沉积淀积钨形成钨插塞时，易形成空洞，如此更增大了插塞的电阻且会导致半导体器件的不良；再者，接触孔插塞和第一层金属分开制作，致使整个步骤繁多，降低了半导体器件的生产效率。本案目的在于提供一种接触孔插塞和第一层金属的制作方法，通过所述方法可降低半导体器件的互连电阻，并可减少工艺步骤。

具体技术方案如下：一种接触孔插塞和第一层金属的制作方法，其特征在于，该方法包括以下步骤：（1）在已制备有晶体管的晶圆上通过化学气相沉积的方法淀积金属前介质层和第一层金属间介质层；（2）光刻并刻蚀出接触孔；（3）向接触孔中填充有机物并使该有机物平坦化；（4）光刻并刻蚀出第一层金属沟槽，通过调节刻蚀选择比控制刻蚀深度；（5）通过原子层淀积方法淀积扩散阻挡层和金属的籽晶层；（6）通过电化学镀的方法来淀积金属；（7）通过化学机械抛光来形成接触孔插塞和第一层金属；其中，该接触孔插塞和第一层金属选用的材料均为铜。

具体分析本案的技术方案后，利用国家知识产权局提供的专利检索网站专利检索与分析页面（http：//www.pss – system.gov.cn），在权利要求中进行常规检索，选取分类号 H01L21/768 or H01L23/522 or H01L23/52 or H01L21/44，并选择关键词"凹槽、接触孔、填充、插塞、通孔、沟槽"进行检索。采用分类号表达技术领域，结合关键词进行检索，得到的检索结果很多。具体分析本案说明书中背景技术的有关内容可知，本技术方案的目的之一在于解决当在气相沉积淀积钨形成钨插塞时，易形成空洞的问题，且接触孔插塞和第一层金属分开制作，致使整个步骤繁多，降低了半导体器件的生产效率。因此能够确定，在专利性检索出的对比文件的权利要求中，其所制作的插塞一定不含有金属钨，且其接触孔插塞和第一层金属仅存在金属铜。因此，采用"与非"算符，在得到的检索结果的权利要求中进行"与非"运算 NOT（"W" or 钨），滤除噪声，考虑到铝也是该领域通常采用的材料，而本专利已经明确仅使用金属铜制备，因此可以进一步在结果中进行"与非"运算 NOT（AL or 铝）。通过排除掉目标文献权利要求中必然不会出现的特征，达到滤除检索噪声的目的。

【案例 6 – 11】

高画质的小型摄影镜头已是当前各种行动装置的标准配备。随着半导体制成的进步，使得电子感光组件上的画素面积越来越小，进而使得摄像镜头需要有更精细的解析力，以便能呈现更细致的画质。普通搭载于行动装置，如手机、平板计算机，及可穿戴式的其他电子装置等的五片式的小型镜头，或许能有较佳的画质，然而在大光圈时，往往易伴随有制造组装的感度问题，使量产不易，增加量产的成本。又或者为降低组装公差，不得已牺牲周边的成像质量，使周边的成像模糊或变形。为了解决上述问题，本案提供了一种具有高解析能力并具备低制造组装公差的高画质镜头。

具体技术方案如下：一种光学成像镜头，包含有一光圈和一光学组，其特征在于：所述光学组由物侧至像侧依序包含有：一第一透镜，具有正屈折力，并且为塑料材质，其物侧表面近光轴处为凸面，其像侧表面近光轴处为凹面，其物侧表面及像侧表面皆为非球面；一第二透镜，具有负屈折力，并且为塑料材质，其物侧表面近光轴处为凸面，其像侧表面近光轴处为凹面，其物侧表面及像侧表面皆为非球面；一第三透镜，具有正屈折力，并且为塑料材质，其物侧表面近光轴处为凸面，其像侧表面近光轴处为凹面，其物侧表面及像侧表面皆为非球面；一第四透镜，具有正屈折力，并且为塑料材质，其物侧表面近光轴处为凹面，其像侧表面近光轴处为凸面，其物侧表面及像侧表面皆为非球面；一第五透镜，具有负屈折力，并且为塑料材质，其物侧表面近光轴处为凹面，其像侧表面近光轴处为凹面，其物侧表面及像侧表面皆为非球面，并且物侧表面与像侧表面皆设置有至少一个反曲点；该光圈设在该第一透镜的像侧表面与一被摄物之间；该光圈到第五透镜的像侧表面于光轴上的距离为 SD，该第一透镜的物侧表面到该第五透镜的像侧表面于光轴上的距离为 TD，并满足下列条件：$0.89 < SD/TD < 1.05$，借此，适当配置光圈位置，可使进入电子感光组件的主光线符合电子感光组件，减少色偏移现象，并使像面周边有较佳的相对照度，减少暗角产生。该光学成像镜头如图 6 – 6 所示。

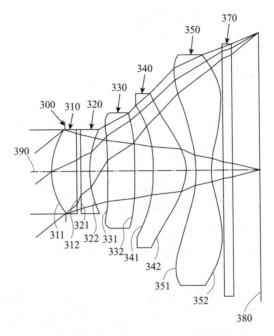

图 6 - 6　案例 6 - 11 光学成像镜头

　　具体分析本案的权利要求和说明书的内容可知，其技术方案为一种五片式的光学成像镜头，且上述技术方案的技术特征多为对不同透镜的屈折力正负、凹凸面情况，以及不同透镜组合的排列顺序进行限定。对于此类技术方案，在检索时，关键词通常选用：正、负、屈折力等。为了排除三片式和四片式的透镜，选择"第五"作为关键词。而在专利检索与分析网站（http：//www. pss‐system. gov. cn）进行检索时发现，检索结果数量依然很多，不易于浏览。进一步了解手机镜头领域的原理知识，现在手机的镜头组通常为 4 片、5 片或 6 片。因此，在现有检索结果中，必然包括了六片式镜头的检索噪声。为了在检索结果中排除六片式镜头，利用"与非"算符，构建检索式"NOT（第六 or sixth）"对检索结果进行限定，有效地去除了与目标文献无关的检索噪声。

　　针对上述案件可以看出，适时使用"与非"算符，可以在结果中排除掉那些具有明显矛盾或明显替换特征的专利文献，可以有效缩小检索范围，获得较为精准的检索结果，提高检索效率。但要特别注意的是，使用"与非"算符特别容易引起漏检，因此在检索实践中要慎用。

　　此小节介绍的位置算符、逻辑算符在不同的专利检索系统中的表达方式不同，算符的特点也不尽相同，某些检索系统还开发有其独特含义的算符。这些算符都可以通过系统的说明获得相关信息，方便使用者根据算符的特点和需要，有选择地进行使用，通过算符的使用和组合达到限缩检索结果、去除检索噪声的目的。

三、基于要素调整的降噪策略

本书在第五章检索要素组合策略中介绍了要素组合的一般策略、全要素检索策略和部分要素检索策略。从要素组合角度看，增加非基本检索要素和调整基本检索要素是去除检索噪声的有效方法。

1. 增加非基本检索要素

在专利侵权检索、专利查新检索、专利导航检索中均存在"查全"和"查准"的需求。在"查准"的目的下，会优选全要素组合检索，以希望尽快检索到相似度尽可能高的现有技术。在检索中通常选用较准确的关键词和分类号，但如果在上述检索方式中未得到合适的现有技术，则需要进一步丰富要素表达方式，或者采用部分要素组合的策略以达到"查全"的目的。在部分要素组合检索策略中，通过运用基于核心要素的检索策略查找相对于现有技术做出贡献的最关键技术往往是检索中的重点。在对基本检索要素进行表达检索后，由于表达方式的扩展会在检索结果中引入一些检索噪声，在这种情况下，可以在检索过程中适当增加一些非基本检索要素，通过非基本检索要素与基本检索要素组合检索可以去除检索噪声，达到检索准确、高效的目的。

【案例 6 - 12】

空调器的温度使用范围较广，制冷系统会在高压、低压条件下运行，为了保证压缩机可以在制冷系统高低压下正常运行，压缩机厂家一般会对压缩机的排气压力限定一些条件。一般来说，低转速时，排气压力不能太高，主要是考虑压缩机曲轴的可靠性，低频下高负荷，压缩机曲轴疲劳强度大，长时间会影响曲轴的可靠性。高转速时，为倾斜向下的直线，主要是考虑电机的可靠性，高频高负荷，电机运行电流很大，容易造成退磁或绕组过热受损。现有技术中采用的通常方式为，通过空调器的冷凝温度对压缩机排气压力进行限制，限制方法是采用最高值限制法，即在变频空调压缩机运行的转速范围内，限制冷凝温度（饱和状态）不超过 $T_a℃$，对应的排气压力为 P_a。然而以上方式未能在其所有转速范围内起到保护压缩机运行可靠性的作用。为了解决上述问题，本案提供一种运用冷凝温度限制压缩机转速，进而限制制冷系统的排气压力的方法。

具体技术方案如下：一种防止空调压缩机过负荷运行的控制方法，其特征在于：根据压缩机运行时转速 N 所在范围最小转速 N_{min} ~ 最大转速 N_{max}，由压

缩机转速 N_1 和压缩机转速 N_2 划分为 3 个区间，$N_{min} < N_1 < N_2 < N_{max}$，每个区间分别设定 3 个空调器冷凝温度控制值：下降温度 T_{c0}，禁升温度 T_{c1}，解除温度 T_{c2}，3 个空调器冷凝温度控制值的范围有以下 3 种情况：

（1）当 $N_{min} \leqslant N < N_1$ 时，下降温度 T_{c0} 的范围为 57～59℃，禁升温度 T_{c1} 的范围为 51～55℃，解除温度 T_{c2} 的范围为 45～51℃；

（2）当 $N_1 \leqslant N < N_2$ 时，下降温度 T_{c0} 的范围为 61～63℃，禁升温度 T_{c1} 的范围为 55～59℃，解除温度 T_{c2} 的范围为 49～55℃；

（3）当 $N_2 \leqslant N < N_{max}$ 时，下降温度 T_{c0} 的范围为 57～59℃，禁升温度 T_{c1} 的范围为 51～55℃，解除温度 T_{c2} 的范围为 45～51℃。

根据空调压缩机的转速 N 确定空调压缩机运行所属区间，然后比较 Tc 和空调冷凝温度控制值，进而通过驱动执行单元选择是否对压缩机的输出频率进行限制，分为以下 3 种情况：

（1b）当冷凝温度 T_c 满足 $T_{c0} \leqslant T_c$，压缩机转速 N 以固定的速率降低，并间隔固定时间后进行下一次运行；

2b）当冷凝温度 T_c 满足 $T_{c1} \leqslant T_c < T_{c0}$，压缩机转速 N 维持不变，并间隔固定时间后进行下一次运行；

（3b）当冷凝温度 T_c 满足 $T_c < T_{c2}$，则退出此程序。

首先使用 IPC、CPC 分类号和关键词构建检索块进行全要素检索，得到文献量结果较多。由于该领域没有更准确细分的 IPC 和 CPC 分类号，并且"分区控制"这一技术贡献点难以用关键词进行表达，因此调整检索策略。进一步分析上述技术方案可知，通过制冷剂冷凝温度分区控制压缩机是与压缩机转速有关的。因此，选取"转速""rev + or rotat +"作为关键词，在上述检索结果中进一步限定，得到适合浏览的检索结果数量，并最终在其中筛选出目标文献。由该案例可以看出，在检索时依据非基本检索要素与关键技术手段的对应关系，适时选取一些非基本检索要素参与检索，能够一定程度上减少检索噪声。应注意的是，非基本检索要素在选取和使用时需要非常严谨，避免过度降噪导致的漏检。

2. 调整检索要素的表达

检索要素通常都是使用分类号或关键词来表达的，如果检索结果较多，检索噪声较大，可以通过使用更加准确的分类号或关键词、删除不太准确或相关的分类号或关键词等手段进行检索降噪。

【案例 6 – 13】

现有的冷藏装置，例如冰箱，为了方便地储存物品并充分利用冰箱内的储存空间，冰箱门体的内侧一般设置有上部开口的槽形瓶座。为了便于取放盛装饮料、调理等冷藏物品，瓶子的槽形瓶座一般设置得都比较浅，这样在开关门体时，由于槽形瓶座较浅，对瓶子的阻挡有限，导致瓶子出现较大幅度的晃动，存在跌落及相邻瓶子相互碰撞损坏的问题。为了解决上述问题，本案提供了一种冷藏装置用瓶座，提高了瓶子的稳定度。

技术方案具体如下：一种冷藏装置用瓶座，包括槽形本体，其特征在于，所述槽形本体的底部至少包括用于将所述瓶座内容置的瓶子重心沿所述瓶座纵深处倾斜的倾斜部；所述倾斜部呈 V 字形；所述槽形本体的底部向上延伸有一前壁、一后壁和两侧壁，所述前壁正对所述后壁的一侧沿上下方向滑动连接有前护板；所述槽形本体内靠近所述前壁位置处设置有定位板，所述定位板与所述前壁之间形成滑槽，所述前护板滑动插装于所述滑槽内；所述定位板上自上而下设置有多个限位孔，所述前护板上设置有能与所述限位孔配合的限位突起；所述前护板上设置有 U 形槽，所述 U 形槽围绕形成弹性壁，所述限位突起设置于所述弹性壁的悬伸端。该瓶座如图 6 - 7 所示。

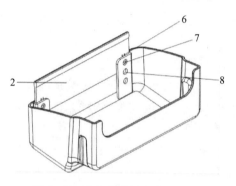

图 6 - 7　冷藏装置用瓶座立体图

具体分析该技术方案可知，该技术方案通过在底部设有与瓶子接触部，能够使容置的瓶子中心倾斜，依靠在门体上，从而提高瓶子的稳定度，防止瓶子跌落。在进行基本检索要素的组合检索过程中，首先选取 IPC 分类号 F25D（冷柜；冷藏室；冰箱；其他小类不包含的冷却或冷冻装置）下的大组 F25D 25/00（冷藏物品的装入、支撑或取出）及其下位小组 F25D 25/02（使用盘架）。然后针对倾斜、槽等扩展关键词进行检索。由于该分类号下文献量众多，并且关键词属于结构领域的常规关键词，检索噪声较多，难以浏览。在检索中发现，CPC 分类号 F25D2500/02（处理的问题为几何问题）与本技术方案的技术领域相同，且其分类号的具体含义更为贴近本技术方案的构思，对该领域更为细分。因此，将 IPC 分类号替换为上述 CPC 分类号，在检索后有效地去除了大量检索噪声，提高了检索效率。

在本书第四章分类号的表达策略也介绍了使用分类号的一般方法，总之，准确地选取分类号、灵活地使用分类号是去除检索噪声的重要手段。

【案例 6 – 14】

随着电子商务的快速发展，快递业务量上升迅速，快递人员相对短缺的矛盾十分突出。传统拣货是拣选人员根据拣货单逐一进行拣货，工人劳动强度大，容易造成拣错或漏拣现象。自动分拣是提高物流配送效率的一种关键手段。自动分拣系统由控制装置、分类装置、输送装置及分拣道口组成。其中分类技术及其装置是关键技术。目前，应用于自动分拣系统的分类装置有近百种。自动分拣机按照其分拣机构的结构分为不同的类型，常见的类型有挡板式、滑块式、浮出式、斜式、交叉带式、悬挂式、滚柱式、摆臂式、落袋式分拣机等，但上述分拣机都存在各自的缺点。

本案提供了一种立交式分拣设备。具体技术方案如下：一种立交式分拣设备，用于对物件进行分拣，其特征在于，包括：分拣物流主线（1）、桥连接（2）、光电检测装置（3）、立交控制器（4）、缓冲器（5）、接受输送机（6）、移动空间（7）和控制电脑（8）；其中，所述分拣物流主线（1）上设有一缺口，在缺口处设置一可移动的且具有传动机构的桥连接（2），桥连接（2）下方设有一与分拣物流主线（1）正交的接收输送机（6）和移动空间（7）；移动空间（7）位于接收输送机（6）末端；光电检测装置（3）和立交控制器（4）均与控制电脑（8）相连，立交控制器（4）与桥连接（2）相连，光电检测装置（3）置于分拣物流主线（1）中未到达缺口处位置的两侧；此外，还包括一缓冲器（5），当桥连接（3）缺位时，置于缺口处；所述桥连接（2）的长度为物件最大长度的 1.1 ~ 5 倍；立交控制器（4）根据接收的分拣信号，控制桥连接（2）做出相应的反应；如果分拣信号为拣出，则桥连接（2）缺位；所述桥连接（2）缺位方式为侧向平移、上升、侧翻转或弧线摆动；桥连接（2）的驱动方式为气缸驱动、磁力、直线电机、螺杆推动、磁悬浮或弹簧驱动。分拣设备如图 6 - 8 所示。

具体分析上述技术方案可知，为了解决自动分拣系统结构复杂、只适用于包装规则商品的问题，采用桥连接和与分拣物流主线正交的接收输送机对物件进行分拣，避免对运动状态的干预。这种分拣设备既能够最大限度地减少对物件的挤压或者冲击，又可忽视物件形状、大小和质地的差异，并且设备结构比较简单。再进一步分析本案说明书的内容："本技术方案分拣设备结构简单，造价低廉，符合中国国情；采用无作用的顺势而为方式进行物件分拣，避免对

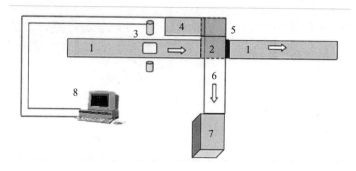

图 6 - 8   立交式分拣设备

其运动状态的干预，既能最大限度地减少对物件的挤压或者冲击，又可忽视物件形状、大小和质地的差异；因此，本发明分拣设备特别适合快递包裹分拣，克服了现行的自动分拣系统或者需要限制分拣对象或者结构复杂而造价很高的缺陷。"由此可知，本技术方案属于快递包裹分拣领域，并能够适应不同大小包裹的分拣，因此，"快递包裹类的包装规则商品""分拣设备""与分拣物流主线正交的接收输送方式"为本案的基本检索要素。根据本技术方案的技术领域选取 B07C 5/00（按照物品或材料的特性或特点分选，例如用检测或测量这些特性或特点的装置进行控制；用手动装置，例如开关，来分选）及其下位组 B07C 5/34（根据其他特殊性质来分选）用来表达包裹分拣，在结合关键词进行检索后，文献量依旧很大，无法进行筛选。具体分析检索过程，根据上述分类号的说明可知，上述分类号并未准确体现该技术方案中"快递包裹分拣"的含义，分类号下包括的文献中噪声很多。因此，在具体分析之后，使用关键词构建检索式：（分拣 or 筛分 or 筛选 or 挑选）S（快递 or 邮件 or 包裹 or 快件）表达本技术方案的技术领域，替换分类号作为检索要素，再结合表达"与分拣物流主线正交的接收输送方式"的关键词"正交""立交""垂直"相"与"，在调整检索过程，有效限缩检索结果的同时，去除了检索噪声。

由上述案例可知，当所属领域的分类号不能够准确表达技术方案的构思，或者表达得不全面时，往往会带来较大的检索噪声，在这种情况下可以使用关键词表达具体的检索领域，替换不准确、不全面的分类号，以达到检索准确、高效的目的。

在本书第五章也提到了检索要关注"检准"和"检全"，要把握"检准"和"检全"策略的适时应用，并根据案情进行及时调整。"检准"策略通常运用于检索初期，其目的在于迅速检索到准确的目标文献。由于检索要素较多，检索结果通常较少，有利于去除检索噪声，提高检索效率。但这种方法往往得到的检索结果不够全面。当"检准"无法命中目标文献时，一般会运用部分检索要素进行检索，扩大检索范围，达到"检全"的目的。如果全要素检索时，检索结果依旧不易于浏览，可以采用增加非基本检索要素的方式。如果在部分要素组合检索过程中，检索结果依旧不易于浏览，可以采用调整基本检索要素的方式。同时需要注意的是，在检索过程中不能仅仅为了限缩结果而增加检索要素，而是要根据技术方案的具体情况来决定。当某些基本检索要素表达方式并不明确，或者不太确定某些特征是否与基本检索要素的关联性的情况下，则不要随意增加，否则会大大增加漏检的可能。

第二节　文献筛选策略

专利性检索和专利侵权检索的主要目的是获取能够影响发明新颖性/创造性的对比文件。在实际检索过程中，不论是从关键词的角度还是分类号的角度去构造检索式，即使在选取的关键词和分类号准确的情况下，其结果中也经常会出现一些技术方案与检索对象的技术方案不相符合的情况。如何在检索结果中筛选出合适的对比文件也是专利检索过程中不可或缺的步骤。文献筛选的结果不仅直接影响检索的最终结果，也直接制约着检索效率。

《专利法》第二十二条第二款规定：新颖性，是指该发明或实用新型不属于现有技术；也没有任何单位或者个人就同样的发明或者实用新型在申请日以前向国务院专利行政部门提出过申请，并记载在申请日以后公布的专利申请文件或者公告的专利文件中。依据新颖性"单独对比"的原则，能够影响检索对象新颖性的只能是单篇文献，且与检索对象的技术方案实质相同，用于或者能够用于相同的技术领域，解决相同的技术问题并达到相同的技术效果。可见，新颖性主要涉及是否属于现有技术或抵触申请的判断，筛选对比文件的核心是技术方案实质上相同，操作上相对容易，标准也易于一致。《专利法》第二十二条第三款规定：创造性，是指与现有技术相比，该发明有突出的实质性特点和显著的进步，该实用新型具有实质性特点和进步。与新颖性"单独对比"的原则不同，判断创造性时，可以将一篇或者多篇现有技术中不同的技术内容组合在一起来进行评价。创造性的评判过程中要进行突出的实质性特点的判断，涉及确定最接近的现有技术，确定发明实际解决的技术问题，以及判断现有技术整体上是否存在启示使得本领域技术人员有动机对现有技术进行改进等多个环节，过程较为复杂且无法给出统一的标准，这就为如何筛选最有效的对比文件留下更多探讨的空间。

专利性检索和专利侵权检索中，筛选对比文件一般包括初筛和精筛两个步骤。所谓初筛，是在检索得到的文献中快速筛选出与检索对象技术方案相关度很高的疑似对比文件的过程。作为初步筛选，一般是快速浏览阅读的过程，通过浏览专利文献的摘要或附图，较快筛除技术内容不相关或相关度不高的文献；对于相关度较高的文献，通过与检索对象的技术领域、所要解决的技术问题、技术方案和达到的技术效果相比较，筛选出疑似对比文件。具体来说，初筛确定的疑似对比文件可以是：与检索对象技术领域相同、公开技术特征较多的现有技术；与检索对象技术领域相同，所要解决的技术问题、实现的技术效果相同或接近的现有技术；或者虽然与检索对象的技术领域不同，但同样能够实现发明的功能的现有技术等。精筛则是在上述疑似对比文件中通过精读全文，确认文献是否能够用于评判待检索技术方案新颖性/创造性的过程。文献筛选的过程，实际上是将对比文件公开的内容与权利要求进行对比的过程，需要以新颖性和创造性为依据进行文献的筛选。

由于专利情报分析检索一般不需要进行专利性判断，文献筛选相对容易，因此下面从发明构思、核心要素和还原发明 3 个角度重点介绍可用于专利性检索和专利侵权检索的文献筛选策略。

一、基于发明构思的文献筛选策略

本书第二章第一节提到，发明构思是基于申请文件本身所记载的背景技术、发明内容等所确认的技术改进思路，技术问题、技术手段和技术效果构成发明构思的核心三要素，基于发明构思确定检索要素应围绕对上述核心要素的剖析展开。可见，发明构思是检索时重点关注的内容。当使用基于发明构思的检索要素确定和一般要素组合策略检索时，通常会使用基于发明构思的文献筛选策略。

在进行文献筛选时，应当充分理解发明构思，把握发明实质，厘清发明构思与技术问题、技术手段和技术效果之间的关系，将发明作为一个整体来看待，筛选出的对比文件也应当整体公开本案的发明构思。发明构思的公开，意味着现有技术在整体上给出了足够的技术启示，因此可以使用单篇评判创造性。同时，也应当关注技术领域相同且公开了较多技术特征的文献，以备在不能得到公开了本案完整发明构思的对比文件的情况下，得到本案的基础构思文献，用于与其他文献结合评判创造性。

【案例 6 – 15】

本案涉及一种在石油开采过程中用于酸化储油地层的高温砂岩油藏缓速酸。现有技术中，酸化是改造油藏、增产增注的有力措施之一。现有的酸化液有 3 类：一类以有机磷酸、磷酸盐、氯化磷为主，添加其他无机、有机酸及酸液添加剂；一类是以硝酸为主，配合其他添加剂；还有一类是乳化酸。尽管砂岩油藏酸化液种类繁多，在用于常规砂岩油藏、敏感砂岩油藏的解堵酸化和基质酸化时效果显著，但是，此类酸液在用于高温油井时存在明显不足，主要表现为：酸液与近井地带岩石反应速度太快，酸液浓度降低时间短，无法满足深部酸化的需要，影响酸化效果；并且由于高温，导致酸液对油管腐蚀严重，大量溶蚀的铁离子进入地层，对地层造成潜在伤害，容易造成环境污染。基于此，本案期望解决的技术问题为：减少对油井管柱的腐蚀，减轻对地层的伤害，减缓反应速率，增强地层深部的基质酸化效果。

本案涉及的高温砂岩油藏缓速酸，其特征在于：它由以下重量份的原料制成：盐酸 5～15、乳酸酯类化合物 10～25、氟化氢铵 2～8、缓蚀剂 2～5、水 40～80。

通过对相关现有技术的了解可知，目前现有技术中的酸化液具体组成主要包括酸（有机酸/无机酸/强酸/弱酸）、氟化铵盐、缓蚀剂、稳定剂和水。而本案采用的技术方案主要为在已有的酸化液基础上，向其中添加乳酸酯类化合物，从而形成由盐酸、乳酸酯类化合物、氟化氢铵、高温缓蚀剂和水构成的缓速酸。采用所述缓速酸，能够满足高温地层深部基质酸化的需要，并克服使用甲酸、乙酸等容易生成钙/镁盐沉淀、堵塞地层的缺陷。

基于上述分析，可以总结出本发明的关键技术手段在于利用乳酸酯类化合物在高温下能够水解释放乳酸，且乳酸的钙/镁盐在热水中溶解度较高不会形成堵塞的特点，解决了现有技术中高温地层酸化时容易存在的上述缺陷。具体而言，其发明构思为：通过向现有技术中已有的酸化液中添加乳酸酯类化合物，已有酸化液配方主要实现常规酸化的功能，乳酸酯类化合物利用其高温下水解缓慢形成乳酸的特点，实现缓速效果，且利用形成的乳酸钙/镁盐在热水中不会沉淀的性质，避免了在地层中形成常见的钙镁盐沉淀堵塞地层的问题。另外，酸化液中的其他组分属于为形成完整缓速酸技术方案的辅助手段。

本案使用基于发明构思的检索要素确定以及要素组合策略进行检索，因此在检索结果中首先希望得到单篇现有技术公开本案的发明构思，即通过在缓速酸中加入乳酸酯类化合物缓解钙/镁盐沉淀堵塞地层的问题，进而能够使用一篇对比文件评判本案的创造性；同时，也应当关注技术领域相同且公开了较多技术特征的文献，以备在不能得到公开了本案完整发明构思的对比文件的情况下，得到本案的基础构思文献，用于与其他文献结合评判创造性。

在得到的检索结果中进行初步筛选。首先，通过快速浏览专利文献的摘要，较快地筛除了技术内容不相关或相关度不高的文献，比如技术主题明显不同，虽然含有发明中的部分组分，但并不是应用于本领域的组合物；对于相关度较高的文献，确认其是否为石油开采过程中用于酸化储油地层的缓速酸，公开的组分特征的数量、公开的组分在相关文献中的作用是否与在本案中的作用相同，解决了什么技术问题或是否解决了在地层中形成钙/镁盐沉淀堵塞地层的问题。通过上述对比确认的过程，得到几篇疑似对比文件，包括：用于酸化储油地层的缓速酸且公开的技术特征较多的文献；用于酸化储油地层的缓速酸、公开的特征较少，但公开了关键组分乳酸酯类化合物的文献；以及用于酸化储油地层的缓速酸，但并未使用乳酸酯类化合物但同样解决了钙/镁盐沉淀堵塞地层的问题等几篇文献。

之后，结合说明书全文来逐篇理解对比文件的发明构思，通过与本案的发明构思进行比较，判断二者的发明构思是否相同或相近。

其中，疑似对比文件 1 公开了一种高泥质砂岩储层用防垢型多氢缓速酸，它由如下重量份配比的原料制成：盐酸 3~5、氨基三亚甲基膦酸 3~5、氟化氢铵 3.5~6、缓蚀剂 1~2.2、铁离子稳定剂 0.5~1、黏土稳定剂 0.2~1、破乳剂 0.3~1、互溶剂 0.2~1、水 78~87。可见，对比文件 1 与本案技术领域相同，均为石油开采工艺过程中用到的酸液，且公开了本案的大部分技术特征，仅没有公开乳酸酯类化合物，还包括其他助剂。

通过对其发明内容的理解发现，其发明目的是实现高泥质砂岩储层的深部酸化，减缓氢氟酸（HF）与黏土的反应速度，同时抑制高矿化度水中成垢盐类结垢堵塞地层问题。其关键技术手段在于通过氨基三亚甲基膦酸含有的 5 个氢离子，发生 5 级电离，逐渐释放出氢离子与氟化氢铵反应缓慢生成氢氟酸，达到降低氢氟酸与黏土的反应速度，同时黏土中含有的钙、铁、铝等离子与氨基三亚甲基膦酸具有络合作用，靠物理和化学作用吸附在黏土表面，形成铝硅磷酸盐隔层，控制氢氟酸与黏土的反应速度，实现高泥质储层的深部酸化作用。可见，对比文件 1 虽然公开了大部分的技术特征，但其发明构思与本案不同，解决的技术问题和采用的关键技术手段均不同，不能解决本案提出的技术问题。因此，对比文件 1 不能用于单篇评价本案的创造性，但可存留，以备用于与其他公开了改进构思的对比文件结合使用。

疑似对比文件 2 公开了一种碳酸盐岩深度酸化的液体配方，包括 10%~50% 有机酯、1%~50% 盐酸、0~45% 卤化铵、0~50% 甲醛、0.1%~5% 表面活性剂。所述有机酯是甲酸甲酯、乳酸甲酯、乳酸乙酯、乳酸丙酯、乳酸丁酯等；所述卤化铵为氟化铵、氯化铵或溴化铵。可见，对比文件 2 也与本案技术领域相同，其中含有 10%~50% 有机酯、1%~50% 盐酸，公开的特征较少，但公开了有机酯可以是乳酸甲酯、乳酸乙酯、乳酸丙酯、乳酸丁酯等乳酸酯。

通过阅读对比文件2的说明书了解到，该所述有机酯可在底层温度下水解产生酸［H^+］；可通过调节释放［H^+］=2.2～4mol/L，在60～150℃温度条件下水解产生H^+，以控制酸液释放速度在0.5～6h，解决高温碳酸盐岩储层的反应的速率，实现深度酸化。其采用的关键技术手段为在酸化液中添加可在高温下水解形成酸的物质，即有机酯（可以为乳酸酯）。可见，对比文件2与本案的发明构思相同，均为通过在酸化液中添加乳酸酯等可在高温下水解产生酸的物质，延缓酸化液在高温地层中的反应速率，实现缓速酸化的效果。而在酸化液中使用氟化氢铵和高温缓蚀剂（如曼尼希碱）等属于酸化液配制工艺的惯用手段，因此，对比文件2可以作为评判本案创造性的对比文件。

基于类似的过程，对其他疑似对比文件逐篇进行筛选确认，未得到更合适的对比文件。最终本案筛选出对比文件2作为最合适的对比文件，用于单篇评判本案的创造性。

【案例6-16】

甲壳素及其衍生物具有非常好的生物相容性、生物可降解性、低毒性和多种生物活性，具有极大的研究和应用价值。一般条件下，甲壳素本身由于氢键作用结晶度高，很难在水和低浓度的酸碱溶液中溶解，也不易溶于常用的有机溶剂，从而限制了它的研究开发和应用，因此通常需要对甲壳素进行改性处理。

本案涉及一种均相制备低脱乙酰度羟丙基改性甲壳素的方法，包括如下步骤：

（1）溶解：制备质量比为可溶性碱：尿素：纯水=（6～20）：（3～12）：（69～91）的混合液，将脱乙酰度低于25%的甲壳素溶于所述混合液中，冷冻、解冻，制成均相甲壳素水溶液；

（2）羟丙基化：加入羟丙基化试剂反应，得到脱乙酰度低于30%的羟丙基改性甲壳素。

通过了解现有技术可知，甲壳素的C2位是乙酰氨基，其在强碱条件下容易部分脱去乙酰基成为氨基；C6位是伯羟基，其通常与各种改性试剂进行改性反应如羟基化、羧基化等。而现有技术中多是在强碱体系下进行，导致甲壳素的脱乙酰度较高。基于此，本案提出了一种工艺简单的均相制备低脱乙酰度羟丙基改性甲壳素的方法，其发明构思在于反应介质使用较低碱浓度和不用有机溶剂，从而降低羟丙基甲壳素的脱乙酰度，关键技术手段则在于，采用可溶性碱、尿素和纯水的混合液溶解甲壳素，从而使得甲壳素基本上未降解，甲壳素的乙酰度降低小，产品取代度分布均一易控，产率高。继而判定，本案的发明核心是具体采用的是甲壳素的溶剂，而非对甲壳素进行何种改性（如羟丙基、羟乙基或是羧基改性等）。

本案使用基于发明构思的检索要素确定以及要素组合策略进行检索，因此在检索结果中首先希望得到单篇现有技术公开本案的发明构思，即使用较低碱浓度和不用有机溶剂，从而降低羟丙基甲壳素的脱乙酰度，进而能够使用一篇对比文件评判本案的创造性。

在得到的检索结果中进行初步筛选。首先，通过快速浏览专利文献的摘要，较快筛除了技术内容不相关或相关度不高的文献，比如虽然含有"甲壳素""改性"等关键词，但技术主题并非为"改性甲壳素"；对于相关度较高的文献，确认其是否为制备羟丙基改性甲壳素、公开的组分特征的数量、使用了什么样的碱性条件溶解甲壳素、解决了什么技术问题或是否解决了脱乙酰度过高的技术问题。通过上述对比确认的过程，得到几篇疑似对比文件，包括羟丙基改性甲壳素制备方法中公开的技术特征较多的文献；使用类似的制备方法得到羧基改性甲壳素的文献；使用低浓度碱溶解甲壳质可降低脱乙酰度等几篇。

之后，结合说明书全文来逐篇理解对比文件的发明构思，通过与本案的发明构思进行比较，判断二者的发明构思是否相同或相近。

其中，疑似对比文件1公开了一种均相制备低脱乙酰度羧基甲壳素的方法，包括如下步骤：将脱乙酰度低于30%的甲壳素加入氢氧化钠和尿素的混合水溶液中混合均匀，在 $-30 \sim -12℃$ 条件下冷冻搅拌 $24 \sim 96h$ ，解冻后于 $1 \sim 25℃$ 下搅拌制得 $0.5\% \sim 9\%$ （wt）的均相甲壳素水溶液；向均相甲壳素水溶液中加入含羧基化试剂的水溶液，并在 $0 \sim 50℃$ 下搅拌均相反应 $6 \sim 71h$ ，制得的羧基甲壳素溶液，经后处理即得到脱乙酰度低于30%的羧基甲壳素。可见，对比文件1与本案技术领域相同，均为改性甲壳素的制备方法，但技术主题有所差异，本案制备"羟丙基改性甲壳素"，而对比文件1制备"羧基化甲壳素"。从主要的制备过程来看，先在第一步采用可溶性碱、尿素水液溶解甲壳素从而制备甲壳素水溶液，这与本案的技术手段相同，但其第二步加入含羧基化试剂的水溶液对甲壳素进行羧基化改性，得到低脱乙酰度的羧基甲壳素，与本案的目标产物不同。

通过通读全文对发明构思进行理解，发现说明书中明确记载了发明的优点和效果：本发明在均相甲壳素水溶液中制备低脱乙酰度羧基化甲壳素，制备工艺简单，反应条件温和，反应过程易控，产率高，制得的低脱乙酰度羧基甲壳素取代度均匀，可用于大规模工业化生产；本发明使用较低浓度的碱液作为反应介质，且反应过程无有机溶剂参与，无毒无污染，成本较低。可见，对比文件 1 与本案的发明构思基本相同，均是通过采用氢氧化钠、尿素和水的较低浓度的混合液作为甲壳素的溶剂，解决如何实现均相、从而降低甲壳素的脱乙酰度的问题并简化工艺。而本领域技术人员知晓，对甲壳素进行羟丙基改性和羧基改性的方法极为相似，都可以先用氢氧化钠碱化，在异丙醇中分散，然后加入相应的改性试剂反应，都存在强碱下脱乙酰基的副反应。在此基础上，本领域技术人员容易想到将将羧基化甲壳素的制备方法应用到制备羟丙基甲壳素上来。因此，对比文件 1 可以用来单篇评判本案的创造性。

疑似对比文件 2 公开了一种水溶性羟丙基甲壳素的制备方法，包括如下步骤：将脱乙酰度为 12.3% 的甲壳素加入浓度为 20% 以上的氢氧化钠水溶液中，使其充分溶胀，然后在冰柜中放置过夜，将解冻后的甲壳素转移至三口瓶中，加入异丙醇，40℃保持 1h 后，加入过量的环氧丙烷，在室温或有回流的状态下反应至所需时间；反应产物用 1∶1 盐酸中和至 pH 为 7 后使之于丙酮中析出，过滤，依次用 85% 乙醇和无水乙醇洗涤后，经真空干燥即得白色或微黄色粉末状固体。可见，对比文件 2 也涉及对甲壳素的改性，制备得到"羟丙基改性甲壳素"，与本案的技术主题更接近。从主要的制备过程来看，先采用低脱乙酰度的甲壳素为原料，溶于高浓度碱水溶液中，这与本案"采用氢氧化钠、尿素和水的较低浓度的混合液作为甲壳素的溶剂"的技术手段不同，第二步加入羟丙基化试剂的水溶液对甲壳素进行羟丙基改性，得到羟丙基改性甲壳素。虽然其目标产物与本申请相同，但其由于第一步采用了高浓度的碱液，导致产物脱乙酰度高达 40.7%，与本案要解决的"降低甲壳素的脱乙酰度"的技术问题不同。可见，虽然对比文件 2 公开的技术主题看起来与本案更接近，但其发明构思与本案不同，属于常规的制备羟基化甲壳素的方法，制备得到的产品脱乙酰度较高。因此，在疑似对比文件 1 已经确定可以用于评判本案创造性的基础上，将该对比文件从疑似对比文件中排除。

基于类似的过程，对其他疑似对比文件逐篇进行筛选确认，未得到更合适的对比文件。最终本案筛选出对比文件 1 作为最合适的对比文件，用于单篇评判本案的创造性。

总结上述两个案例可以看出，在筛选影响创造性的对比文件时，不能一味地追求"最像"的现有技术，比如仅从技术领域更接近、公开的技术特征更多来机械地判断，而是应当从发明构思的整体上入手，综合全面考量发明构思是否一致以筛选出最合适的对比文件。

二、基于核心要素的文献筛选策略

本书第五章第三节提到，核心要素体现为发明相对于现有技术做出贡献的最关键的技术手段。核心要素属于发明构思的一部分，其不仅在检索策略的制定过程中尤为重要，在文献筛选过程中也应当关注。当使用基于发明构思的检索要素确定和多要素的部分要素组合策略检索时，通常会使用基于核心要素的文献筛选策略。

由于核心要素体现了发明的最关键的技术手段，那么公开了核心要素的对比文件往往同时能够解决发明提出的技术问题并达到同样或类似的技术效果。从这个角度出发，对比文件已经公开了发明的核心要素，能够解决发明提出的技术问题，发明与该对比文件相比的区别并不是发明人所认为的关键技术手段，通常是现有技术已知或是本领域技术人员熟知的技术，在此基础上评判发明不具备创造性就显得水到渠成。

在基于核心要素进行文献筛选时，一般先从经过初筛的疑似对比文件中筛选出能够体现发明核心要素的对比文件，然后判断其与本案相比的区别是否为公知常识或是本领域技术人员熟知的技术，如果是，则可以用该体现核心要素的对比文件单篇评判本案的创造性；如果不是，则应当在检索结果中继续筛选或通过部分要素组合继续检索并筛选一篇公开了上述区别的对比文件，与之前得到的体现核心要素的文件进行结合来评判本案的创造性。

【案例 6 – 17】

在目前的 PVC 排水管生产过程中，多用到挤出机。为了保证挤出原料的干净清洁，在挤出口需要安装过滤装置。随着市场竞争的激烈，需要提高产品的多样性，并且尽可能地减少设备停机时间以提高设备的产能。因此，提供一种能够不停机更换滤网的挤出机，就成为本领域技术人员亟待解决的问题。

为了解决上述技术问题，本案提出一种 PVC 挤出机不停机更换滤网装置，包括固定座、滤网架，所述滤网架为中心带圆环孔的扁平体，其特征在于，所述滤网架内部设有供滤网嵌入连接的腔体，所述固定座底面连接两个滤网架，所述固定座设有两个与滤网架腔体相对应的通孔，所述的固定座为长方体，其顶部设有方形槽，所述的方形槽铰接连接盖板，所述的盖板大小形状与方形槽相等，且盖板底面设有卡扣，所述方形槽设有与卡扣相对应的卡槽。

通过了解背景技术可知，传统的过滤装置在更换滤网时，需要设备停机更换，减少了设备的运行时间，停机开机过程产生了多余的能源消耗。通过理解本案的技术内容可以得知，本案的发明构思在于，在该滤网装置中设置两个滤网架，并通过卡槽的设计，在使用时，将其中一个滤网架内插入滤网，更换时，先将另一块滤网插入另一个滤网架内，再将之前的滤网取出清洗，从而达到不停机更换滤网的目的。可见，其核心要素在于两个滤网通过抽插的方式交替使用和更换。具体结构如图 6 – 9 所示。

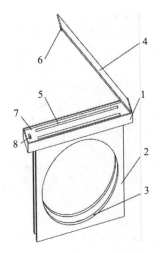

图 6 – 9　不停机更换滤网装置结构

　　本案使用基于发明构思的检索要素确定以及多要素的部分要素组合策略进行检索，因此在检索结果中首先希望得到公开了本案核心要素的对比文件，即两个滤网通过抽插的方式交替使用和更换。

　　在得到的检索结果中进行初步筛选。由于本案为装置类技术方案，可以借助附图结合摘要快速浏览专利文献，较快筛除技术内容不相关或相关度不高的文献，比如虽然公开了"滤网""更换"等关键词，但更换方式不同，并不能实现不停机更换；对于相关度较高的文献，仍借助于附图快速锁定部分相似文献，而后确认其是否为 PVC 挤出机中使用的过滤装置，公开的结构特征的数量，是否解决了不停机更换滤网的技术问题，是否使用了抽拉、插拔或类似的更换滤网的技术手段。通过上述对比确认的过程，得到几篇疑似对比文件，包括 PVC 挤出机中使用的过滤装置且公开的结构特征较多的文献；使用类似的手段实现滤网的更换但并非用于 PVC 挤出机的文献；塑料挤出机中使用的过滤装置且可以实现不停机更换滤网但更换手段不同等几篇文献。

　　之后，结合说明书全文来逐篇理解对比文件的发明构思，通过与本案的发明构思和核心要素进行比较，判断二者是否具有相同或相近的核心要素。

　　疑似对比文件 1 公开了一种塑料挤出成型设备的双层换网装置，其包括进管道 2、出管道 3 和前后连通进管道 2 和出管道 3 的长方体箱体 1，所述的箱体 1 上设置有两个上下贯穿的长方体槽 4，所述的两个长方体槽 4 内分别设有与长方体槽 4 形状相匹配的过滤网架 5；过滤网架 5 上分别设有上下两个过滤网安装口 6，过滤网架 5 下端安装有把手 7。具体结构如图 6 – 10 所示。

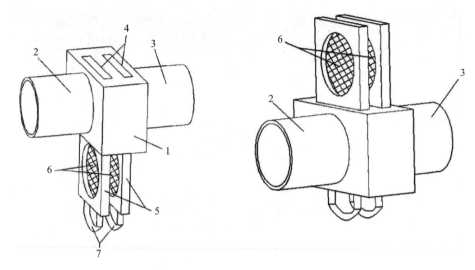

图 6 - 10　疑似对比文件 1 双层换网装置结构

　　可见，对比文件 1 与本案技术领域相同，均为一种挤出机中应用过滤设备；结合对比文件 1 的附图以及说明书内容可知，其通过在过滤网架 5 上设置上下两个过滤网安装口 6，在使用一层过滤网过滤时，在一个过滤网架 5 上的上下两个过滤网安装口 6 上均安装过滤网，当上端使用一段时间需要更换时，将过滤网架 5 通过把手 7 向上推动，使下方的过滤网安装口 6 移动到管道口处，然而需要清洁或更换的过滤网会被推出，不需要停机就能对上端过滤网进行清洁或更换。因此不需要停机就能对过滤网进行清洁或更换，节约了能源和人工，提高了工作效率。当需使用两个过滤网精细过滤时，前后两个过滤网架上的过滤网安装口上分别安装上合适的过滤网，功能更多样，清洗或更换更便捷。对比文件 1 虽然也能实现不停机更换滤网的目的，但其使用的技术手段与本案不同，其双层过滤网并不是交替使用，而是同时使用实现精细过滤。因此，整个发明构思与本案不同，且并未体现核心要素，不能用于评判本案的创造性，因此将其从疑似对比文件中排除。

　　疑似对比文件 2 公开了一种通风系统中的快速更换过滤装置，包括过滤管道和滤网，其特征在于，在过滤管道上设置有两个滤网卡槽，在卡槽对应的管道口位置有一开门，滤网外框的一边上设有橡胶密封条，密封条外还设有一凹槽拉手，方便握住滤网将其推进过滤管道的卡槽中。更换滤网时，要先将备用的干净滤网放入另一个卡槽中，并保证好密封，然后将原先的滤网拿出，最后再将滤网管道上开门关闭；在过滤管道上设置有两个滤网卡槽，在卡槽对应的管道口位置有一开门；滤网外框的一边上设有橡胶密封条，密封条外还设有一凹槽拉手，方便握住滤网将其推进过滤管道的卡槽中。该装置可以随时在不停机的状态下更换滤网，方便检查和维修。具体结构如图 6 - 11 所示。

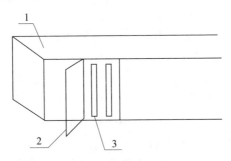

图 6 - 11　疑似对比文件 2 过滤装置结构

从技术领域上来说，对比文件 2 与本案不同，本案的技术领域为 PVC 挤出机用过滤装置，而对比文件 2 为通风系统用过滤装置。结合对比文件 2 的附图以及说明书内容可知，其在过滤管道上设置有两个滤网卡槽，更换滤网时，要先将备用的干净滤网放入另一个卡槽中，并保证好密封，然后将原先的滤网拿出，最后再将滤网管道上开门关闭。该装置也可以随时在不停机的状态下更换滤网，方便检查和维修。可见，对比文件 2 的过滤装置更换滤网的工作原理与本案相同，公开了本案的核心要素，即在滤网装置中设置两个可交替更换使用、清洗的滤网。因此，对比文件 2 可以用于评判本案的创造性。

基于类似的过程，对其他疑似对比文件逐篇进行筛选确认，未得到更合适的对比文件。

在筛选出能够体现发明核心要素的对比文件后，需要判断其与本案相比的区别是否为公知常识或是本领域技术人员熟知的技术。具体到本案，虽然对比文件 2 与本案技术领域不同，但均是流体过滤装置，为了实现不停机更换滤网的目的，本领域技术人员容易想到在其他应用过滤设备的技术领域寻找相关现有技术，继而对对比文件 2 做出改进，将其可更换过滤网的过滤装置应用于 PVC 挤出机中。因此，对比文件 2 能够单篇评判本案的创造性。

【案例 6 - 18】

扑克牌是一种常见的娱乐工具，其具有悠久的历史，也受到人们的喜爱。随着技术的不断进步，传统的手动取牌已经越来越不能满足人们快速娱乐的需求，于是目前市场上出现了一些自动发牌的装置。

本案提出一种自动发牌机，其特征在于：所述自动发牌机包括：一固定座，一驱动盘，一用于驱动所述驱动盘的驱动装置和发牌机构，以及设于发牌机构上的控制面板，所述控制面板上设有操作按键。

所述自动发牌机使用自定义发牌方式的方法，包括以下步骤：

第一步，玩家人数设定；

第二步，每人张数设定，即设定每人发牌的张数；

第三步，底牌张数设定，设定底牌余留的张数；

第四步，连发牌张数设定，即设定一次每位玩家连续发牌的张数。

本案在背景技术中已明确提到，目前市场上存在一些自动发牌的装置，但是这些自动发牌装置发牌方式单一，而扑克牌的玩法有很多种，这样自动发牌装置的适用性和方便性就大打折扣。通过理解本案的技术内容可以得知，本案的发明构思在于，在发牌机上设置控制面板，通过该控制面板来实现具体设定玩家人数、每人张数、底牌张数和连发牌张数，这样就可以实现多种不同发牌方式，实现不同人数、不同玩法的设定，从而使自动发牌机功能更强大，更加智能。可见，其核心要素在于能够自定义发牌方式。

本案使用基于发明构思的检索要素确定策略以及多要素的部分要素组合策略进行检索，因此在检索结果中首先希望得到公开了本案核心要素的对比文件，即能够自定义发牌方式。

在得到的检索结果中进行初步筛选。首先，通过快速浏览专利文献的摘要，较快筛除了技术内容不相关或相关度不高的文献，比如虽然公开了"自动""发牌"等关键词，但并不涉及主题"自动发牌"，而是显示在不同的段落中，两者不相关；对于相关度较高的文献，确认其是否为自动发牌装置，公开的结构特征的数量，是否解决了可以自定义发牌的技术问题，是否使用了旋转发牌的技术手段。通过上述对比确认的过程，得到几篇疑似对比文件，包括具有自动发牌装置且公开的结构特征较多的文献；自动发牌机结构特征较少，但涉及了自动发牌控制方法的文献，以及其他游戏项目中可以自定义分发方式的文献等几篇。

之后，结合说明书全文来逐篇理解对比文件的发明构思，通过与本案的发明构思和核心要素进行比较，判断二者是否具有相同或相近的核心要素。

其中，疑似对比文件1公开了一种全自动洗翻发扑克机的控制方法，该全自动洗翻发扑克机有8个玩家抽屉抑制按钮，5个控制按钮，及1个4位数码管，抑制按钮用于抑制按钮左边紧邻的抽屉，抑制后，使得不会发牌给该抽屉；5个控制按钮，分别是洗牌总数或发牌总数设定按钮、加按钮、减按钮以及开始按钮和间歇模式按钮。以玩"斗地主"举例来说明其控制方法：当玩"斗地主"时，需要设定总洗牌数为默认的54，总发牌数为51，抑制掉5个抽屉，游戏即可以开始。

可见，对比文件 1 与本案技术领域相同，均为自动发牌机领域，主题有所差异，本案涉及一种自动发牌机，而对比文件 1 为一种自动发牌机的控制方法，涉及的结构类特征较少。但通过分析其控制方法，设定总洗牌数为默认的 54，相当于本案中的总牌数设定，总发牌数为 51，相当于本案中的底牌张数设定（底牌设定为 3），抑制掉 5 个抽屉，其包括 8 个抽屉、抑制掉 5 个抽屉的步骤即相当于本案的玩家人数设定为 3。可见，该对比文件 1 体现了本案的核心要素，即能够实现根据不同的玩法设定不同的自动发牌方式，从而使自动发牌机功能更强大，更加智能。因此，可以选择对比文件 1 用来评判本案的创造性。

通过对比本案与对比文件 1 公开的内容，其区别主要在于自动发牌机的结构特征，如固定座、驱动盘、驱动装置、发牌机构、控制面板、操作按钮等。通过了解自动发牌机的背景技术，发现能够实现旋转自动发牌的结构并不十分常见，并没有达到本领域技术人员熟知的程度，因此对于上述区别，还需要继续筛选另一篇公开了发牌机结构特征的对比文件与之前筛选出的对比文件进行结合来评判本案的创造性。

基于类似的过程，对其他疑似对比文件逐篇进行筛选确认，未得到合适的可以用于与对比文件 1 结合的文献，也未得到比对比文件 1 更适合的公开了核心要素的文献。

在此基础上，以能够实现旋转自动发牌的、以结构特征为主的自动发牌机成为我们进一步筛选的目标。在部分要素组合检索结果中，发现疑似对比文件 2，其公开了一种旋转发牌机，该旋转发牌机包括固定板，可旋转安装于固定板上的转盘，安装于固定板上用于驱动转盘转动的动力源，以及与转盘连接的扑克牌发牌机构。所述扑克牌发牌机构包括安装于转盘上的发牌仓底板机构和发牌仓机构，安装于固定板上的上盖，以及安装于上盖上用于控制该扑克牌发牌机构动作的发牌面板；所述发牌面板上设置有按钮，当按下开始按钮，电子控制部分驱动发牌机构对外发牌。可见，对比文件 2 与本案技术领域相同，公开了本案的全部结构类技术特征，且能够通过发牌面板上设置的按钮，电子控制部分可以驱动发牌机构对外自动发牌。虽然其并未体现本案的核心要素，但公开了与本案结构类似的自动发牌机结构，且上述结构的作用与在本案中相同，均是为了能够实现旋转自动发牌，而将对比文件 1 中能够实现不同玩法设定的电子电气特性整合入对比文件 2 的旋转自动发牌机是本领域技术人员容易实现的。因此，筛选出对比文件 2 用于与前述对比文件 1 结合评判本案的创造性。

总结上述两个案例可以看出，在基于核心要素的文献筛选过程中，不仅要充分理解发明构思的整体，还需要确定出发明构思中的核心要素。在筛选出体现核心要素的对比文件之后，对于其他次要、辅助性技术手段，还需要在充分了解现有技术的基础上，判断是否属于本领域技术人员熟知的技术，或者综合考量后结合其他现有技术来评判。

三、基于"两步法"的文献筛选策略

本书第五章第三节提到基于发明构思的"两步法"检索策略：第一步基础构思检索，分析发明的技术主题、技术问题及其技术原理，确定基础构思并检索基础构思；第二步改进构思检索，在第一步检索获得的最接近现有技术的基础上确定主要区别，确定改进构思并检索改进构思。从上述检索策略的思路可以看出，其目的主要在于还原发明过程中发明人的初衷，从发明的现有技术起点出发，分析现有技术存在的问题，探索解决现有技术的手段，体现发明从无到有的产生过程。当使用基于发明构思的"两步法"检索策略时，通常会使用基于"两步法"的文献筛选策略。

与之前的检索策略相对应，基于"两步法"的文献筛选策略在第一步先从基于基础构思的检索结果中筛选出体现发明基础构思的对比文件，然后在基于改进构思的检索结果中筛选出体现改进构思的对比文件，通过二者结合来评判发明的创造性。

评判一项发明是否具备创造性往往是在已知本发明后才开始的，这就导致很难从发明人开始此发明的角度出来客观看待发明创造的过程中遇到的问题和解决的方法，使用上述基于"两步法"的检索和文献筛选策略，能够尽量避免和减少主观因素的影响。

【案例 6 – 19】

目前，燃气灶具燃烧器进气管路结构一般采用以旋转气阀调节燃气进气管路的进气大小。旋转气阀无法进行微调，炉头经常因燃气、空气混合不充分而出现黄色火焰。

为了解决上述技术问题，本案提出一种燃气灶具燃烧器进气管路结构，包括进气底座和炉头，进气底座上设置有喷气嘴，炉头下侧设置有进气管，其特征在于：所述的喷气嘴与进气管之间设置有引射结构，引射结构上设有上、下贯通的气流通道以及与气流通道连通的供外界空气引射入气流通道内的引射通道，所述的喷气嘴通过上述气流通道与进气管连通，气流通道内螺纹连接有调节引射通道进气量的调节螺纹套，调节螺纹套延伸至所述引射通道内，调节螺纹套上端设有螺丝批调节口或手动调节柄。具体结构如图 6 – 12 所示。

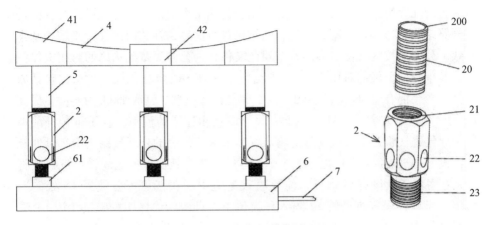

图6-12 燃烧器进气管路结构

结合附图理解发明的技术方案，其通过在喷气嘴与进气管之间设置有引射结构，引射结构上设有上、下贯通的气流通道以及与气流通道连通的供外界空气引射入气流通道内的引射通道，喷气嘴通过气流通道与进气管连通，气流通道内螺纹连接有调节引射通道进气量的调节螺纹套，调节螺纹套延伸至引射通道内，调节螺纹套上端设有螺丝批调节口或手动调节柄；通过调节螺纹套在气流通道的上下位置，实现引射通道开口大小的调节；当调节螺纹套向上移动时，引射通道开口变大；反之，引射通道开口变小；由于调节螺纹套与气流通道螺纹配合，螺纹配合可实现微调，调节精度高，控制准确度高，通过微调，从引射通道进入的空气与进入炉头内的燃气充分混合，避免炉头因燃气、空气混合不充分而出现黄色火焰现象，结构简单，使用方便。

基于上述分析可以判断，发明是基于现有技术中存在的由于进气结构无法微调或调节效果不佳带来的燃烧不充分等技术问题而提出来的，相应地，改进技术手段为在引气口设置螺纹结构可微调的螺纹套。本领域技术人员有动机在现有技术中寻找相关技术启示对现有技术进行改进，从而解决现有的技术问题。

本案使用基于发明构思的"两步法"检索策略进行检索，因此第一步先从基于基础构思的检索结果中筛选出体现发明基础构思的对比文件，通过上文分析可知，本案的基础构思在于进气结构无法微调或调节效果不佳的燃气灶进气管路结构。

在基于基础构思的检索结果中进行初步筛选。由于本案为装置类技术方案，可以借助附图结合摘要快速浏览专利文献，较快筛除了技术内容不相关或相关度不高的文献，比如虽然公开了"燃烧器""进气"等关键词，但从基础结构上明显存在不同；对于相关度较高的文献，仍借助于附图快速锁定部分相似文献，并结合摘要大体确定其与本案有类似的进气管路结构，且具有空气引射装置的几篇疑似对比文件。之后，结合说明书全文来逐篇理解对比文件的进气管路结构，通过与本案的进气管路结构进行比较，筛选出进气管路结构基本一致、公开的技术特征最多的疑似对比文件作为公开了基础构思的对比文件。

其中有如下疑似对比文件1，其公开了一种多管多槽式煤气炉头，包括内炉体、数个混合座30及炉心40，内炉体是铸造成型，其底部11为实心，底部11周面成型出数个延伸杆，并于内部形成互相连通的流道，且于延伸杆前端固设煤气进气管，煤气进气管可将煤气喷入煤气炉头的外环流路当中，延伸杆中钻设一孔进入底部11中间处形成流道12，并于延伸杆前端固设煤气进气管13，在各流道上设有喷嘴15，使得喷入流道中的煤气可由各喷嘴15处向上喷出；煤气经煤气进气管13喷入各流道中，且由内炉体中的喷嘴15向上喷入混合管中，带动混合管周边的空气由孔172中进入混合管，形成一次空气的供给而混合成可燃气，并喷入各混合座30及炉心40当中引燃炉火。具体结构如图6-13所示。

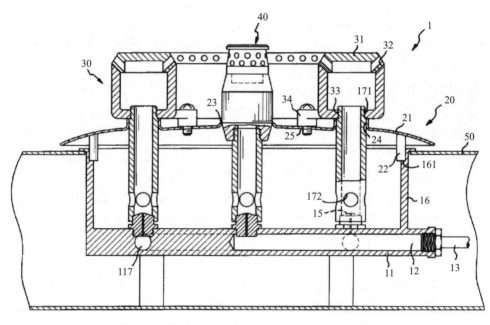

图6-13 疑似对比文件1 多管多槽式煤气炉头结构

该对比文件中详细描述了煤气进气管如何通过相关管路结构喷入各流道中，且由内炉体中的喷嘴向上喷入混合管中，带动混合管周边的空气由孔中进入混合管，形成一次空气的供给而混合成可燃气，并喷入各混合座及炉心当中引燃炉火。其不仅公开了本案进气管路结构的大部分技术特征，也存在着空气进气量不能微量调节的缺陷，面临着如何实现对空气进气量的微量调节，从而使燃气灶燃烧效率更高的技术问题，因此，这与本案的基础构思一致，可以将其作为本案的发明起点。因此，疑似对比文件1可以作为本案体现基础构思的对比文件1。基于类似的过程，对其他疑似对比文件逐篇进行筛选确认，未得到更合适的对比文件。

然后，我们需要在基于改进构思的检索结果中筛选出体现改进构思的对比文件，随后通过上述两篇对比文件的结合来评判本案的创造性。通过上文分析可知，本案的改进构思在于在引气口设置螺纹结构可微调的螺纹套，从而实现进气量的微量调节。

在基于改进构思的检索结果中进行初步筛选。同样借助附图结合摘要快速浏览专利文献，较快筛除了技术内容不相关或相关度不高的文献；对于相关度较高的文献，仍借助于附图快速锁定部分相似文献，并结合摘要大体确定具有空气引射装置，且可以调节空气进气量的几篇疑似对比文件。之后，结合说明书全文来逐篇理解对比文件的空气进气量调节结构，通过与本案的空气进气量调节结构进行比较，筛选出与本案的改进点一致、解决了同样的技术问题的疑似对比文件作为公开了改进构思的对比文件。

其中有如下疑似对比文件2，其公开了一种可调式上进风炉头喷嘴，包括炉头、主体1，主体1的一端为连接段11，连接段11的侧壁上设有用于连接的螺牙12，连接段11内部设有贯通该连接段11的喷气孔；主体1的另一端为调整段14，调整段14内设有螺牙孔，螺牙孔与喷气孔是连通的；调整段14的外侧面上设有若干用于增加空气的补气孔16，所述补气孔16与所述螺牙孔是连通的；所述螺牙孔内螺纹连接有螺牙管2，所述螺牙管2的一端连接在所述螺牙孔内，另一端设有卡槽21，主体1的横截面呈圆形或多边形；主体1安装到炉头上，通过燃烧效果来判断当前的氧气混合量，针对燃烧效果有异的位置，对相应的喷嘴进行调整；用一字螺丝刀插入卡槽21内旋转螺牙管2，通过调整螺牙管2与补气孔16的相切程度来控制喷嘴的氧气混合量。具体结构如图6-14所示。

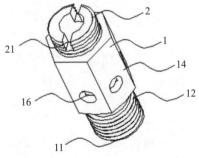

图6-14　疑似对比文件2可调式上进风炉头喷嘴结构

结合附图理解，该对比文件公开的可调式上进风炉头喷嘴，包括连接段和调整段，调整段的外侧面上设有若干用于增加空气的补气孔，通过燃烧效果来判断当前的氧气混合量，针对燃烧效果有异的位置，对相应的喷嘴进行调整；用一字螺丝刀插入卡槽内旋转螺牙管，通过调整螺牙管与补气孔的相切程度来控制喷嘴的氧气混合量。可见，对比文件2公开了本案中进气管路结构的改进构思，同样能够解决进气量不能微调的技术问题，能够达到更好的燃烧效果，这就使得本领域技术人员有动机将该对比文件公开的技术内容用于基础构思以解决其技术问题。因此，疑似对比文件2可以作为本案体现改进构思的对比文件2。基于类似的过程，对其他疑似对比文件逐篇进行筛选确认，未得到更合适的对比文件。

最终，本案从基于基础构思的检索结果中筛选出体现发明基础构思的对比文件1，然后在基于改进构思的检索结果中筛选出体现改进构思的对比文件2，通过二者结合来评判本案的创造性。

【案例6-20】

离子导体的应用非常广泛，目前在燃料电池、锂离子电池、全钒液流电池、海水或盐水净化以及工业上都有大规模的应用。为了提高离子导体的离子传导能力，同时降低其制造成本，研究人员正致力于研究一种成本低、性能好的新型离子导体。TiO_2 纳米管阵列薄膜由于高度有序、内外表面有大量的羟基等优势使得 TiO_2 纳米管适合做离子导体的基体材料；但是由于 TiO_2 本身脆性的限制以及较低的离子传导能力，使其不能单独应用于离子传导材料中。

为解决现有技术的缺点和不足之处，本案提供了一种离子传导率较高的基于聚电解质刷的有序离子导体的制备方法，包括以下步骤：

（1）基体材料的制备：以钛片为原料，通过两次阳极氧化法制备出双通型的 TiO_2 纳米管阵列作为有序离子导体的基体材料。

（2）功能化偶氮类引发剂的固定：将步骤（1）制得的 TiO_2 纳米管阵列浸于偶氮类引发剂的甲苯溶液中，并抽真空，之后加入催化剂反应，取出 TiO_2 纳米管阵列洗涤后干燥。

（3）聚电解质刷的接枝：取电解质单体溶液，并除去电解质单体溶液中的空气后，将步骤（2）处理后的 TiO_2 纳米管阵列浸于电解质单体溶液中，抽真空，之后进行聚合反应，待其聚合结束后，取出样品；水洗、干燥，得到所述基于聚电解质刷的有序离子导体。

通过深入理解本案，可以得到本案有序离子导体的制备反应原理：先采用二次阳极氧化法制备 TiO_2 纳米管阵列膜，TiO_2 纳米管阵列膜结构更加稳定，离子传导路径更短，传导效率更高；通过抽真空，将偶氮类引发剂充分进入 TiO_2 纳米管阵列内催化反应，再次抽真空，使电解质单体进入 TiO_2 纳米管阵列内，而后进行原位引发聚合反应，通过化学键将离子传导电解质锚固在 TiO_2 纳米管阵列的内部管壁上，形成有序聚电解质刷，提高离子传导效率。

基于上述分析，可以判断，发明是基于现有技术中存在的 TiO_2 纳米管阵列有序性差、离子传导电解质不能进入纳米管内部而导致的离子传导效率差的技术问题而提出来的。相应地，采用的改进技术手段为采用二次阳极氧化法制备 TiO_2 纳米管阵列膜并在反应前采用抽真空的手段使反应物进入纳米管内部。本领域技术人员有动机在现有技术中寻找相关技术启示对现有技术进行改进，从而解决现有的技术问题。

本案使用基于发明构思的"两步法"检索策略进行检索，因此第一步先从基于基础构思的检索结果中筛选出体现发明基础构思的对比文件，通过上文分析可知，本案的基础构思在于普通的 TiO_2 纳米管阵列膜接枝聚电解质刷。

在基于基础构思的检索结果中进行初步筛选。首先，通过快速浏览专利文献的摘要，较快筛除了技术内容不相关或相关度不高的文献，比如虽然公开了"二氧化钛""聚电解质"等关键词，但其组合方式上明显与本案不同；对于相关度较高的文献，确认其是否为 TiO_2 纳米管阵列膜接枝聚电解质刷或类似的质子交换膜材料，是否使用了类似的制备方法，是否存在本案所认为的现有技术中存在的技术问题，如 TiO_2 纳米管阵列膜有序性差、离子传导效率不高等几篇疑似对比文件。之后，结合说明书全文来逐篇理解对比文件，通过与本案的基于聚电解质刷的有序离子导体的制备方法进行比较，筛选出制备步骤基本一致、公开的技术特征最多的疑似对比文件作为公开了基础构思的对比文件。

其中有如下疑似对比文件1，其公开了一种基于接枝 TiO_2 纳米管聚电解质刷的质子导体的制备方法，包括以下步骤：称量 TiO_2 纳米管加入三口瓶中，再加入三乙胺，在氮气保护下，将偶氮类引发剂溶液缓慢滴入三口瓶，室温条件下搅拌24h，得到偶氮类引发剂锚固在 TiO_2 纳米管表面后的产物；称取 TiO_2 纳米管–引发剂产物，加入电解质单体溶液，经过5次循环的冷冻–解冻的方式除去里面的空气，将除去空气后的混合液在60℃、氮气保护下进行自由基聚合反应，反应后的产物室温真空干燥，得到产物。通过对该对比文件说明书全文内容的理解，本领域技术人员可以确定，其采用水热合成法制备了 TiO_2 纳米管阵列，随后接枝聚电解质刷。而采用水热合成法制备的 TiO_2 纳米管阵列则存在着阵列有序性差的问题。因此，这与本案的基础构思一致，可以将其作为本案的发明起点。因此，疑似对比文件1可以作为体现本案基础构思的对比文件。基于类似的过程，对其他疑似对比文件逐篇进行筛选确认，未得到更合适的对比文件。

然后，我们需要在基于改进构思的检索结果中筛选出体现改进构思的对比文件，随后通过上述两篇对比文件的结合来评判本案的创造性。通过上文分析可知，本案的改进构思有两点：其一体现在使用二次阳极氧化法制备 TiO_2 纳米管阵列膜，从而使其阵列规整有序；其二体现在反应前采用抽真空的手段使反应物进入纳米管内部，从而使反应产物能够提高离子传导效率。

在本案基于改进构思 1 的检索结果中进行初步筛选。同样借助快速浏览专利文献的摘要，较快筛除技术内容不相关或相关度不高的文献；对于相关度较高的文献，大体确定涉及利用二次阳极氧化法制备 TiO_2 纳米管阵列膜的几篇疑似对比文件。之后，结合说明书全文来逐篇理解对比文件是否使用的为"二次阳极氧化法"，以及其是否解决了本案提出的使 TiO_2 纳米管阵列有序性变好的技术问题，由此筛选出与本案的改进点 1 一致、解决了同样的技术问题的疑似对比文件。

其中有如下对比文件 2，其公开了一种聚电解质刷修饰 TiO_2 纳米管质子交换膜的制备方法，包括以下步骤：（1）钛片经二次阳极氧化制备得到 TiO_2 纳米管阵列；（2）将 TiO_2 纳米管加入反应容器中，在反应容器中加入三乙胺，然后在氮气保护下加入浓度为 0.1～15mmol/L 的偶氮类引发剂溶液，室温条件下搅拌反应，然后将反应好的产物转移到离心管中，洗涤，最后将离心管中的下层沉淀物转移后烘干；（3）将 TiO_2 纳米管－引发剂产物加入反应容器中，然后加入含碳碳双键的电解质单体，经过多次循环的冷冻－解冻的方式除去里面的空气，将除去空气后的混合液在 60℃ 氮气保护下进行自由基聚合反应，对反应后的产物进行烘干，然后放在索氏提取器中用相应溶剂抽提，再将产物洗涤，冷冻干燥即得最终产物。

上述对比文件 2 与本案技术领域相同，也采用了二次阳极氧化法制备 TiO_2 纳米管阵列膜，能够得到有序 TiO_2 纳米管阵列膜结构，随后引入偶氮类引发剂进行催化反应，最后与电解质单体进行自由基聚合反应，得到产物。可见，对比文件 2 公开了本案的改进点 1，即采用二次阳极氧化法制备 TiO_2 纳米管阵列膜。经过详细特征对比进一步发现，对比文件 2 除了上述改进点外，也公开了本案的基础构思。

以前述对比文件 1 作为基础构思对比文件，本领域技术人员需要两步的改进才可以得到本案，而以该对比文件 2 作为基础构思对比文件的话，则仅需要一点改进则能得到本案。本案的情况，说明发明人掌握的现有技术起点较低，以该既体现了基础构思又公开了部分改进点的对比文件 2 作为基础构思对比文件，能够使发明起点到发明的技术方案距离更近，更具有说服力。基于上述情况综合考虑，可以将疑似对比文件2作为体现本案基础构思的对比文件。基于类似的过程，对其他疑似对比文件逐篇进行筛选确认，未得到更合适的对比文件。

进一步地，在本案基于改进构思2的检索结果中进行初步筛选。同样借助快速浏览专利文献的摘要，较快筛除技术内容不相关或相关度不高的文献，比如，虽然使用了"抽真空"的技术手段，但并不是为了将反应物引入纳米管内部；对于相关度较高的文献，大体确定涉及在质子交换膜领域，在聚合反应前使用了抽真空的步骤的几篇疑似对比文件。之后，结合说明书全文来逐篇理解对比文件中使用的抽真空手段是否解决了本案提出的将反应物引入纳米管内部，从而提高离子传导效率的技术问题，由此筛选出与本案的改进点2一致、解决了同样的技术问题的疑似对比文件作为公开了改进构思的对比文件。

其中，有如下对比文件3，其公开了一种多孔高分子增强质子交换膜的制备方法，包括以下步骤：（1）取洁净多孔高分子基体膜采用张紧装置将其四周固定后，输送进真空度为1~500托的真空箱中，保持1~10分钟；（2）将多孔高分子基体膜在步骤1的真空条件下浸入质子传导树脂溶液中，浸渍0.5~10分钟；（3）将步骤2浸渍有质子传导树脂的多孔高分子膜，在其质子传导树脂和高分子基体膜的玻璃化温度之间热处理0.5~10分钟；（4）将步骤3得到的膜在乙醇或异丙醇中浸泡5~10分钟，然后，在沸腾的去离子水中浸泡≥10分钟，取出干燥，即得到多孔高分子增强的质子交换膜。

上述对比文件3与本案技术领域有差异，虽然同为质子交换膜，但膜材料基质不同，属于相近的技术领域。其公开了将多孔高分子基体膜在真空条件下浸渍质子传导树脂溶液中，随后热处理制备。说明书中记载，多孔高分子膜孔径只有1微米左右，质子传导树脂溶液进入多孔聚四氟乙烯很困难，导致填充度低；通过抽真空，使质子传导树脂在气体压力下进入多孔高分子基体膜内部，能够获得树脂填充度高、质子传导性能好的燃料电池用多孔高分子增强质子交换膜。可见，对比文件3虽然与本案在技术领域上有差别，但均属于质子交换膜，其公开了可以通过抽真空的手段将质子传导物质引入多孔高分子基体膜内部，从而提高质子交换膜的传导性能。可见，对比文件3公开了改进点2，即通过抽真空的手段将质子传导物质引入多孔高分子基体膜内部，从而提高质子交换膜的传导性能。这一技术手段在对比文件3中所起的作用与在本案中相同，这就使得本领域技术人员有动机将对比文件3公开的技术内容用于对比文件2以解决其技术问题。基于类似的过程，对其他疑似对比文件逐篇进行筛选确认，未得到更合适的对比文件。

最终，本案从基于基础构思的检索结果和基于改进构思1的检索结果中筛选出体现发明基础构思的对比文件2，然后在基于改进构思2的检索结果中筛选出体现改进构思的对比文件3，通过二者结合来评判本案的创造性。

　　总结上述两个案例可以看出，基于发明构思的"两步法"检索策略和文献筛选策略，都从还原发明过程的角度出发，确认发明起点，以发明起点作为最接近的现有技术，在现有技术中寻找解决技术问题的技术手段重塑发明过程；再到将相关改进技术手段应用于最接近的现有技术而得到发明结果，与本领域技术人员实际进行发明创造的过程更契合，此种评判创造性的方式也更易使人信服。

第七章　特定对象的检索策略

本书前面章节介绍的检索策略主要用于一般检索对象，在一些特定情况下可能存在检索质量或检索效率不高的问题。本章将进一步介绍几类可用于特定检索对象或特定目的的检索策略。

第一节　追踪检索策略

追踪检索策略是以现有信息为基础，利用有效线索进行层层抓取，进而连环突破，其具有检索时间少、检索结果准确有效的优势。由于创新主体之间存在关联性，专利文献之间存在引用、参考关系，技术本身的发展也存在延续性，因此在追踪检索中，要深入分析信息之间的关系，善于联想和假设。检索者可以将检索对象提供的信息作为追踪线索，也可以将检索过程中发现的相关文献信息作为追踪线索。

本节按照追踪线索的关系种类，分别从发明人和申请人信息追踪、文献信息追踪、技术信息追踪、产品信息追踪4个方面介绍追踪检索策略。

一、发明人和申请人信息追踪策略

发明人、申请人信息追踪策略，主要用于了解与本案密切相关的专利申请情况，它一方面能够理解本案的产生背景、创新过程、技术更新过程等，另一方面也可以获得关联申请审查过程中引用的对比文件。针对不同类型的发明人、申请人采用相应的追踪检索策略，有利于提高检索效率。

不同类型的发明人、申请人可选取对应的追踪信息。专利发明人是指对发明创造的实质性特点做出创造性贡献的人，发明人为自然人。专利申请人是向专利局提出专利请求的当事人，当专利授权后申请人为专利权人。申请人可以是法人或自然人。如果发明属于职务发明创造，申请人可以为发明人所在的单位，即法人。在检索中，申请人类型可分为个人申请、企业申请、高校申请或联合申请。对个人申请人和发明人的个人追踪，除了直接以权利人姓名进行检索外，还可以对其个人信息或社会关系进行追踪。个人信息可以根据需要灵活选择一些有代表性或指向性的信息，例如邮箱、电话、职务等，社会关系主要包括研发团队、工作单位、学习单位、同学、同事等信息。对企业申请人的追踪，除了直接以企业名称进行追踪外，也可以追踪其技术研发内容、研发团队、研发部门、产品、竞争对手等信息。对高校申请人的追踪，重点分析相关学术期刊论文，可以了解其高校、实验室相关的研究成果，包括导师、同学、同事等的研究成果，也可以对相关论文的引证参考文献进行追踪。对于联合申请人的追踪，可综合运用上述追踪检索手段。通过各种线索的追踪可以帮助我们了解发明的技术脉络，有助于提升获取对比文件的效率。

检索不同类型的发明人、申请人应选择合适的数据库。对于企业申请，可以在互联网搜索引擎中了解其研发情况，追踪其相关的研发部门和发明人相关的同事等。对于高校申请，针对论文的检索通常使用非专利期刊数据库，中文库包括 CNKI 或万方等，外文库包括 IEEE、ISI Web of Knowledge 或 Google Scholar 等。特殊情况下，可以通过相关论文的致谢部分发现其导师、同事、同学等相关研究人员的姓名，也可以通过查找发明人或其所在实验室的互联网网站来查找发明人发表论文的列表，并且可以查阅相关论文中的参考文献，以梳理其技术改进的脉络。

针对不同检索目的和类型，对于申请人和发明人的追踪检索具有不同的价值。在专利性检索中，申请人和发明人的追踪检索是初步检索的一个必要步骤，每个申请的检索都应当以申请人和发明人的追踪开始。在专利分析类检索中，对发明人的追踪检索通常用于分析某项技术的研发团队，通过对发明人相关信息的全面检索，有利于从人才引进、技术引进等角度得到分析结论。而在专利挖掘和布局类检索中，通过对企业申请人相关信息的全面检索，能够从企业的专利申请时间、地点、技术等多角度进行全面分析，有利于了解企业的专利布局策略。

【案例 7 - 1】

本案涉及一种开关电路的控制方法，控制开关电路的开关周期与第一预设时间相等或其差值控制在一定范围内，实现开关电路的定频。其技术方案包括判断以及相应采取不同的做法，具体为：当超过第一预定时间时，则降低指令电感电流的上下限差值，并根据指令电感电流的上限值、下限值与采样电感电流调整开关电路的开关频率；当未达到第一预定时间时，则提高指令电感电流的上下限差值，并根据指令电感电流的上限值、下限值与采样电感电流调整开关电路的开关频率。

通过分析可知，体现本案基本检索要素的关键词为"超过、未达到、降低、提高、电感电流、上下限、差值"，通过上述关键词进行检索，其指向性不明显，噪声较大，难以准确检索到合适的对比文件。本案的申请人是杰华特微电子（张家港）有限公司，以申请人为入口进行检索，未获得有用的信息。但以发明人任远程为入口进行检索，发现文件 CN102035364A，但文件是发明人任远程以成都芯源系统有限公司为申请人提交的专利申请，虽然其技术方案与本案不相关，但可以看出发明人任远程曾任职于成都芯源系统有限公司，考虑其研发的技术可能和前任公司的技术有关。进一步以申请人成都芯源系统有限公司进行追踪，并结合关键词"上限""下限"进行检索，检索到了一篇可单独破坏本案创造性的对比文件。

【案例 7 - 2】

本案涉及大气颗粒物采集分析装置及其收集和分析方法，申请人为青岛科技大学和朱彦北，发明人为李伟和朱彦北。

由于申请人之一是高等院校，在专利库、CNKI 和万方中采用"青岛科技大学""朱彦北""李伟"进行追踪检索，没有检索到与本案相似的期刊文献，此时需要对相关线索进行挖掘和联想。从本案的著录项目信息可以发现，"朱彦北"的国籍是 JP（日本），其邮编地址是日本某地，初步猜测该申请人可能是日籍华人，检索人员尝试在日本特许厅专利库中用"朱彦北"进行追踪检索，成功检索到 1 篇公开本案构思的日本专利文献。另外，还可以采用一种对申请人个人信息更深入挖掘的追踪方式，在 Google 中采用"朱彦北"进行追踪检索，10篇结果中大部分文章是以日文的形式发表在 CiNii 网站上。该网站专门收录日本论文资源，在一篇期刊文献中可以找到作者的邮箱（yb - zhu@ aist. go. jp），最后在 Google 中用该邮箱进行检索，又成功检索到 2 篇对比文件。

【案例 7 - 3】

本案权利要求保护一种大规模电动汽车辅助电网调频的协调控制方法，利用现有配电网调度中心和通信网络对频率响应对象进行协调控制，其特征在于，将电网运行状态划分为 5 种：正常状态、预警状态、应急状态、极限状态和恢复状态，根据电网实际情况，并结合电动汽车准确迅速响应的优势针对不同的运行状态制定合理的响应控制策略，达到电动汽车与电网调频装置之间协调响应的目的。

申请人虽然是企业，但经过初步检索，本案两位发明人曾以湖南大学为申请人提交过专利申请，随着产学研一体化的推进，企业会引进一些高校研究成果，因此选择对高校论文进行追踪。在非专利库进行针对性检索，通过关键词"V2G"和"湖南大学"在非专利学术期刊库 CNKI 中检索，发现一篇技术非常相关的硕士学位论文，其作者并非本案的发明人，但公开日在本案申请日之后，不能作为本案的现有技术。但仍需重点对该学位论文的作者进行追踪。

考虑到硕士学位论文是硕士期间研究成果的全面体现，其中的重要内容很可能会以小论文的形式在期刊上提前发表。所以以该硕士学位论文的作者继续追踪，最终在 IEEE 找到了对比文件（Coordinated control for large–scale EV charging facilities and energy storage devices participating in frequency regulation）。这是该作者在国外期刊上发表的一篇文章，发表日期在本案申请日前，可以破坏本案全部权利要求的新颖性。

二、文献信息追踪策略

文献信息追踪策略主要包括：对专利文献的同族文献信息、背景技术记载的文献信息、检索过程中发现的与其关联紧密的文献信息进行深入追踪。这种追踪可以帮助理解发明，也可以通过这些相关专利文献的引用文件信息直接获取对比文件。在专利性检索中，对于具有同族的专利申请，在检索前可以参考其同族文献的引用和被引用文件；对于具有关联申请的专利申请，在检索前可以参考其关联申请文献的引用和被引用文件；对于在背景技术中记载的专利或非专利文献信息，根据需要可对其申请人、引用文献等进行深入追踪。在专利分析类检索中，通过对同族文献信息的统计分析，通常可以用于分析技术的输出国和输入国。而在专利挖掘和布局类检索中，对专利的同族数量和专利被引用次数的统计分析，还可以用于确定其是否属于重要专利，如果一件专利同族数量越多，证明其具有更多的专利布局价值，如果一件专利被引用次数越多，证明其属于该领域越重要的基础技术。

1. 同族文献信息追踪

同一申请人可对同一技术在不同国家申请专利，此时，查看同族申请的审查过程，可了解该申请在其他国家的审查情况、参考其他国家专利审查员给出的对比文件，提高检索效率。同族申请的审查过程的主要获取途径包括：通过主要国家、地区或组织的网址进行同族申请审查过程的查询，以下为主要国家、地区或组织的查询网址：

WIPO：http：//patentscope. wipo. int/search/en/search. jsf

欧洲：https：//register. epo. org/espacenet/regviewer

美国：http：//portal. uspto. gov/external/portal/pair/

日本：https：//aipn. j–platpat. inpit. go. jp/AI2/cgi–bin/

韩国：http：//www. kipris. or. kr/khome/main. jsp

美国全球专利案卷系统：http：//globaldossier. uspto. gov

值得注意的是，对于我国台湾申请不能直接显示同族的，可以在台湾专利网（www. apipa. org. tw），通过发明人或者申请人查找其我国台湾申请，然后利用该台湾申请作为入口，查找其欧美或日韩同族申请。或者利用 Patentics 输入本案的公开号查找。对于我国台湾申请，尤其应当关注美国同族申请，可以通过美国同族申请找到其他同族申请。

以 Global Dossier 网站使用方法为例，简要介绍直接查询同族文献审查过程的检索策略，其网址是 http：//globaldossier. uspto. gov。

如图 7－1 所示，登录网站后可在相应位置输入申请号或公开号，查询该申请的同族信息。

图 7－1　Global Dossier 主页

点击"Common Citation Document"可直接查看各局对比文件，如图 7－2 所示。

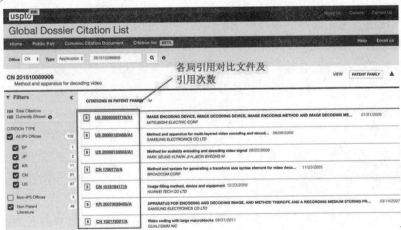

图 7－2　各局引用对比文件列表

【案例 7 - 4】

本案权利要求请求保护一种用于增强在席服务的方法，所述方法包括以下步骤：在图标服务器中登记第三方的区域；将与所述登记区域内的用户在席相对应的在席数据从移动设备接收到所述图标服务器中；将定制图标从所述图标服务器传输到被配置为显示所述定制图标的所述移动设备；由在席服务器从所述移动设备接收包括所述定制图标的在席发布；将与所述登记区域内的所述用户在席相对应的所述定制图标从所述在席服务器传输到订户；以及将对应于所述第三方的性能相关数据接收到所述图标服务器中，并响应于所述性能相关数据修改所述定制图标。

通过美国全球专利案卷系统（http：//globaldossier. uspto. gov），可获得WO、US 同族专利申请信息，并通过查看同族审查过程获得对比文件。

2. 关联申请文献信息追踪

关联申请通常是指与同一申请人申请的技术方案相同或相近的一系列专利申请，可通过以申请人/发明人为入口，并配合关键词在中文专利库中进行追踪检索。发现关联申请后，在国家知识产权局官网"专利审查信息查询"栏中可对关联申请的审查过程进行追踪。

【案例 7 - 5】

本案申请人为广州汽车集团股份有限公司，本案涉及一种汽车包络面的仿真方法，其特征在于，包括如下步骤：获得汽车前转向轮的轮跳及转向第一耦合关系曲线，所述第一耦合关系曲线包括多个坐标点，每个坐标点包括减震器行程参数及第一转向齿条行程参数；通过第一动力学仿真软件，获得考虑弹性件形变的前转向轮的轮跳及转向第二耦合关系曲线，所述第二耦合关系曲线包括与所述第一耦合关系曲线相对应的坐标点，且每个坐标点包括轮跳行程参数及第二转向齿条行程参数；结合所述第一耦合关系曲线与所述第二耦合关系曲线，获得所述汽车前转向轮的轮跳及转向最终耦合关系曲线，其中，所述最终耦合关系曲线上每一坐标点的轮跳行程参数为所述第一耦合关系曲线中对应坐标点的减震行程参数与所述第二耦合关系曲线中对应坐标点的轮跳行程参数中的较大值；根据所述汽车前转向轮的轮跳及转向最终耦合关系曲线，通过所述第一动力仿真学软件进行轮胎包络面仿真分析，生成所述前转向轮的运动轨迹文件。

在中文专利库中利用申请人字段、发明人字段，并与"包络面"等关键词进行检索，得到本案的一篇关联申请，二者的说明书内容完全相同，权利要求略有不同。在国家知识产权局官网"专利审查信息查询"栏中可追踪查询该关联申请的审查过程，得到一篇有效对比文件。

3. 背景技术文献信息追踪

背景技术通常记载申请人发现问题、解决问题的技术起点，其中会记载专利申请在做出发明时所参考的现有技术或者现有技术文献，这些技术或文献通常和本案发明的技术密切相关，对背景技术中提到的技术或文献，应进行追踪检索，可以帮助大家更好的理解本发明。尤其当背景技术中提供了一些专利文献时，可以追踪该专利文献的审查过程，快速获得相关的技术文献。

【案例7-6】

本案涉及一种设备（1），包括：具有公 USB 连接器（3a）的电缆部分（3），所述公 USB 连接器（3a）连接至模块（2），所述模块（2）能够作为 USB 外部设备运行，所述设备的特征在于，其还包括具有母 USB 连接器（3b）的电缆部分，所述母 USB 连接器（3b）连接至所述模块，所述模块能够也作为 USB 主机运行，公连接器和母连接器能够彼此连接，使得所述电缆部分与所述模块一同形成回路，所述模块配置为依据其公 USB 连接器和其母 USB 连接器的连接情况控制数据交换。

本案为 PCT 申请，在理解发明阶段，注意到本案背景技术中引证了相关专利文献，该专利文献与本案发明点密切相关，通过查看该专利文献的欧专局检索报告中引证的文献，发现可单篇评述本案独立权利要求创造性的对比文件。本案通过对背景技术文件的追踪，大大提升了检索效率。

三、技术信息追踪策略

专利文献是一种技术信息，因此需要从技术的角度对专利进行追踪检索。这种针对技术的追踪包括对技术所有人的重点追踪、技术密切专利文献的重点追踪和关键技术术语的重点追踪。本领域技术人员通常会在一些特定技术领域的重要申请人的专利申请中对相关技术进行追踪，以此来扩充追踪的线索。在检索中，我们经常会遇到和本案技术内容非常相近的文献，技术内容越接近，需要追踪越全面。在技术演进过程中，经常会遇到一些新的技术术语或技术名称，需要通过深入检索，在各类文献中了解新技术术语的前身和背景，追踪获得更多线索。

1. 技术领域重要申请人追踪

技术的研发有很强的关联性，对于一些热点技术，通常会有很多知名创新主体进行技术竞争和专利布局，例如对于交互类专利申请，在苹果、微软等公司进行检索；对于一些热点技术或特定技术领域，追踪该技术领域的一些其他重要申请人，往往可以高效地获得较好的检索结果。

【案例 7 – 7】

一种自动湿水胶纸机，包括机体，其特征在于：所述的机体包括机架部件（1）、储纸带机构（2）、自动送带机构（3）、自动剪切机构（4）、自动上水机构（5）、自动控温机构（6）和电器控制（7），机架部件（1）主要上设有右侧板（8）、左侧板（9）、上盖板（37）、下板（27），右侧板（8）和左侧板（9）固定于下板（27）与上盖板（37）的两侧，形成一个空腔；储纸带机构（2）包括支撑调节轴（38）、分隔板（39）、过渡轮（40），支撑调节轴（38）安装在右侧板（8）和左侧板（9）之间，支撑调节轴（38）上设有多处凹槽，用于调整分隔板（39）之间的距离，达到调整纸带的宽度。

本案的权利要求所记载的技术方案由机架、左侧板、右侧板、上盖板、下板等本领域中的常规术语所限定的技术特征所构成，通过这些技术特征不能明显地提取检索要素，若只是简单地使用这类常规术语进行检索，将会引入极大的噪声。

该案是国内公司申请，涉及自动化包装机械领域，而该领域国外起步较早，自动化程度较高。通过互联网查询该领域的重要申请人，发现一家美国公司的 Marsh 牌产品与该国内公司的某一系列产品外形及构造十分接近，Marsh 牌产品的厂家马什公司（The Marsh Stencil Machine，CO.）属于自动化包装机械领域的重要申请人，对该公司通过公司名称"Marsh Stencil"在外文专利库进行追踪检索，发现有效的对比文件（US2845266A，GB690346A）。

2. 技术密切专利文献的层层追踪

追踪文件有时不能一步到位，有时当获得了一些技术关联非常密切的专利文献，但又因为公开时间、公开内容等无法将其作为对比文件时，可以继续对这些文件的相关信息进行深入追踪。例如，对该技术密切文件的申请人/发明人、分类号、引证文件、同族审查过程等方式进行层层追踪。技术关系越密切，追踪检索应当越全面，越深入。

【案例 7 – 8】

本案申请人为中兴通讯股份有限公司，涉及一种同步系统中集中式密码管理方法，其特征在于，所述方法包括：部署密码管理中心和各个设备之间交互的专用接口；密码管理中心从各个设备上获取基本信息，根据基本信息生成密码文件，并存储在密码数据库中；应用程序需要访问同步系统中的设备时，通过专用接口从密码管理中心获取密码文件。

在中文专利库和外文专利库中以分类号和关键词"同步""密码管理"进行检索，得到一件技术内容与本案密切度极高的专利文件（CN102118247A），但时间不能用，追踪其审查过程，得到了有效对比文件。

3. 关键技术特征的深入追踪

对于一些和发明点密切相关的关键技术特征，在检索中要进行深度追踪。随着检索的深入，需要不断扩充对关键技术特征的理解，比如了解其技术演进脉络、技术术语表达方式、相关分类号等，在检索中不断补充关于关键技术特征的相关、相似的表述方式、分类号等，不断调整检索方向，保障检索的全面性。这种检索可以帮助检索者深入了解发明的起点、难点、改进点，不断加深对本发明的理解。

【案例 7 - 9】

本案涉及一种电流模式同步整流 PWM 控制电路，其关键技术特征在于该 PWM 电流比较器内设置有倒比管。

"倒比管"的表达在本领域不常出现，首先需要对"倒比管"这一术语进行深入检索。在读秀中检索到书籍信息"《集成电路版图设计》，刘睿强等编著，电子科技大学出版社，2011 年 3 月第 1 版，第 127 - 130 页"。该书解释了"倒比管"的定义如下：常用的 MOS 管的宽长比都是大于 1 的，但有时候也会有小于 1 的管子出现，这样的管子称为"倒比管"。由此得到"倒比管"的定义，本案说明书第［0017］段明确记载"设置倒比管解决因比较器延时造成的控制电路反应速度缓慢的问题"，可以从技术效果对"倒比管"进行表达，具体地采用"比较器 s 延时 s 响应速度 s 快"的检索式再次在专利库中进行检索，检到相关文件 CN102571044 A，其中公开了比较器包括第一至第九晶体管，实现了低延时、响应速度快，在其说明书的表 1 中列出了比较器中各个晶体管的尺寸，其中第七至第九晶体管的宽长比小于 1，结合书籍《集成电路版图设计》中的内容可以认定对比文件 CN102571044 A 公开了比较器中第七至第九晶体管为"倒比管"，且其同样设置于比较器中，与本案中的"倒比管"作用相同。

本案通过对"倒比管"的深入追踪检索，逐步了解其实质含义，检索到了合适的对比文件。

四、产品信息追踪策略

有些发明涉及对市场上特定实物产品的改进，针对这类发明可以通过互联网销售网站、商品网站、产品论坛、产品手册等进行检索，了解申请文件所涉及的相关实物产品的生产厂家、生产情况、使用情况等信息，了解该相关产品的发展动态、产业链情况，并利用查询到的相关信息，进行有针对性的追踪检索。

【案例 7 – 10】

本案申请人为浙江上城科技有限公司，涉及一种蓝宝石触摸屏及其制备方法，发明点在于蓝宝石盖板的材料成分及结构，领域跨度较大。

经过检索在专利库及非专利库没有发现有效的对比文件。以关键词"上城科技""蓝宝石"在百度中查询申请人有关蓝宝石触摸屏产品的相关信息，发现苹果公司有相关产品研发，以关键词"蓝宝石""苹果"继续进行查询，发现苹果公司有蓝宝石复合片的相关专利，进而转到外文专利库中，查找苹果公司的蓝宝石复合片的专利，最终发现有效对比文件。

【案例 7 – 11】

本案涉及一种扩展智能终端外部接口的系统，其特征在于，包括：通过使用 USB – HUB 扩展单元将一个 USB – OTG 接口扩展为多个 USB – HOST 接口，其中 USB – HUB 扩展单元由 USB 多端口收发宏单元、上行端口收发器、下行端口收发器、路由交换器、数据接收缓存、PLL 锁相环、3.3V 和 1.8V 电压调节器、振荡器、下行端口控制器、上行端口控制器、串口引擎、全速/低速数据转发器、高速数据转发器、数据转发器缓存、集线器控制器组成。

本案若采用常规的检索要素很难检索到对比文件。考虑到本案申请人是成都联星微电子有限公司，该公司成立于 2005 年，公司规模较小，而 USB – HUB 扩展单元结构复杂，独立开发 USB – HUB 扩展单元工作结构的成本较高，而市场上已经存在成熟的扩展芯片产品，因此分析该公司可能是利用了现有技术已有的 USB – HUB 扩展单元芯片产品。此时可以转而对市场上存在的 USB – HUB 扩展芯片产品进行检索，发现 3 家占有率很高的公司分别是 TDI、Philips 和 Cypress，继续了解到这 3 家公司主推的 USB – HUB 扩展单元的芯片型号（USB2.0 接口，申请日之前的芯片），分别是 TDI 公司的 TD242 系列，Philips 公司的 ISP1761 系列，Cypress 公司的 CY7C6 系列，利用互联网资源 DataSheet 查找芯片的使用手册，找到 Cypress 公司的芯片具有 USB – HUB 具体结构，完全公开了本案中的 USB – HUB 扩展单元的结构，因此该芯片产品手册为有效对比文件。

第二节　数值检索策略

专利文献中往往会出现有关于数值和数值范围的表述，特别是在材料、化学、医药、半导体等领域，而对数值范围检索是专利检索的难点问题。由于数值和数值范围更多地出现在说明书全文的实施例当中，而全文中通常存在大量附图标记（数值），因此，在数值、数值范围的检索中容易受到全文中所记载的附图标记、序号和图号等数字的干扰，检索比较特殊，难度较大。同时，检索式的构建需要考虑数值范围如何表达、数值范围与参数单位的位置关系表达等多方面。如何有效去除干扰、如何合理构建检索式表达数值及其范围，是涉及数值检索的关键问题。

一、直接的数值检索策略

直接的数值检索包括对单个数值检索和数值范围的检索，利用截词符和邻近算符进行直接的表达是最常见的表达方式。

1. 单个数值检索

单个数值检索是实现一切数值检索的基础，涉及单纯数值检索的情况相对比较简单。对于整数的表达，直接将该整数输入作为关键词检索即可，大多数据库均直接以数字作为字符进行标引，因此可以直接输入数字进行检索。对于小数、百分数、科学计数法等特殊数值的表达，通常要先通过简单检索，了解一下数据库是否支持这些特殊字符。

对于小数，比如说10.1其标引方式有两种，一种是标引为一个数，另一种是"10"".""1"分别标引，且相邻两者间可以组合，因此可以采用两种表达方式进行检索尝试。第一种方式可使用10.1或10.+来检索，第二种可使用"10"w"."w"1"或者10.w"1"或者"10"w.1检索。通过检索结果的浏览判断检索数据库所支持的小数表达方式。

2. 数值范围检索

一般来说，如果检索到的对比文件公开的数值或者数值范围落在检索对象限定的技术特征的数值范围内，或者与其具有部分数值范围重叠或者有一个共同的端点，则认为此数值范围已被现有技术公开了。针对某一特定参数如温度、电流密度、粗糙度、压力、厚度等的单一数值范围检索，目前主要存在的问题是如何合理构建检索式，从而将需要的数值范围准确地进行检索。

数值范围最常见的是利用截词符进行直接表达，可利用截词符"＋""#"和"?"以穷举的方式实现数值范围的检索。其中"＋"号代表任意个字符，"#"代

表 1 个字符，"?"代表 0~1 个字符。如检索 4-6，构造检索式 4 or 4. + or 5 or 5. + or 6 or 6. +；检索 700~800，构造检索式 7## or 7##. + or 800；检索包含 20 和 200 的数值，构造检索式 20?. + or 20 or 200。在不同的检索系统中截词符的表达和使用方法会有所区别，在检索的过程中应当注意。例如，Patentics 中的邻近算符为 adj/n、equ/n，位置算符为 nw/x、np/x。

在数值范围较大时，可以利用各个检索系统专有的数值范围的表达方式，Google Scholar 中".."代表数值范围，例如，温度 70..90；Patentics 中 per/9~60 表示区间 9~60，与 9~60 区间重合的数值范围都会被检索到，如果数值区间为 6~10，由于与 9~60 中有重合部分 9~10，因此可以被检索到。

二、间接的数值检索策略

在检索时，除了直接用算符表达数值的检索方式之外，还可以借助数值单位、定义以及与数值紧密相关的部件来进行限定，以此可有效去除附图标记等数字的干扰。例如，可以利用邻近算符使数值单位、定义联合数值一起构成精确的检索式；对于一些特殊的数值单位或数值定义，还可以直接采用数值单位或定义来进行检索。

1. 利用数值描述的对象名称

在技术文献中，数值一般为了表达一个物理量的大小或者范围，通常是直接测定的性能值，表达一个物理量大小的同时可能会出现这个物理量的名称，还存在单独出现数值以元素或者物质的组分比来限定的权利要求。

在对英文表示形式的分析过程中发现，对物理量的表述通常是物理量在前，数值在后，极少出现数值在前，物理量在后的情况，例如"the temperature of ××× is""the ×××'s temperature is"等的表述，温度的表述"temperature"和具体的数值相互之间的关系通常是温度在前，数值在后，所以确定应当采用"物理量 xw 数值"的检索式；同时，数值之后都会紧跟单位，因此在数值之后通过 xw 单位，可以避免很多干扰。

在专利文献中元素也经常和数值相关地出现，并且元素多以百分含量的形式出现。在实际的检索中，会涉及很多针对元素组分的检索，尤其以百分含量的形式出现，检索时涉及的基本元素包括两个：元素符号（或元素名称）和数值。由于元素检索表达形式多样，数值可能在元素前，也可能在后，可以考虑使用 nd 来作为邻近算符。在表述元素数值的时候，除了元素的名称和数值外，百分比的单位（即百分号"%"和"percent"也是必不可少的），可以在构建数值检索的检索式时，在数值之后再加上百分比符号来减少噪声的干扰，提高检索的速度。

对于浓度、密度、面积、体积等其他物理量的检索方法与上述检索方法类似，在此不一一赘述。

在数值范围的检索中往往存在具有关联关系的多数值范围检索的对象。与单一数值范围检索不同，同时并存多个具有数值范围的参量，且这些参量具有关联性。其中最为典型的代表为材料组分的检索，如合金组分、有机或无机混合物组分、化合物元素组成等。材料组分的检索具有自身的特点，通常具体特定的标示符：重量、wt、%、mol、摩尔、体积、份等，其通常与材料配比同句，通过标示符引入，可在很大程度上提高检索准确度和降低检索噪声。可构建如下检索式：

重量式：（重量 or 质量 or weight or wt or % or 份）s 检索组分

摩尔式：（% or mol or 摩尔 or 份）s 检索组分

体积式：（% or 体积 or vol or 份）s 检索组分

此外还可以通过频率算符 frec 进行检索。考虑到专利全文的特点，材料组分这一特征可能出现在权利要求、说明书发明内容部分和实施例部分，因此材料具体组分出现的频率应该大于等于3。

材料组分中通常具有主组分和次要组分，主组分即含量最高即基本组分的材料，例如：一种焊料，其组分为锡75%~85%、银3%、铜12%~22%，其中锡为主组分。主组分相对次要组分在说明书全文中出现的概率会更高，故检索时主组分和次要组分在检索时可区别对待，如主组分出现的频率可大于10次。因此采用使用频率算符特别是主组分使用高频率算符后，更容易降低检索噪声。如构造如下检索式较佳：（SN/frec > 10 or 锡/frec > 10）and（AG/frec > 3 or 银/frec > 3）and（铜/frec > 3 or CU/frec > 3）。

【案例 7 – 12】

本案涉及一种钻夹头，包括钻体（1），钻体（1）上设有围绕其中心线（11）等距设置的数个倾斜的夹爪孔（12），夹爪孔（12）中设置夹爪（13），钻夹头还设有螺母，螺母和夹爪（12）上的螺纹连接，其特征在于：夹爪中心线（15）与钻体的中心线（11）的夹角大于等于17°小于等于19.5°，夹爪孔（15）具有相应的倾斜度。本案附图如图7-3所示。

本案涉及数值范围的检索。由于该数值范围17~19.5间隔不是很大，可以采用穷举的方式对数值范围进行表达，即采用截词符对数值范围进行表达。而该数值范围是角度，因此采用角度及其扩展词与数值范围组成表达式能够进一步降低噪声，构造表达式如下：

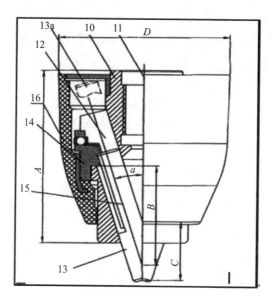

图 7 – 3 本案附图

（卡爪 or 夹爪 or 钻夹头）and（（夹角 or 角度 or 倾斜度）5d（"17" or "18" or "19" or 17. # or 18. # or 19. #））and b23b31/ic

以该检索式可以获得专利文献 CN2177550Y，该文献说明书记载了"夹爪定位孔与轴心线的 α 夹角一般为 $12° \sim 18°$"。该范围与申请专利的数值范围部分重叠，可以用来评价本案。

【案例 7 – 13】

本案涉及一种电子基板用微晶玻璃材料及制备方法，权利要求 1："电子基板用微晶玻璃材料，其特征在于包含下述组分：CaO：$33 \sim 50mol\%$，B_2O_3：$12 \sim 30mol\%$，SiO_2：$30 \sim 50mol\%$，ZnO：$0 \sim 2mol\%$，P_2O_5：$0 \sim 2mol\%$，ZrO_2：$0 \sim 2mol\%$，TiO_2：$0 \sim 2mol\%$。"

本案例中主要的组分为 CaO、B_2O_3、SiO_2，而上述元素组分的范围比较大，不适合用表达式对数值范围进行描述，因此采用组分与标示符结合的形式进行表述，构造检索式如下：（% or mol or 摩尔 or 份）s CaO s B_2O_3 s SiO_2 s 玻璃。通过分类号、时间以及其他关键词的进一步限定得到对比文件 CN1531007A、CN1483009A 与 CN1389415A。

对比文件 CN1389415A，其公开了："CaO：40wt%（换算为 43.4mol%），B_2O_3：18wt%（换算为 15.6mol%），SiO_2：38.5wt%（换算为 38.5mol%），ZnO：2.5wt%（换算为 1.9mol%），P_2O_5：1.5wt%（换算为 0.6mol%）。"对

比文件使用"wt"的形式表达单位，本案检索式中采用"%"标示符进行检索才避免了漏检，可见在检索过程中要充分考虑到检索词的扩展，避免单位名称扩展不全面，百分号等标示符也具有很好的效果。在本案例中 ZnO 为 0 ~ 2mol%，在该对比文件中 ZnO 为"2.5wt%"，2.5 并不落入 0 ~ 2 的范围内，但是将其换算为同样的标示符 mol 时 1.9 落入 0 ~ 2 范围内，因此在对数值范围与标示符联合进行表达时，在进行单位换算的同时需要将数值范围也进行相应的换算，再进行表达。

【案例 7 – 14】

本案权利要求 1：一种扩散片，其包括基材和散布于该基材内的光学扩散粒子，其特征在于：该光学扩散粒子的折射率与该基材的折射率的比值大于或者等于 1。

权利要求 3：如权利要求 1 所述的扩散片，其特征在于：该基材的折射率为 1.45 ~ 1.55，该光学扩散粒子的折射率为 1.9 ~ 2.2。

从说明书记载的方案可以看出，其使用的基材为亚克力材料或透光聚合物，光学扩散粒子材料可以为玻璃。根据本领域技术人员所知，物质的折射率是属于该物质本身的特性，通过查阅相关折射率表可以获知，亚克力的折射率为 1.49 左右，玻璃的折射率为 1.5 ~ 1.9，实际上公开了本案权利要求相应的数值特征，因此在检索时并不需要从数值范围出发进行检索，而是从所用的材料进行相应的检索。直接通过材料关键词检索即可得到 CN1629693A 和 CN1646948A，均可以影响权利要求 1 的新颖性。

2. 利用数值所描述物理量的单位

表达一个物理量大小的同时可能都会出现单位，而且大多出现在数值之后，表达形式通常为"物理量 * 数值 * 单位"，例如"电压 0.5V"。检索参数与参数单位之间关系密切，在位置上也具有比较固定的关系，适宜采用邻近算符 W/D 限定数值范围与单位之间的关系。用邻近算符限定数值范围与单位之间关系时，准确表达关系推荐用 2D，其可准确表达数值（例如 3）与单位（例如 A/dm^2）之间间隔 0 ~ 2 个字符的情况，如 $3A/dm^2$、$3 ~ 10A/dm^2$、3 to（and）$10A/dm^2$ 等情况；此外，上述表达式会遗漏数值与单位之间间隔更多字符的情况，如 $3A/dm^2$、$4A/dm^2$、$10A/dm^2$、$11A/dm^2$。因此若未检索到，可适当对检索式进行扩展，如 3 ~ 5D，利用位置算符 S 更加全面，但可能会造成一定的干扰。

对于常见的压力、压强、温度、质量、长度等物理量，使用上述物理量的单位表达形式相对于一般的关键词更为准确，并且它们相对数值的位置固定。

一般来说，在中文表达中，数值与单位之间不会有什么间隔，因此，可以不必使用邻近算符，或其他的位置算符，但如果为了防止漏检，也可以使用"数值"nW"单位"的方式。在数值检索中，引入单位的表达，可以大大提高检索的精确程度，提高检索效率。

在单位的表达过程中通常会使用英文表达，例如压强的单位"Pa"、长度的单位"m"等，对于一些不会明显造成干扰的情况尽量使用截词符"?"，以保证文献在单位后面加 s 的复数表达形式，而对于 Pa 单独作为一个检索元素时，由于与 Pa 不加截词符相比会引入较多的无关干扰，比如"pad""pan"等以 pa 开头的单词，即尽量使用 pa 检索，而在 Pa 与其他单词配合使用，如 kilo、K 等，则可使用 Pa? 以使检索更加全面，防止漏检。此外，以"m"开头的其他单词例如"ms"为时间的单位，加入数值之后仍然存在各种干扰。而一般在包含数值和单位来精确表达长度的句子中会出现长度以及类似的表达方式，例如"长度为 10m"，因此可以使用位置算符 s 来与"长度"相配合，这样可以减少很多噪声的干扰，以实现精确的检索。由于英文和中文的表达方式不同，在英文库的检索中表达式需要有所调整。

在同一物理量中通常有不同的单位，例如长度单位非常细化，种类非常多，在常用的长度上每个数量级均存在一个对应的单位。经常会出现一种使用下一级（或上一级）的单位，同时使用大（小）一个数量级的数来表达同样大小的量。比如长度为 1cm，并不是所有的文献都是用"1cm"这种表达，可能存在使用"10mm"来表达这个量，因此在检索的过程中需要注意单位的扩展。

有些数值形式较为复杂或范围较大，可以通过分析参数背后隐含的技术特征，将检索参数限定转化为其他方式进行表达，优先选择为检索参数针对的对象或密切相关内容为检索要素，将检索要素与数值的单位采用邻近算符、位置算符进行限定，通过浏览来获取检索的数值范围。

【案例 7-15】

本案涉及一种制造超导线的方法和超导设备。权利要求是：一种制造超导线的方法，包括步骤：……将所述基板（1）浸入硫酸铜溶液（7）中；以及用所述硫酸铜溶液（7）作为电镀液通过电镀在所述银稳定层（4）上形成铜稳定层（5），其中在所述电镀时，要被电镀的物体表面的电流密度不大于 $9A/dm^2$。

电流密度不大于 $9A/dm^2$ 是本案的发明点，也是与对比文件 1（检索到的最接近的现有技术）唯一的区别技术特征。该申请发明点涉及细节技术特征——

数值参数，因此优先在全文中进行检索。该案例中检索参数为电流密度，其具体为 $CuSO_4$ 溶液中进行铜电镀的电流密度，因此选择 $CuSO_4$ 作为检索对象。

在说明书全文中以如下检索式进行检索：/desc（硫酸铜 or $CUSO_4$）s（（3 or 4 or 5 or 6 or 7 or 8 or 3. + or 4. + or 5. + or 6. + or 7. + or 8. +）2d（A/dm^2 or A/dm^2）），可检索到 CN1455829A、CN1509351A、CN1158915A、CN1275176A 和 US2006051677A1 等多篇电流密度落入申请人请求保护数值范围的现有技术文献。

检索到的对比文件的摘要中未出现上述数值范围，在摘要库检索容易漏检，因此在数值范围检索中在全文中检索更加有效，可优先采用。

此外还可以将检索要素与物理量以及数值的单位通过算符来表达相应的检索式，例如：（硫酸铜 or CUSO4）s/p（（电流密度 or "CURRENT DENSITY"）6d（A/dm2 or A/dm^2）），以此也可检索到多篇相关文献。

在该检索案例中，检索要素（硫酸铜 or CUSO4）与检索参数单位（A/dm2 or A/dm^2）之间的逻辑关系分别用 p、s 和 d 进行构建，采用 W/D 邻近算符可以准确地查找到相关文献，也容易造成遗漏，采用 P/S 位置算符能够进行全面查找，但是会造成检索文献量大的问题，因此在实际检索过程中，可以通过 W/D 进行初步检索，再通过 P/S 进行扩展检索。

【案例 7 – 16】

本案发明点涉及复合膜分离层厚度为 0.1~8 微米。对于数值范围的检索，还要充分利用数据库提供的检索字段和检索算符，例如 Google Scholar 提供的数值检索功能，将输入的两个数字用两个英文句号分开，即表示检索两个数字之间的数值。本案中可在 Google Scholar 中检索时，输入"复合膜 and 分离层 and 0.1..8 and（微米 or μm）"，即可获得相关的对比文件。

【案例 7 – 17】

本案例权利要求 1：一种色粉的制造方法，其特征在于，使粒径为 1μm 以下的树脂粒子和树脂粒子中不含的色粉原料的粒子凝聚，并加热得到凝聚物，所述树脂粒子至少含有黏合树脂，利用高压均化法从黏合树脂的粗粉末的浆液得到。

由于 μm 单位有多种表达方式，为了避免漏检，可对单位进行扩展。当扩展为 nm 时，数值范围相应地会增大，此时不宜直接使用数值范围表达式，而是采用单位与元素的组合，构造检索式：（（1μm or 1 微米）or（0. + w（μm or 微米））or（nm or 纳米））s（树脂颗粒 or 树脂粒子）s 粒径，以树脂粒子和粒径 1μm 以下作为检索要素进行检索，并且通过分类号和申请日对检索结果进一步进行筛选，检索到了可单篇评述新创性的对比文件 CN1652033A，在说明书公开了"本发明树脂颗粒分散液中树脂颗粒的体积平均粒径为 1μm 或更小，优选约 100~800nm"。

第三节　图形检索策略

图形检索主要适用于机械产品结构类或计算机图形界面类发明的检索，检索对象主要包括图片、照片、说明书附图、外观设计专利等。可以通过直接从视图中获得相关对比文件，提高检索效率。

根据检索算法不同，图形检索可以分为基于文本的图形检索法（TBIR）和基于内容的图形检索法（CBIR）。基于文本的图形检索法（TBIR）是基于对图形的理解，通过人工对每幅图形利用关键字进行标注，从而将对图形的检索转换为基于文本的检索，然后利用已有的数据库技术或文本信息检索技术对图形标注进行存储、索引和检索。当用户需要检索图形时，只用输入关键字即可进行有效检索。基于文本的图形检索技术在检索过程中易于理解、实现简单、检索速度快，但缺点也是显而易见的，它需要通过对图形理解后进行人工标注，工作量大，且标注过程具有主观性和不确定性，这会影响图形检索结果的可靠性。基于内容的图形检索法（CBIR），其基本的思路是由软件对图形进行自动分析，并提取图形的内容特征，如纹理、颜色、形状等，以及这些特征的组合信息来建立图形的特征矢量并存入图形特征库中，再依据图形的多维特征矢量完成相似性匹配。这种检索方法准确率较高，但由于算法复杂，计算量大，检索效率较低。简单地说，对于用户而言，基于文本的图形检索法（TBIR）是通过输入关键词检索相似图形；基于内容的图形检索法（CBIR）是通过输入图形检索相似图形，这是两者的本质区别。

图形检索的数据资源主要包括：对普通图形进行检索的互联网通用图形搜索引擎或平台、产品类图形信息量巨大的互联网交易平台，以及可以对外观设计图片进行检索的专利数据库。互联网通用图形搜索引擎或平台有百度图形检索引擎、谷歌图片检索引擎等。互联网交易平台有淘宝网、京东网等。专业外观设计专利数据库主要包括商用的外观专利数据库和政府外观专利数据库，商用的外观专利数据库如佰腾网、智慧芽、SooPat 网、Orbit 数据库、专利之星网（Patentstar）等均提供外观设计专利检索入口，政府的外观专利数据库在各国专利局官方网站上均可以找到检索入口。

国外专利局外观专利数据库入口列举如下。

（1）日本外观设计专利因特网数据库网址（英文界面）：

http：//www. j－platpat. inpit. go. jp/web/all/top/BTmTopEnglishPage

（2）韩国外观设计专利因特网数据库网址：

http：//www. kipris. or. kr

（3）美国外观设计专利因特网数据库网址：

http：//www. uspto. gov/patft/index. html

（4）法国外观设计因特网数据库网址：

http：//www. plutarque. com

（5）WIPO 网站海牙专属因特网数据库网址：

http：//www. wipo. int/designdb/hague/en/

一、基于文本的图形检索策略

基于文本的图形检索策略是通过输入与图形相关的文字，获取与图形相似的专利说明书附图、外观设计专利图片或其他种类图片等检索结果。对于机械结构类、界面类、电路类、化合物结构式类案例的检索，如果其改进点能够通过关键词进行有效表达，可以通过输入文字在数据库的图形中进行检索。输入的关键词，可以在图形的标引文字、图形文件的标题、网址、外观设计专利的名称、简要说明等范围内检索，获得与关键词对应的图形类检索结果。检索的资源包括：互联网通用图形搜索引擎如百度、谷歌、搜搜图片、搜狗识图、有道图片等，可以通过输入图片名称、内容关键字进行图形检索。互联网交易平台如淘宝网、京东网等，可以通过输入关键词、厂商名称或商标名称等进行图形检索。专利数据库如佰腾网、智慧芽等，可以通过输入关键词在外观设计的名称或简要说明字段进行检索。对于基于文本的图形检索策略来说，准确地选取与发明点相关的图形并提取出其对应的关键词是重点。在本策略中，关键词选取与前述章节不同，无须过多扩展，尽量选择准确、简要、通用、指向性强的词语进行表达即可。可以结合外观涉及专利的名称和简要说明的特点，优先选取产品名称、用途、技术领域等体现技术主题的关键词，其次可以选取体现重要结构、部件、功能的关键词，最后可以选取表示效果、技术问题等的关键词。

【案例 7－18】

本案涉及一种 Z 字形汽车轮毂，其特征在于：包括轴心座、边沿、轮辐，所述轴心座、边沿之间设有多个均匀分布的轮辐，所述轮辐为 Z 字形结构。说明书如图 7－4 所示。

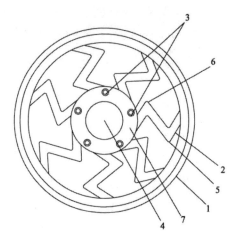

图 7 - 4　本案说明书附图

　　本案涉及一种汽车轮毂，如果使用关键词"轮毂、车轮、车圈、轮圈、轮框、轮辐、辐条、辐板、S、Z、之字、折线"，很难检索到对比文件。本案权利要求中的结构特征为本领域通用零部件，且改进点 Z 字形轮辐的关键词表达十分多样，如果以此检索，其检索结果噪声较大。通过分析发现该技术方案更接近保护的产品的外观结构，因此选取外观设计专利库中做重点检索。在网站佰腾网的中国外观设计数据库中以专利名称字段为入口，对包含"轮毂"的外观设计专利进行检索，得到了一篇可以评价本案新创性的对比文件（CN302414261S）。

【案例 7 - 19】

　　本案权利要求请求保护一种光控闪烁控制电路，其特征在于，包括：光敏电阻，用于感测外部光亮；控制三极管，其基极通过该光敏电阻接电源、集电极通过一分压电阻接电源；驱动三极管，其基极通过偏置电阻接电源、集电极与电源之间可串接一发光元件，该驱动三极管与控制三极管的发射极共同接到一公共电平上；第一振荡电容，跨接在该驱动三极管的基极与该控制三极管的集电极之间，第二振荡电容，跨接在该驱动三极管的集电极与该控制三极管的基极之间；在该光敏电阻没有感测到外部光亮而处于高阻抗的时候，该控制三极管处于截止状态、驱动三极管处于导通状态，可使该发光元件处于常亮工作状态；在该光敏电阻感测到外部光亮而处于低阻抗的时候，该控制三极管与驱动三极管借助该第一振荡电容、第二振荡电容的交替充放电过程而处于交替导通、截止状态，可使该发光元件处于闪烁工作状态。说明书中对应电路结构如图 7 - 5 所示。

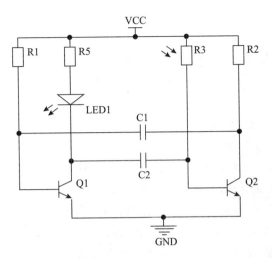

图 7 – 5 本案电路图

在专利数据库中采用常规检索策略进行检索，无法检索到对比文件。由于该电路组成结构不复杂，仅是在光敏电阻的特性和电容充放电的振荡特征的基础上进行的改进，是涉及电路结构的改进，所以可以考虑在互联网图片数据库进行检索。选择百度图形搜索，提取用于体现发明点的关键词"光敏""振荡""晶体管/三极管""轮流导通/交替导通""发光二极管/发光 LED"和"闪烁"进行检索，获得检索结果如图 7 –6 所示。

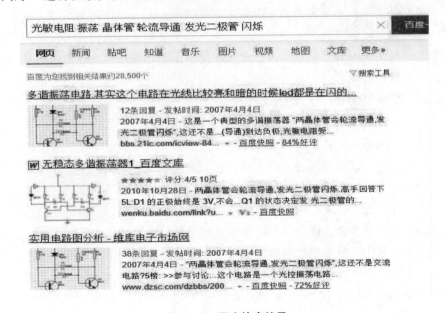

图 7 –6 百度检索结果

检索结果中第 1～3 条结果均记载了与本案的光控电路构思一致的电路。在百度文库等权威网站获得的证据可信性较强，如果时间可用就可以将该网页作为对比文件。如果时间不可用或者时间不明确，也可以从中获取相应产品的型号和公司的信息，在百度或百度文库或专利数据库中继续进行追踪检索。

目前互联网交易平台能够提供海量的产品数据，且为了方便消费者查找相关产品，提供了丰富的搜索入口，对于专利信息的检索者来说，可以充分考虑这些交易平台提供的已经使用公开的产品信息。互联网交易平台的检索通常适用于产品类发明，仅通过浏览产品的图片就能够确定出是否属于破坏新创性的对比文件，可以帮助检索者找到和产品相关的信息。检索的方式通常为在交易平台提供的搜索入口输入关键词、厂商名称或商标名称等。但是也需要注意互联网证据的可信性问题，尽量使用可信度高的网站证据作为对比文件，例如政府网站、业内权威的网站。

二、基于内容的图形检索策略

基于内容的图形检索策略是通过直接输入待检索图形，获取与图形相似的专利说明书附图、外观设计专利图片或其他种类图片等检索结果。对于机械结构类、界面类、电路类、化合物结构式类案例的检索，如果其改进点能够通过直观图形表达出来，且通过浏览图片或说明书附图就能够直观判断出是否属于对比文件，则适宜采用此策略。对于该策略，选取能够体现发明点的图形作为检索要素是关键，输入的图形可以为体现发明构思的一幅说明书附图，或从附图中截取的最能够体现发明点的部分图形，如果必要也可以将发明构思制作成手绘图或使用绘图软件制图。由于大多数提供图形匹配功能的数据库都是通过模式识别算法对图形进行自动匹配，提取图形的边缘、纹理、颜色等信息，因此输入图形质量的好坏，直接影响检索结果的准确性。

选择合适的检索资源是基于内容图形检索的基础。互联网通用图形搜索引擎是最常用的图形检索工具，百度、谷歌、搜狗等搜索引擎均提供基于内容的图形检索功能，其可以通过直接上传图片或图片 URL 均可进行搜索，这些搜索引擎更适用于机械结构类、交互界面类案例的检索。互联网交易平台如淘宝网也同样提供图形检索功能，其能够通过直接拍摄照片进行检索，更适用于完整产品类案例的检索。部分专利数据库也提供基于内容的图形检索功能，能够通过输入图形，针对专利数据库中说明书附图、外观设计图片等进行检索，例如智慧芽、法国外观设计因特网数据库，以及一些研究机构研发的数据库，如 IIT Kanpur 的 Patseek 数据库。CNKI 学术图片库也可以对本地上传的图片进行相似图片的检索。

基于内容的图形检索策略的优势在于直接使用图形作为检索要素，丰富了检索要素的表达形式，并且可以更直观地浏览检索结果，一旦检索成功可以直接获得较为准确的检索结果。但是该策略的缺点也比较明显，通过互联网引擎或交易平台检索获得的多为互联网证据，由于互联网证据存在公开时间不容易认定、证据容易篡改等问题，有些互联网检索结果不能直接使用，需要利用其提供的线索，继续追踪其他可信的对比文件。另外，受限于互联网中海量图片数据、匹配算法复杂等因素，基于内容的图形检索策略效率和准确度并不高，匹配算法、标引方式等仍然是业内研究的热点。

第四节　电路结构检索策略

本节所指的电路结构类发明，主要包括在电路领域中采用具体元器件（如开关、电容、电阻、二极管等）以及它们之间的连接关系来撰写权利要求的发明。针对这类发明，由于电路图存在原理图、方框图、印刷电路图、装配图等多种形式，而且电路本身也存在复杂性和多样性，在检索中如果仅采用元器件作为关键词进行检索，通常噪声很多。同时，电路领域的分类号往往按照电路的功能或技术效果进行分类，不同电路经常可以实现多种功能，分类号交叉较多，检索效率不高。本节从电路实现的功能和电路连接关系两个角度探讨这类技术方案的检索策略。

一、基于电路实现功能的检索策略

电路类发明，不宜机械地将一些权利要求记载的元器件名称直接作为关键词检索，可以充分利用电路的可功能化、可模块化的特点，紧密围绕完整技术方案，从电路原理出发分析各元器件连接所实现的功能。对于一张电路图，无论多么复杂，通常都是由几个单元功能电路组成，最常见的单元功能电路包括：电源电路、信号产生电路、信号处理电路、传感应用电路、功率驱动电路、电平转换电路、显示电路、数/模转换电路、检测电路等。我们要通过对电路结构的分析，确定出核心发明点在于某一个或某几个单元功能电路的改进，将其作为基本检索要素，通过其功能的关键词或分类号进行要素表达，从而达到事半功倍的效果。对于功能整体改进的电路结构，还可以将基本检索要素再结合一些领域、效果、问题的关键词或分类号进行检索，使检索式体现出完整的发明构思。

【案例 7 – 20】

本案提出一种灯管的低压直流驱动方式，所要解决的技术问题是：灯管在高压交流下驱动时适用范围小。

权利要求请求保护一种推挽升压电路,推挽升压电路包括电阻 R37 和 R38 以及晶体管 Q9 和 Q10,电阻 R37 和 R38 的一端连接至电源的一极并且另一端各自连接于感应线圈 Nb 的两端中的一端,电阻 R37 和 R38 的另一端还分别连接至晶体管 Q10 和 Q9 的基极,初级线圈 Np 与电阻 R37 和 R38 连接至电源的相同一极,并且初级线圈 Np 与电源的连接点将其分为 Np1 与 Np2 两段,Np1 与 Np2 两段各自的另一端分别连接至晶体管 Q10 和 Q9 的集电极,晶体管 Q10 和 Q9 的发射极连接至电源另一极。该电路结构如图 7 – 7 所示。

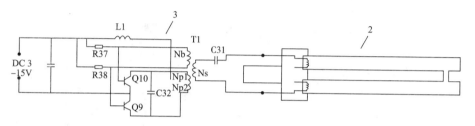

图 7 – 7   本案电路结构

本案属于比较典型的电路结构类撰写方式,权利要求仅涉及元器件及其连接关系,在实际检索时,如果使用电阻、线圈、晶体管等元器件直接检索,很难获得对比文件。通过分析电路原理进一步理解发明后,我们可以确定本案的发明构思为:通过自激振荡与推挽变压器相结合来实现灯管的直流驱动,核心部件为自激荡器和推挽变压器。因此,可以选取表达电路功能的关键词"自激震荡""推挽"等进行检索。利用上述关键词结合领域关键词"灯""感应"等在"超星读秀"数据库中进行检索,可以得到由孙德印主编的图书《新型液晶彩电背光灯板维修精讲》,其中记载了与本案基本相同的电路结构。此种驱动电路为罗耶驱动电路,是利用开关晶体管和变压器铁芯的磁通饱和来产生自激振荡,在液晶彩电背光灯板中应用较多。由于该文献出版时间为 2014 年,故不能作为评述本案的对比文件。但可以得出本案的发明构思为采用罗耶驱动电路驱动灯管,也就是说本案的核心部件为"罗耶驱动电路",在外文专利库中使用关键词"Royer and driv + "进行检索,就可以获得可以评述本案全部权利要求新颖性的对比文件(JP4063625B2),其公开了权利要求中的所有技术特征。

【案例 7 – 21】

本案权利要求涉及一种对多路信号的进行滤波解调的装置,其特征在于:包括电容 C1、电容 C2、电容 C3、电容 C4、电容 C5、电阻 R1、电阻 R2、电阻 R3、电阻 R4、电阻 R5、电阻 R6、电阻 R7、二极管 D1、二极管 D2、运算放大器 A1、运算放大器 A2 和三极管 T，所述的电容 C1、电容 C2、运算放大器 A1 的同向输入端、运算放大器 A1 的输出端、二极管 D1、二极管 D2、运算放大器 A2 的输出端、运算放大器 A2 的同向输入端、电容 C4 和电容 C3 依次串联连接组成闭合回路，电容 C1 和电容 C3 的公共端接输入信号；所述的二极管 D1 和二极管 D2 的负极公共端同时连接三极管 T 的基集、电阻 R7 和电容 C5；所述的电阻 R1 一端连接电容 C1 和电容 C2 的公共端，另一端同时连接运算放大器 A1 的反向输入端和输出端；所述的电阻 R4 一端连接电容 C3 和电容 C4 的公共端，另一端同时连接运算放大器 A2 的反向输入端和输出端；所述的电阻 R2 两端分别连接电容 C2 的输出端和电阻 R3；所述的电阻 R5 两端分别连接电容 C4 的输出端和电阻 R6；所述的三极管 T 的集电极接信号输出端，发射极接地。

本案是典型的直接使用电子元器件连接关系进行表述的权利要求，出现的电子元器件电容、放大器也都是最常见的电子元器件名称，无法作为有效的关键词进行检索，说明书中对该电路的功能、效果描述也比较简单。经过深入理解发明，透过普通元器件连接方式表述的表面，对电路原理深入分析发现，由 A1、C1、C2、R1、R2、R3 构成第一路有源滤波器，由 A2、C3、C4、R4、R5、R6 构成第二路有源滤波器。因此选取"有源滤波器""解调器"作为关键词进行检索。为了解有源滤波器的技术发展情况，首先在百度中进行简单检索，通过百度检索到有相关论坛帖子发表了与本案相似的电路结构图片，但互联网证据公开时间不容易确定。仔细浏览后发现，该电路结构图片是从书籍中拍摄的照片，采用论坛帖子提供的题目"用有源滤波器构成的频移解调器"在"超星读秀"中进行图书检索，检索到了 1983 年 2 月出版的书籍《集成电路应用 500 例》中公开有与本案相似的电路结构，可以用于评述本案的创造性。

【案例 7-22】

本案权利要求请求保护一种电流镜型 TFT-OLED 显示像素单元电路，包括有：四个多晶硅 TFT 管 T1、T2、T3、T4、一个有机发光二极管 OLED、一个电容 Cs，该 T3、T4 管完全对称，由 T3、T4 构成一个电流镜，T1、T2 作为开关管，行扫描信号加在这两个管的栅极，以控制数据电流的通断，电容 Cs 以电压形式存储显示数据，其两端的电压加载到 T4 的栅极上，以驱动 OLED 发光，所述多晶硅 TFT 管 T1、T2、T3、T4 均为 P 沟道器件。该电路结构如图 7-8 所示。

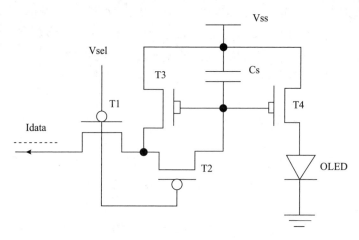

图 7 - 8 本案电路结构

经过理解发明后，深入分析电路各器件的功能，确定发明点为，提高组成镜像流的 TFT 管特性的一致性与精确性，采用电流镜使得输入信号电流和输出电流成精确的比例，使显示屏亮度均匀，从而提高 OLED 屏的图像响应速度和时间。因此本案的检索并没有采用如 TFT、电容、OLED 等元器件作为关键词，而是通过分析发明构思，确定本案核心部件的功能为电流镜，以此作为核心关键词，再结合显示单元的领域分类号 G09G 3/30 和 G09G 3/32，以及表示效果的"偏差""一致""时间""速度"等关键词，可以在专利库中迅速锁定能够评述新颖性的对比文件。

二、基于电路连接关系的检索策略

有些电路类发明，无法用功能原理进行检索要素表达，发明点仅在于电子元器件之间的连接关系，这类发明通常可以分为整体连接关系改进和部分连接关系改进。对于整体连接关系改进类发明，由于组成电路的元器件众多，交错连接也比较复杂，此时可以尽量选择一些不常用的特殊部件作为检索要素进行检索，例如一个电路中有电容、电感、电阻、运算放大器等部件，检索时，尽量避免使用"电容、电感、电阻"等常见部件，应优先选取"运算放大器"等功能性更强的特殊部件。对于部分连接关系改进类发明，如发明点仅在于某个元器件的选择、替换或者元器件之间的具体连接等，这时，就要考虑如何选择合适的检索表达式准确表达出连接关系。通常需要充分利用邻近算符、同在算符等特色算符进行关系表达，并选择合适的字段和数据库进行检索，例如适时在说明书全文中进行检索。在浏览时，推荐采用附图浏览的方式快速查找对比文件。

【案例 7 – 23】

本案请求保护一种电子设备中的电路，所述电路通过第一对开关与电池耦合，其特征在于，所述电路包括：逻辑单元，用于接收 PWM 信号和第一控制信号，并根据所述 PWM 信号和所述第一控制信号生成第二控制信号；及与所述逻辑单元耦合的滤波器，用于在所述第二控制信号的控制下将所述 PWM 信号转换为第一电压，当所述第一电压等于所述电池的初始电压且所述 PWM 信号的占空比为特定值时，所述第一对开关在所述 PWM 信号的控制下对提供给所述电池的电能进行控制，且所述第一控制信号使得所述电路被禁用；与所述逻辑单元和所述滤波器耦合的第二对开关，所述第二对开关由所述第二控制信号进行控制，并将所述电路的输入电压以与所述 PWM 信号的占空比相等的占空比传输至所述滤波器从而生成所述第一电压。

通过理解发明，该权利要求请求保护的电路主要包括逻辑单元、滤波电路、启动单元等，这些模块都是电路中的常见单元，如果以分类号和这些常见单元进行检索，结果中噪声较多。经过深入分析，本案中的启动单元包括与比较器耦合的触发器，触发器连接比较器的输出端，并产生一控制信号用来控制占空比估算器完成反馈控制，从而避免电池对适配器反向充电。因此确定"触发器"在本电路中作用重要，且在供电电路中应用不广泛，属于不常用的特殊部件，因此选择将"触发器"作为核心检索关键词，并结合分类号"G05f1／ + or H02m +／"，可以得到能够评述新创性的对比文件。

【案例 7 – 24】

本案权利要求请求保护一种高低压输入平衡功率因数校正电路，包括 PFC 芯片，其特征是：所述的 PFC 芯片的反馈引脚上连接有补偿电路，所述的补偿电路包括串联的电阻 R41 和电容 C21 组成的 RC 电路，与 RC 电路并联连接有电容 C10。

经过理解发明，现有技术中在 PFC 控制芯片的反馈引脚 INV 和补偿引脚 COMP 之间连接有由电阻和电容串联构成的 RC 电路，与 RC 电路并联连接有电阻。但这种现有的 PFC 控制电路在开关电源输入电压过高或过低时，不能很好对功率因数进行平衡校正。为了解决该问题，本发明提出将现有 PFC 控制芯片外围电路中与 RC 电路并联的电阻替换为电容，使得该电容与 RC 电路配合形成双极点电路，从而大大改善了环路带宽，扩大了输入电压的浮动范围。

可以看出本案涉及元器件具体连接的部分结构改进发明，这种细微改进通常在说明书实施例记载较多，因此宜使用全文库进行检索。另外要仔细分析连接关系，不断调整检索算符。例如本案核心技术手段为"在反馈引脚和补偿引脚之间连接有由电阻和电容串联构成的 RC 电路，与 RC 电路并联连接有电容"，对于此，其他对比文件可能表述为"将电容并联连接到 RC 电路上"，或者"先将电容和电阻串联，然后将一电容与该串联支路并联"等，因此可设计检索式：脚 p（（RC s 电容 s 并联）or（电容 s 电阻 s 串联 s 并联））对该核心特征进行表达，再结合功率因数 PFC 以及分类号 H02J、H02M，在全文数据库进行检索即可获得单篇评述新创性的对比文件 CN101720154A、CN1428922A。

另一种方式是可以充分利用同在算符和邻近算符进行表达。由于对比文件的表达通常可能为"某电阻与某电容串联"或者为"在 A 与 B 之间串联连接有某电阻与某电容"，可见电容和电阻之间顺序可以互换，但之间的间隔字符数一般不会超过 10 个，因此以采用 8d 或 10d 进行表示，可以将该检索要素表达为"脚 P（（RC s 电容 s 并联）or（（（电容 10d 电阻）8d 串联）s 并联））"，再结合技术领域关键词"功率因数 or 功率因素 or PFC"，就可以通过浏览更少数量的文件获得对比文件，检索结果更准确。本案通过邻近算符和同在算符的混合使用，将连接关系更清楚地表达，并且根据需要适当调整算符的关系，帮助检索到细节特征改进的对比文件。

第五节　马库什通式化合物检索策略

马库什通式化合物（以下简称通式化合物）是有机化学领域常见的发明专利申请类型。当发明请求保护通式化合物时，申请人通常会将所述化合物的用途、制备方法，甚至其最后制备步骤使用的中间体、中间体的制备方法、中间体的用途等进行合案申请。对于这类案件，检索的重点通常在于通式化合物本身。从新颖性角度考虑，要尽可能检索出落入权利要求所限定通式化合物范围内的所有具体化合物。此时，只考虑结构信息而不用考虑用途。由于通式化合物常常涵盖了数量众多的化合物范围，因此，检索到一篇或数篇影响通式化合物新颖性的现有技术文献通常不意味着可以终止检索。从创造性角度考虑，检索希望获得与该通式化合物用途相同且结构最接近的化合物。此时，必须考虑通式化合物的性质、用途或效果，需要在相同或者相近技术领域的范围内进行检索。

按照检索手段的不同，可将通式化合物的常用检索策略分为以下 3 种。

一、直接检索结构式的检索策略

对通式化合物最高效的检索策略是直接在检索资源中检索其结构通式。常用的商用检索资源，例如国际联机检索系统 STN、Web of Science 中的 IC、德温特创新索引（Derwent Innovations Index，DII）等，均可以直接上传结构式，进行结构式检索。

在 STN 中检索通式化合物一般包括以下基本步骤：

（1）绘制结构式并在 REGISTRY 数据库中进行样例库预检；

（2）浏览样例库检索结果，需要时对结构式进行必要调整；

（3）在 REGISTRY 中进行全库子结构检索并浏览结果；

（4）必要时使用 REGISTRY 中的其他检索手段限定检索结果；

（5）转入 CAPLUS 数据库获得相关文献；

（6）浏览获得的文献及其中命中的化合物结构式。

【案例 7 – 25】

权利要求 1 请求保护"一种通式（I）的嘧啶衍生物：

其中 R_1 为 H、卤素、C1 – 6 烷基或 C1 – 6 烷氧基，R_2 为 5 – 6 元环烷基、5 – 6 元杂环烷基……R_3 为任选取代的哌嗪基、任选取代的哌啶基……R_4 为 H、卤素、C1 – 6 烷基或 C1 – 6 烷氧基"。说明书描述了所述化合物用作 ALK 抑制剂。

按照前面描述的方法对该案进行检索。首先是理解发明，在专利数据库中初步检索；然后进入 STN 系统的 REGISTRY 数据库，针对权利要求 1 请求保护的通式化合物的定义，结合对发明的理解以及初步检索的结果，绘制并上传下述结构式：

该结构式在权利要求 1 所述通式定义基础上，适当扩展了基团的定义范围。

在 REGISTY 数据库中进行样例库检索、浏览结果，如果结构式的定义比较合适，则直接转入全库进行检索。最终获得了 119 个化合物，检索结果命中的化合物数量比通常期望的化合物数量略高。可见，样例库中给出的全库结果预期数量常常比较大，有时候并不能很精确判断全库最终可能命中的化合物数量。

此时，如果经浏览能发现命中化合物的主要噪声，就可以考虑利用 REGISTRY 数据库中的元素种类、分子中某原子的个数，分子中的环系数目、环数等检索手段对命中的化合物的范围进行降噪缩限。对于本案，未发现需要使用上述降噪手段的情形。于是，将 REGISTRY 数据库中化合物结构式全库子结构检索得到的化合物结果集直接转入 CAPLUS 数据库进行检索，获得公开了这些化合物的专利和非专利文献 5 篇。

有的时候也会出现另外一种相反情况：在 REGISTRY 中命中的化合物数量并不多，但是转入 CAPLUS 数据库时，却检索出数量惊人的文献。这通常是由于所命中的化合物中有一个或多个已知化合物，且该化合物被广泛使用，导致很多文献将其公开。此时，可以在 REGISTRY 数据库中例如通过使用命令" = > S L# AND REF. CAPLUS >10"在 L#的结果缩小文献范围。

【案例 7 - 26】

本案涉及一种结构式如式 I：

(I)

所示的吡喃并［3，2 - a］吩嗪衍生物，其中式中 R_1 为 H、卤素、- OCH_3 或 - NO_2；R_2 为 H、卤素、- OCH_3 或 - NO_2；R_3 为 H、- CH_3、- C_2H_5、- CH（CH_3）$_2$、卤素、- OH、- OCH_3、- N（CH_3）$_2$、- N（C_2H_5）$_2$ 或 - NO_2；R_4 为 H、卤素或 - OCH_3；R_5 为 H、卤素或 - OCH_3；X 为 - CN 或 - $COOC_2H_5$。

通过阅读和分析本案的说明书可知，本案属于本领域典型的改进型药物发明，要求保护的化合物的主结构吡喃并［3，2 - a］和主要的取代基——两个特定位置的氨基和取代的苯基已经确定，可变基团的选择类型比较接近，选取范围也不算太大，因此在检索中以权利要求 1 的通式（I）为检索重点。对该案的检索包括以下步骤。

（1）对发明进行理解，确定其发明构思

利用中国专利检索系统等资源对发明进行初检、预检和/或后续的补检，包括利用化合物结构片段以及具体应用的关键词，例如吡喃并［3，2－a］吩嗪、DNA 拓扑异构酶等，并结合结构和性质的分类号等检索入口进行检索。

（2）在 STN 系统中对权利要求 1 的式（Ⅰ）化合物进行检索

按照常规新颖性检索的思路，会构造例如：

作为检索用结构式。但并未获得特别相关的文献，需要继续检索。

接着在 MARPAT 数据库中以相同的方法构建结构式。基于前面检索结构的情况，调整检索结构式为：

也未能获得合适的现有技术文献。究其原因，发现是本案所公开的具体化合物结构式在 REGISTRY 数据库中存在标引错误所致。上面的检索过程问题出在绘制的结构式本身。实际上，从初检结果看，该类结构的化合物比较少，此时，就需要考虑对检索式进行一定扩展，例如，将检索用结构式调整为：

则样例库子结构命中 7 个化合物，全库子结构命中 129 个化合物，CAPLUS 数据库命中 11 篇文献，其中包括了本案最接近的现有技术。

可见，不同的检索结构式会直接影响检索结果的获得。专利数据库中的初检对于通式化合物的检索非常必要，其可起到有效指导通式化合物结构式的绘制和调整的作用。因此，对结构式进行样例库检索并根据检索结果调整结构式是该领域常见的检索步骤。

二、利用环系代码的检索策略

对于通式化合物，在 STN 系统中除了使用结构式直接进行检索外，还可以使用环系代码的检索手段进行检索。环系代码检索是一种比结构式检索更加经济的检索方式，适用于存在较多环系、特别是具有较多有特点的稠杂环等结构的通式化合物。环系代码的检索同样在 REGISTRY 数据库中进行。

使用环系代码进行检索的第一步，是获得母核结构中所有对应环结构的环系代码。可通过查看检索对象的某一个或几个具体化合物在 REGISTRY 数据库中标引的环系代码。进而分析各个代码的含义，结合通式定义的特点，构建适当的环系代码检索式进行检索。对于那些母核结构基本都为环系结构的通式化合物而言，使用环系代码的检索策略能达到结构式检索相当的检索效果。

仍以上面的【案例 7 – 26】为例，使用环系代码的检索方法如下：先通过浏览一个已知化合物的结构来查看其环系代码。利用已知化合物的化学物质登记号来获得该化合物的检索记录：

```
 = > s 2043661 – 06 – 7/rn
L13          1 2043661 – 06 – 7/rn
```

查看其环系代码 " = > d rsd"，结果显示如下：

"Ring System Data

Elemental Analysis	Elemental Sequence	Size of the Rings	Ring System Formula	Ring Identifier	RID Occurrence
EA	ES	SZ	RF	RID	Count
= = = = = = = = = =	+ = = = = = = = = = =	= = + =	= = = = = =	= = + = = = = = = = = =	= + = =
C6	C6	6	C6	46. 150. 18	1
C4N2 – C5O – C6 – C6	NC2NC2 – OC5 – C6 – C6	6 – 6 – 6 – 6	C15N2O	5268. 112. 2	1 |"

由环系代码的构成规则可以判断，"5268. 112. 2" 代表的是最下端邻位稠合的三环结构部分。其也是整个母核结构中最有特点的结构。使用该环系代码构建检索式如下：

```
 = > s 5268. 112. 2/rid
```

L14   36 5268. 112. 2/rid

按照同样的方法，构建化合物检索的其他环系结构片段。将这些环系结构片段组合起来，就可检索获得结构相同或接近的化合物。

与结构式检索相比，环系代码具有构造结构式简单、费用更低廉等优点。但是，环系代码不具备结构式检索中对环结构连接关系、环结构取代基、各原子上的属性等进行描述和限定的手段，因此不适合需要更加复杂定义的环结构化合物。

三、利用专利分类和关键词的检索策略

尽管在商用检索资源中进行结构式检索是通式化合物最有效的检索方式，然而出于成本和检全的考虑，仍然有必要在通常可用的专利数据库中对通式化合物进行一定程度的初检。初检具有两个优势：一是避免漏检最密切相关的文献。能通过这种初检方式获得的文献，一定是与检索对象最密切相关的文献。二是有助于检索者进一步了解该领域的技术发展状况、研发改造的热点和关注程度、构效关系的密切程度、有哪些重要申请人等，这对于后续构建和调整结构式检索的检索式、判断发明对现有技术的贡献程度等都很有帮助。

在专利数据库中，除了使用发明人、申请人等辅助信息以及关键词等作为检索手段外，通常还可以使用表达技术主题信息的专利分类作为检索手段，这也构成专利数据库检索的一个特点和一个优势。下面主要以国际专利分类（IPC）为例来介绍使用专利分类在通式化合物领域中的检索方法。

IPC 分类中对通式化合物的结构和应用通常均有相应的分类位置。其中，对应通式化合物结构的 IPC 分类通常是检索这类技术主题的基础，其常常可表达通式化合物丰富的结构信息，包括其主要结构单元的信息、结构单元间的连接关系、取代基类型等。对通式化合物的结构信息表达越充分意味着检索的准确性越高。并且，检索命中的会是涉及相同或相似主题的、公开了相同或相似结构化合物的专利文献，这从根本上有效减少了噪声。此外，通式化合物的应用分类位置也是检索创造性文献的有效降噪手段。这些都使得专利分类号在检索通式化合物具有独特优势。

与专利分类相比，有机化合物命名的多样性以及通式化合物涵盖范围的广泛性使得使用关键词检索存在更大的困难。尽管如此，在初步检索时，仍然有必要结合该化合物的结构特点、其性质、用途，甚至其制备来源等，选取适当的关键词对通式化合物专利分类的检索结果进行缩限，以起到进一步降噪的作用。

专利数据库中对通式化合物进行检索的基本策略可概括如下。

（1）使用专利分类表达基本结构信息

在专利数据库中对通式化合物进行表达时，通常应当优先考虑使用专利分类，例如 IPC、CPC 等对通式化合物的基本结构，包括其母核结构及尽可能多的共有结构信息进行表达。这不仅因为专利分类的表达方式往往包含了丰富的结构信息，也因为其技术主题的聚焦功能。

【案例 7 – 27】

权利要求请求保护下式的化合物：

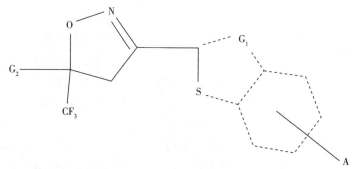

其中 A 表示二烷基氨基酰基、一烷基氨基酰基、卤原子或者烷基；虚线表示单键或者双键；G_1 表示 C 或者 NR_1，其中 R_1 表示 C1 – 8 的烷基；G_2 表示取代或未取代的芳基或者杂芳基。说明书中记载该化合物具有防治动物寄生虫的用途。

查询 IPC 分类表的定义可知，上述化合物，当 G_1 表示取代或未取代的芳基时，根据结构将上述化合物分入 C07D 413/04，其含义如下：

C07D 413/00　杂环化合物，含两个或更多个杂环，至少有 1 个环有氮原子和氧原子作为仅有的杂环原子

C07D 413/02　·含两个杂环

C07D 413/04　··被环原子 – 环原子的键直接连接的

可见，C07D 413/04 的分类号既描述了化合物为"杂环化合物，含两个或更多个杂环"的整体结构信息，也描述了其含有的噁唑环"有 1 个环有氮原子和氧原子作为仅有的杂环原子"的结构特点，还定义了"被环原子 – 环原子的键直接连接的"的杂环间的连接关系。这样丰富的信息能极大地降低噪声，提高检索的准确性。并且可以想象，这样丰富的结构信息很难通过关键词的简单组合准确概括出来。

当 G_1 表示取代或未取代的杂芳基时，根据结构将上述化合物分入 C07D 413/06，其含义如下：

C07D 413/00　杂环化合物，含两个或更多个杂环，至少有 1 个环有氮原

子和氧原子作为仅有的杂环原子〔2〕

　　C07D 413/14　·含有 3 个或更多个杂环（2）

　　可见，C07D 413/14 的分类号既描述了化合物为"杂环化合物，含 3 个或更多个杂环"的整体结构信息，也描述了其含有的噁唑环"有 1 个环有氮原子和氧原子作为仅有的杂环原子"的结构特点。

　　由于上述两个 IPC 分类表达的是两类结构不同的化合物，因此，在检索时，上述两个分类号的布尔运算关系应当是"或"的关系。

　　（2）使用关键词补充其他结构信息

　　尽管 IPC 分类可能已经表达了通式化合物的多个结构特征，通常情况下仅使用 IPC 分类对通式化合物进行检索仍会引入大量噪声。当命中文献量过大时仍然难以进行有效的文献筛选。因此有必要结合其他检索手段进一步对通式化合物的结构进行更准确的描述。其中最常用的就是使用关键词表达化合物的其他结构特征，包括使用关键词表达分类号中未描述的通式结构片段，或者使用关键词表达分类号描述还不够精准的结构特征。

　　在【案例 7 - 27】中，分类号 C07D 413/06 对于 G_1、S 所在的含杂环的双环结构未进行具体描述。由于右边碳环结构中是否存在双键、双键位置等区别，该双环的确切名称不太好确定，但是，根据 G_1 分别表示 C 或者 NR_1 的不同，所述双环结构中必然有"噻吩"或"噻唑"结构部分，且二者择一。因此，适宜将"噻吩 or 噻唑"作为所述化合物进一步结构特征的表达。

　　需要注意的是，对通式化合物进行关键词的表达时，要尽可能避免使用结构单元中极为普通的甲基、乙基等作为通式化合物检索时的关键词。这是因为，一方面这样的词汇很难被数据库标引；另一方面，有机化合物中几乎都有这样的结构单元，起不到降噪的作用。要尽可能选取化合物结构中比较特殊、有特点、尽可能不那么常规的结构单元作为构建关键词表达的基础，例如，稠合结构，杂环、杂芳结构，芳基结构，叠氮结构、酰胺结构等，因上述结构更容易被数据库标引，也能更有效地降噪。该案例中，"噻吩"和"噻唑"都属于比较有特点的结构特征，使得二者适合作为所述通式化合物检索时的关键词。

　　基于以上分析，构建上述化合物的检索式为：（C07D413/04 or C07D413/14）/IPC AND（噻吩 or 噻唑）。

　　（3）使用效果特征进行限定

　　如果经过以上两种方式所命中的文献集合已经到了可以浏览的地步，则可以通过浏览文献的摘要、化合物结构式等方式对命中的文献进行筛选。通常情况下，经过上述方式的限定，命中的结果集仍然很多。此时，最常用的方式是使用化合物的效果特征或者应用特征对化合物进行限定，并有两类基本的表达方式可选择：一是寻找用途或效果对应的专利分类，二是确定用途或效果对应的关键词表达。对化合物用途或效果的关键词表达重点考虑从化合物的用途、作用机制和体现发明贡献的特定性能等方面选择。

（4）选择使用其他存在细分的专利分类

当一种专利分类对某个通式化合物的结构和/或应用细分不够的话，还可以选用其他存在细分的专利分类进行进一步的检索尝试。

通式化合物的3种常用检索策略中，结构式检索策略的检索效率最高，查找的准确性和全面性最好，通常仅能在部分商用检索资源中使用，其经济成本最高；环系代码的检索策略也仅在部分商用检索资源中使用，且其仅适用于含有较多特殊环系结构的特定类型化合物，但其检索费用通常比直接使用结构式的检索方式要低；而利用专利分类号和关键词的检索策略可使用的检索资源最广，对于一定程度的初检和补检具有积极的意义。综合3种检索策略的特点，建议通常先在免费的常用专利检索资源中采用专利分类号和关键词相结合的方式对通式化合物进行初检，在初检的基础上，根据通式化合物的结构特点，选择环系代码或者直接使用结构式的检索策略进行检索。需要注意的是，无论是哪种专利分类号或者关键词，由于通式化合物表达的复杂性以及通式化合物涵盖范围可能的广泛性，使得通式化合物在不具有结构式检索手段的常规专利数据库检索之后，在未获得能够评价通式化合物所涵盖所有具体化合物新颖性的情况下，通常不能终止检索，而应在具有结构式检索入口的商用检索资源作进一步全面检索。

第八章　专利情报分析检索策略

专利检索是专利情报分析的基础，只有通过准确而全面的检索才能为后续专利情报的分析提供科学依据和数据的支撑。除了本书之前章节介绍的检索策略之外，由于专利情报分析的对象和要求的特殊性，专利检索也还需要运用一些特定的检索策略。本章进一步介绍专用于专利情报分析的一般检索策略以及特定分析类检索策略。

第一节　专利情报分析的一般检索策略

专利情报分析是对专利说明书、专利公报中大量零碎的专利信息进行分析、加工、组合，并利用统计学方法和技巧使这些信息转化为具有总览全局及预测功能的竞争情报的理论和方法。在专利情报分析流程中，文献检索作为其中重要的环节，不仅能够为研究人员提供有效的技术信息，使研究人员能够深入了解行业和领域的技术发展历程和最新技术动向，同时也对后续的数据处理、数据标引工作起着决定性的作用。

专利情报分析常用的一般检索策略主要包括基于技术主题的检索策略和基于技术分支的检索策略，前者采用"总—分"的检索方式，后者采用"分—总"的检索方式。这两种检索策略的目的均在于全面获取技术内容相关的专利文献，为专利数据的宏观分析提供支撑。基于技术路线的检索策略和基于申请人的检索策略则是对基于技术主题和基于技术分支的检索策略的补充和完善。

一、基于技术主题的检索策略

此类检索策略通常适用于检索主题能够被准确表达的情形，即首先对总的技术主题进行检索，然后从检索结果中二次检索从而获得各技术分支的检索结果。其中，技术主题与各技术分支之间的关联性通过技术分解表来呈现。技术分解表是在前期资料收集、深入调研、初步检索和阅读文献后进行的，再根据后续的文献筛选对分解表进行微调。该策略在实施时，通过分类号结合关键词甚至直接使用分类号表达技术主题，获取整体数据，之后二次检索的实施则依据各技术分支含义的不同，通过使用与各分支对应的关键词和/或分类号进行。

例如为进行专利导航工业机器人产业发展研究，整理的技术分解表如表 8-1 所示。技术主题工业机器人下涉及的技术分支有喷涂机器人、焊接机器人等，在制定检索策略时，经分析，机器人这一技术主题在 IPC 分类体系中有能够表达其含义的分类号 B25J，然而其各技术分支是按照具体应用领域进行划定的，该小类下并未涉及能够表达各技术分支含义的分类号，并且在 IPC 分类体系中涉及喷涂、焊接等相关技术的分类下也并不涉及机器人。因此，在实施检索时采取基于技术主题的检索策略，首先通过分类号 B25J 结合相应的关键词（robot、manipulator、arm 等）构建检索式圈定总体数据，之后对该技术主题下的各技术分支采用在总体数据范围的基础上，结合能够限定各分支含义的关键词及分类号（如喷涂机器人：paint、spray、B05B……；焊接机器人：weld、solder、braze、B23K……）分别进行检索，确定分支数据。

表 8-1 工业机器人技术分解

技术主题	一级分支	二级分支
工业机器人	喷涂机器人	清洗装置
		末端执行器
		流量控制
		换色装置
		轨迹规划
		手腕
		关节
		工艺
		防爆装置
	焊接机器人	安全系统
		机械臂
		供电装置
		焊缝跟踪
		关节
		焊接装夹具
		焊枪
		保护气装置、防护装置
	……	……

二、基于技术分支的检索策略

此类检索策略通常适用于各技术分支之间技术重叠程度相对较小的情形，即根据技术分解表，对各技术分支独立进行检索，再将各技术分支的检索结果进行合并，得到总的检索结果。该策略尤其适用于技术分解直接依照专利分类标准展开的情形，各分支单独检索时主要使用对应的分类号限定分支的数据范围，在此基础上再结合关键词进行限定。

例如在开展数控机床专利技术分析时，整理的技术分解表如表8-2所示。技术主题数控机床下涉及的技术分支有控制系统、测量指示、硬件系统（包括冷却润滑系统和刀库系统）等。在制定检索策略时，经分析，该技术主题下的各技术分支在IPC分类体系中均具有各自对应的分类号（控制系统涉及G05B19和G05B23，测量指示涉及B23Q15，冷却润滑系统涉及B23Q11，刀库系统涉及B23Q 3/155和B23Q 3/157），且各技术分支之间技术重叠度小。因此，在实施检索时采取基于技术分支的检索策略，首先针对各技术分支分别进行检索（如针对测量指示，采用分类号B23Q15结合关键词"测量、测定、指示、显示、标示……"进行表达），最后将各分支检索结果进行汇总。

表8-2　数控机床技术分解

技术主题	一级分支	二级分支	三级分支
数控机床	控制系统	误差补偿	机床误差
			工件误差
			热误差
			多种误差
		加工预测	加工时间预测
			刀具寿命预测
		优化控制	路径优化
			纯速度优化
			碰撞检查
			振动抑制
			刀具控制
			能耗优化
			多种变量控制
			辅助部件控制

续表

技术主题	一级分支	二级分支	三级分支
数控机床	控制系统	新智能	基于物联网
			基于人工智能
			故障诊断
			自动编程
			自动执行
			加工模拟
	测量指示	切削参数	速度、加速度
			负载、扭矩
			振动
			温度
			异物
			综合
		位置信息	位置
			角度
			轨迹
		特性信息	工件尺寸形状
			刀具轮廓
	硬件系统	冷却润滑系统	工作主轴
			加工刀具
			进给系统
		刀库系统	转塔式
			圆盘式
			链式
			箱式
	……	……	……

三、基于专利技术路线的检索策略

技术路线是对某技术领域的主要技术发展脉络和关键技术节点的描绘，其有助于从技术链的完整视野认知主流技术发展历程，[1] 是一项重要的战略规划和决策工具。通常，技术路线通过技术路线图来直观地呈现，它最早出现在美国汽车行业，摩托罗拉公司首先采用绘制技术路线图的管理方法对产品开发进行规划。最早使用专利文献信息绘制技术路线的是日本特许厅。因此严格来说，基于专利文献信息的技术路线图属于技术路线图的下位概念或一部分内容。[2]

专利技术路线的制定，重点在于查找反映关键技术节点的重点专利。对于重点专利的检索，通常是先对获取的总体数据进行分析，例如分析技术来源国、申请量分布、申请人排名等，在此基础上确定技术领先国、重点申请人、重点发明人及密切相关的分类号等信息，明确检索的范围和方向，并利用上述信息构建检索式获取用于发掘重点专利的文献数据，之后再进一步结合追踪检索、数据统计分析以及具体技术内容分析等手段来最终获取重点专利、确定专利技术路线。

例如，为了获取 RV 减速器技术分支的专利技术路线，首先经过对该技术分支下全球申请人排名进行统计，发现日本企业纳博特斯克株式会社以及住友重机械工业株式会社两家的申请量已经占据全球总申请量的 70% 以上，且其余申请人申请量较为分散，由此可以基本确定上述两家企业的技术能够客观反映 RV 减速器领域的整体技术状况，而日本属于该技术领域的技术领先国。接下来，针对检索获取的上述两家企业的专利进行详细的解读和重点分析，同时结合引证与被引证情况、同族申请情况以及申请量变化趋势等专利信息，最终获取了 RV 减速器技术分支不同时间节点的重点专利，并依此制定了专利技术路线，如图 8 - 1 所示。

四、基于申请人的检索策略

通过申请人作为检索入口，能够有效提升目标文献集合的有效数据量，提升查全率和查准率。尤其针对外文目标文献而言，受限于外文表达的准确性，往往涵盖不全且检准程度不足，使用行业重要申请人进行检索，能够形成对外文目标文献的良好补充。此外，基于申请人构建查全样本，是评估目标文献集

---

[1]　赵阳，文庭孝. 专利技术信息挖掘研究进展 [J]. 图书馆，2018 (4)：28 - 36，43.

[2]　马天旗. 专利分析——方法、图表解读与情报挖掘 [M]. 北京：知识产权出版社，2015：174 - 175.

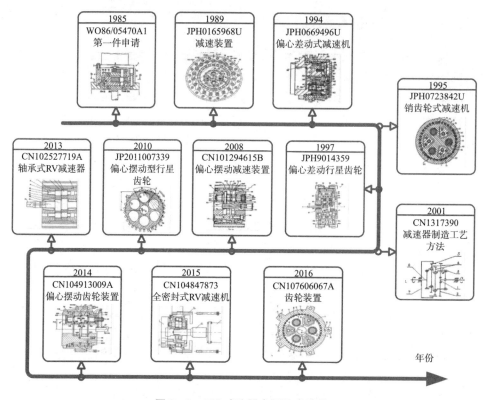

图8−1　RV减速器专利技术路线

合的查全率重要手段。当然，前述基于专利技术路线的检索策略中，将申请人作为追踪信息获取重点专利的检索也可被视作基于申请人开展的检索。

在使用申请人作为检索入口进行检索时，应当注意不同数据库对申请人名称的处理方式不同，特别是由于中文与外文间翻译，以及公司更名及企业间合并重组等引起的申请人具备多种表达形式，应注意涵盖全面。例如申请人SAINT－GOBAIN翻译为圣戈班或圣戈本，德马吉（DMG）和森精机（MORI SEIKI）合并后名称为德玛吉森精机（DMG MORI）。

在将申请人作为检索入口构建查全样本时，应注意优先选取领域内研究方向明确、申请量适中的申请人。研究方向明确有利于在构建样本时选取准确的关键词进行组合，保证样本中文献的准确率。申请量适中能够在如实反映目标文献集合检索全面性的基础上减少人工阅读的难度。

具体进行查全验证时，选择一名或两名全球重要申请人，检索该申请人在专利分析主题领域的全部专利申请，将其文献数量作为母样本，再在检索结果中以该申请人为入口检索其专利文献作为子样本，子样本与母样本的百分比即为查全率。例如，对"大飞机发动机课题组"经初步检索后获得9221篇专利文献，其中通用电气的专利文献量为987篇，其中以通用电气作为申请人入口进行二次检索获得1085篇相关专利文献，查全率为（987/1085）×100% =91%。

以上分别介绍了开展专利分析工作经常采用的4项检索策略，但在实际的专利分析检索中，专利数据信息的获取往往需要通过以上策略的综合运用来实现。例如，在本节前述所举的数控机床实例中，数控机床整体数据基于对各技术分支的检索来获取，而刀库系统这一分支下的数据则采用基于技术主题的检索来获取，即以IPC分类体系中明确对应刀库系统含义的分类号B23Q 3/155及B23Q 3/157构建检索式，圈定刀库系统分支的总体数据，在此基础上对下辖分支转塔式、圆盘式、链式和箱式结合关键词（如转塔式turret等）分别进行检索。

第二节　专利分析评议和专利导航检索策略

在本章第一节的基础上，本节进一步介绍用于专利分析评议和专利导航检索的特定检索策略。

一、专利分析评议检索策略

从专利分析评议的目的中可以发现，专利技术属于重点的评议指标，而对专利技术的获取、统计、整合均离不开检索，涉及分析评议的检索主要围绕创新主体的核心专利数量、主要研发团队、专利布局及运营状况以及目标区域专利保有状况等诸多方面进行，以获取开展分析评议所需的专利情报信息。本节主要介绍技术引进、企业并购和产品出和人才引进中的专利分析评议的检索策略。

1. 技术引进中的检索策略

技术引进是指为了提高国民经济发展水平以及本国科学技术能力，通过国际贸易、国际科学技术合作及其他途径吸收国外先进技术的一项活动。这种从国外获得先进技术的活动，包括从国外购买专有技术和专利使用权以及先进的技术知识3个方面。随着我国企业技术革新以及国际化需求的不断增长，通过技术引进达到自身技术的提高和市场的拓展，已经成为企业的重要选择之一。而专利在技术引进中占据着重要的比重，在实施技术引进之前对引进目标的专利技术进行评估是十分必要的。

针对待引进专利技术的评估，基本上体现在专利尽职调查、专利价值分析以及专利风险分析 3 个方面。

针对专利尽职调查的检索，主要关注专利权有效性、专利同族数量、专利维持状态、专利剩余寿命、专利无效及诉讼、专利权归属等。上述指标均可在 IncoPat 平台以待引进对象作为申请人信息进行检索，并在检索结果导出时对应勾选来获取。

针对专利价值分析的检索，主要关注专利质量、引证信息、专利权稳定性、技术原创性、技术成熟度、有无替代性技术、可自由实施程度等。专利质量及引证信息作为定量信息可参考 IncoPat 平台的合享价值度及相关著录信息，而对于其余定性信息，则需通过检索与专利权相关主题的现有技术、针对权利要求的技术方案进行判定，其检索过程可通过专利性检索策略实施。同时，也可通过特定的专利价值分析工具，如欧专局的 IPscore 进行评估，其评估维度涉及法律、技术、市场、财务和战略，评估体系更为立体。

针对专利风险分析的检索，主要是通过侵权对比分析是否具有侵权的潜在风险。检索着重于本国或地区以及专利同族所属国家或地区的相关主题专利文献。

例如，上海某玻璃厂与英国皮尔金顿玻璃公司谈判引进浮法玻璃生产工艺技术，开始谈判时，英方首先提出的专利"入门费"就达 2500 万英镑，后经科技情报人员认真全面地查找专利文献，除基本上掌握了该公司这一技术的概况外，还掌握了专利的有效情况和经济价值，其中共有 137 项专利，已经失效和将要失效的有 51 项，占 37.2%。在谈判中该厂始终控制着主动权，最后以只付 52.5 万英镑成交，仅这一项技术引进费就节约了 2447.5 万英镑。

再例如某公司与日曹工程株式会社等 3 家厂商签订的"乙二醇生产合同"，由于该公司没有重视科技情报的作用，没有利用科技情报进行分析对比，加之又缺乏专利知识，合同中 22 项专利，签订合同时已有 7 项过期失效，两项仅差几个星期就将过期，共占专利数的 41%，另外，还买了不需购买的专利，仅这两项就额外地支付了 64 万美元。❶

2. 企业并购中的检索策略

企业并购是现在企业实施扩张战略最为常见的方式之一，是企业提升自身竞争力、抢占全球市场的重要手段。在并购过程中，以专利资产为主的知识产权资产已经成为重要筹码。通过并购获取其他企业的专利技术，可以减少自身的研发成本、消除自行研发的潜在风险、获取技术提升空间。

---

❶ 孙焕云. 试论科技情报在技术引进中的作用 [J]. 图书与情报，1986 (Z1)：72 – 75.

针对以技术获取为主的企业并购，检索的焦点在于并购目标所拥有的主要专利技术所属领域、专利质量及其所属产业层级是否与自身现状和发展目标相契合。例如，传统整车企业可以通过并购能源电池企业来进驻新能源汽车领域；对于数控机床应用型企业，可以通过并购产业链上游的机床制造企业来完善自身产业结构，也可以开发满足自身应用特点的机床产品；此外，企业还可以通过并购高端产品制造企业进驻高端市场，比如海尔并购通用家电、美的收购东芝家电 80.1% 股权等行为。

针对以获取市场为主的企业并购，检索的焦点在于并购目标已有专利的同族信息，并对其在宏观上进行整体的归纳统计，通过同族信息发现并购目标与自身相比在技术输出地上的重叠度，若重叠度较高，说明两者的目标市场一致性强，不利于企业通过并购实现市场拓展的目标。反之，若技术输出地互补性强，特别是并购目标的重点专利技术相对集中于期望市场所属地时，能够有效为企业发展提供支持。

例如，2016 年 3 月 30 日，美的公告宣布已与东芝正式签约。今后，双方将通过资源互补，在家电及其他新领域共同开拓成长机会。合作方案显示，东芝将继续开发、制造和销售东芝品牌的白色家电，包括冰箱、洗衣机、吸尘器以及其他小家电。美的可在全球范围内使用东芝家电品牌，许可期限为 40 年。此外，美的还会受让超过 5000 项专利技术。

美的表示，双方的供应链网络以及渠道优势，将有助于产品在全球市场铺开。东芝的生产制造能力和工艺水平，与美的的供应链体系、规模化生产经验之间存在巨大的互补性。❶

3. 产品出口中的检索策略

随着国内企业技术进步、自主创新能力和产品质量管控能力的提升，国产品牌在国际上的竞争力越来越强，产品出口也越来越繁荣。知识产权是企业的核心竞争力，也是决定产品能否出口的关键因素。近年来，国内已有很多企业在产品出口中由于侵权被当地海关扣关或被竞争对手起诉。例如 2002 年，在DVD 发展浪潮下，深圳普迪实业发展有限公司运往英国 Felixtowe 港口的 3864 台 DVD，被飞利浦通过当地海关扣押。此时，该公司有 10 626 台 DVD 已发往欧洲，16 668 台 DVD 已发往码头，14 000 台 DVD 将会出货，普迪实业发展有限公司面临着严峻的考验。飞利浦之所以敢如此行动，是因为其手中握着

---

❶　美的集团耗资 537 亿日元收购东芝家电 80% 股权 [EB/OL]．[2018 - 11 - 30]．https：//www.maigoo.com/news/452755.html.

DVD 核心技术专利。最终，被扣厂家向飞利浦等公司缴纳了高额的专利费用。❶ 因此，目前许多企业在产品出口前都要做专利检索，通过分析评议来为产品保驾护航。产品出口的专利检索策略主要包括企业专利申请状况和技术创新点的检索、企业在产品出口地的专利布局情况的检索、产品出口地的主要竞争对手的专利布局情况的检索、在产品出口地是否存在侵犯他人知识产权风险和是否有竞争对手侵犯该企业的知识产权风险的检索。

针对企业专利申请状况和技术创新点的检索，主要检索该企业专利申请状况，并通过专利分析确定技术创新点是否有申请专利。

针对企业在产品出口地的专利布局情况的检索，主要检索该企业在产品出口地的专利布局情况、核心专利是否有在产品出口地申请、产品布局地的核心专利的终止期限。

针对产品出口地的主要竞争对手的专利布局情况的检索，主要检索产品出口地该技术主要竞争对手的专利布局状况以及竞争对手的核心专利的保护范围、竞争对手在产品出口地的专利布局是否对该企业构成专利壁垒。最后，根据上述检索结果来分析判断在产品出口地该企业是否存在侵犯他人知识产权的风险，以及竞争对手是否有侵犯该企业知识产权的风险。

4. 人才引进中的检索策略

人才是先进生产力，是拉动科学发展的第一要素，人才竞争力是一个国家和地区的核心竞争力，我国综合国力的发展离不开高端技术人才的创新和积累。近年来，全国各地都相应出台了一系列人才引进政策，以促进经济发展。但由于相应的人才引进评估体系不完善和人才知识产权评议意识不足，出现了一些知识产权造假和未引进到真正需要的人才等各种问题。专利分析评议是以专利检索为基础，其对于人才引进起着至关重要的作用。在人才引进的专利分析评议中，需要重点检索引进团队或个人的专利拥有量、专利价值、侵权风险和研发方向的匹配度，检索工具可借助 IncoPat、Patentics 等工具。

针对专利拥有量的检索，不仅要检索引进团队的专利申请量，还要重点检索专利申请的授权量、专利申请类型占比、失效或无效专利比重、职务发明的专利申请量。

针对专利价值的检索，主要检索有效专利数量、核心专利数量、核心专利权终止时间、专利权利保护范围、专利布局地区、专利的稳定性等。

针对专利风险的检索，主要检索核心专利是否发生转让、是否有专利侵权、是否有专利运营、核心技术是否进行专利申请、是否有专利转化成产

---

❶ nirvanajoe. 技术性贸易壁垒——DVD 知识产权 [EB/OL]. (2010－12－14) [2018－11－29]. https：//wenku. baidu. com/view/ca35a22558fb770bf78a5579. html.

品等。

针对研发方向匹配度的检索，主要检索引进团队的研发方向，分析其与各地区所需人才方向是否匹配。

例如，在江苏南京 CIGS 柔膜太阳能电池重大投资项目中，江苏省专利信息服务中心通过对某项目团队人才进行评议，发现这一项目的创始团队缺乏技术背景，没有知识产权布局，其关联公司仅拥有 1 件专利，而竞争对手在材料配方、工艺、设备和应用等方面都有完善的布局，因而评定"该投资项目一旦实施大规模产业化，知识产权诉讼风险很大"，即该团队对于该项目的研发实力并不强。❶

二、专利导航检索策略

对于专利导航的检索，除了适用于专利情报分析一般检索策略外，由于其要通过专利分析来发现经济、市场信息，提供导航建议，更加侧重于对技术的检索和检索的全面性，因此专利导航的检索策略还包括基础专利追踪检索策略和关联技术检索策略。由于专利导航经常也涉及产业和企业发展的侵权预警分析，因此本小节一并介绍专利侵权风险检索策略。

1. 基础专利追踪检索策略

追踪检索策略在专利导航中应用较多，特别是对于基础专利的追踪检索。基础专利也称为基本专利❷，主要是针对某行业、某技术领域而言有开创或引领作用的专利。追踪技术是快速寻找基础专利的关键策略，通过基础专利的追踪检索，有助于了解行业的技术发展脉络和确定技术研发方向。

例如在研究大飞机发动机关键技术专利导航项目中，如图 8-2 所示，采用追踪检索策略寻找涡轮叶片高温合金材料的基础专利。先通过前述的专利分析一般性检索策略对涡轮叶片高温合金材料进行检索，检索到专利文献 JP2008050628A、JP5467306B2、EP1876263B1，追踪上述专利文献的引证文献，找到第四代高温合金材料的基础专利 JP2003049231；继续对基础专利 JP2003049231 的引证文献进行追踪，找到第三代高温合金材料的基础专利 US5366695A；继续追踪基础专利 US5366695A 的引证文献，找到第二代高温合金材料的基础专利 US4719080 和 GB2235697A；在追踪基础专利 US5366695A 的引证文献时，还找到核心专利 US5043138A，继续追踪该核心专利的引证文献，找到第一代高温合金材料的基础专利 US4209348A。

---

❶ 中国知识产权报. 知识产权分析评议助力高质量发展 [EB/OL]. (2018-09-12) [2018-11-29]. http://ip.people.com.cn/n1/2018/0912/c179663-30288626.html.

❷ 健君. 公司首席法务官：企业的守夜人 [M]. 北京：法律出版社，2017.

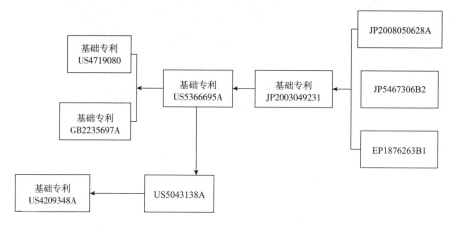

图8-2 涡轮叶片高温合金材料基础专利的追踪检索

2. 关联技术检索策略

关联技术是指某项技术在相关领域的应用已成熟，且存在从相关领域向所研究的领域转用可能性的技术。对于国内起步晚、发展较慢的技术，寻求"弯道超车"是专利导航中的研究热点。运用上述专利分析的一般检索策略，分析得到全球本领域的研发热点，进一步检索国内对该热点的研究，如果发现国内申请人专利申请量寥寥无几，研发基础薄弱，在此情况下，应进一步检索国内在关联技术上的研发基础，寻找国内该技术在其他领域的研发是否具有一定的积累，是否存在转用的可能性。可见，在国内研发基础薄弱的情况下，通过关联技术的检索，可以尝试从相关领域借鉴关联技术，引入创新主体，为导航项目提供关联技术创新导航路径。

例如，在大飞机发动机关键技术专利导航项目中，通过检索有关风扇叶片材料的专利申请，发现三维编织复合材料是目前复合风扇叶片成形技术的研究热点，而国内在航空发动机领域中三维编织复合材料技术的专利申请量非常少，基础薄弱。进一步检索，在全球航空发动机风扇叶片的三维编织复合材料的专利申请中，除了全球重要航空发动机厂商外，还出现了另外一家公司：美国奥尔巴尼国际公司。针对该公司检索关于三维编织复合材料的专利申请，发现其早期仅有传统机织物三维编织的专利申请，后来逐步开始申请有关航空发动机复合材料三维编织的专利，可见三维编织复合材料技术存在从传统机织物向航空发动机转用的可能性。因此，专利导航课题组通过初步检索发现国内在本领域航空发动机中的三维编织复合材料专利的申请较少，进一步检索国内在传统机织物或其他领域中的三维编织关联技术，发现山东中恒碳纤维科技发展有限公司、中国人民解放军国防科学技术大学、北京勤达远致新材料科技股份有限公司、北京航空航天大学、天津工业大学等在其他相关领域均有三维编织复合材料的专利申请。可见，通过寻找关联技术的创新主体，寻求技术专用的可能性，可为后续的技术创新导航路径提供基础。

3. 专利侵权风险检索策略

专利侵权是指未经专利权人许可，以生产经营为目的，实施了依法受保护的有效专利的违法行为。一旦专利侵权被确定，侵权人就需要向专利权人提供巨额赔偿，给企业带来一定的经济损失。例如，被称为中国专利侵权赔偿第一案的浙江正泰集团股份有限公司起诉施耐德电器天津公司的专利侵权案中，2009 年 4 月 15 日在二审审理前达成和解，施耐德电器天津公司向浙江正泰集团股份有限公司支付赔偿金 1.575 亿元。可见，在产品上市或出口贸易前，为了避免侵犯他人专利权，对专利侵权风险的检索尤为重要。

全面准确检索和科学利用专利文献中的技术和法律信息，可以帮助企业或个人避免专利权纠纷，依法保护自身的权益。专利侵权风险检索主要是检索与产品相关的专利文献，并判断是否侵权。专利侵权风险检索主要包括全面检索出产品所属技术主题的所有相关专利、产品所属领域的专利相关人的检索、专利有效性的检索、专利引文的检索、特定专利文献的检索、该技术诞生之前的关联技术的专利文献的检索，经过检索判定是否侵权和侵权等级。

关于产品所属技术主题的所有相关专利的检索，可以采用本章第一节的专利情报分析的一般检索策略进行全面检索。关于产品所属领域的专利相关人的检索，主要是检索出本行业重要申请人或发明人与本产品相关的专利文献，本行业重要申请人或发明人可以是本行业技术人员所熟知的，也可以是在对相关技术主题的专利文献检索的基础上分析得到的。关于专利有效性的检索，主要是检索可能涉及侵权的有效专利，以及对可能涉及侵权的未授权专利的法律状态进行跟踪检索，因为只有有效专利才会被侵权。对于专利引文的检索，主要包括对初步筛选出的可能涉及侵权的专利文献中申请人或发明人提到的参考文献和专利审查员作出的检索报告中提到的对比文献的检索，以及进一步对上述参考文献和对比文献进行追踪检索，以防遗漏重点专利文献。对于特定专利文献的检索，主要包括标准相关专利、许可相关专利、相关技术诉讼专利等的检索。另外，对于近些年新出现的新技术，除了检索该技术主题的专利文献外，由于新技术的实施仍然需要依靠新技术诞生之前的关联技术，因此还需要检索该技术诞生之前的关联技术的专利文献。

第三节　专利挖掘与布局检索策略

专利挖掘与布局对现代企业而言至关重要，通过专利挖掘，企业可以了解行业动态、寻求技术突破、弥补保护漏洞，而通过专利布局，可以让企业完善专利保护体系、提升自身市场竞争力。通过专利检索能够使企业获知重点技术发展状况、发现技术热点及空白点，同时还能使企业掌握竞争对手信息及产业状况，这些都能为企业开展专利挖掘与布局提供指引和参考。

一、专利挖掘检索策略

专利挖掘，是指在技术研发或产品开发中，对所取得的技术成果从技术和法律层面进行剖析、整理、拆分和筛选以及合理推测，从而确定用以申请专利的技术创新点和专利申请技术方案的过程。涉及专利挖掘的检索策略主要有基于专利技术路线挖掘的检索策略和基于技术热点及空白点挖掘的检索策略。

1. 基于专利技术路线挖掘的检索策略

专利技术路线图能够如实反映某一技术分支或领域重要创新主体的主要技术发展脉络和关键技术节点，能够完整清晰地为企业呈现技术发展历程。本章第一节中已经对如何通过检索获取专利技术路线进行了介绍，在获取专利技术路线之后，通过对专利技术路线的梳理，企业能够了解技术发展历程和最新发展趋势，并获知自身所处的技术阶段。若企业自身技术相对滞后且技术实力有限，针对技术挖掘的检索应着重于目前行业内替代技术的专利情况，考虑围绕替代技术开展挖掘。若企业自身技术相对滞后但具备一定技术实力，技术挖掘的检索应着重于革新技术的专利情况，考虑围绕已有的革新技术开展挖掘。若企业自身技术符合最新趋势，可着重于通过检索获知目前最新技术层面还有哪些待解决的技术问题，并尝试围绕该方向开展挖掘。

此外，以领域内重点申请人为检索入口获取其专利情况，制定重点申请人的专利技术路线并对其进行剖析，可以为企业实施技术挖掘提供可借鉴的线索和思路。

图 8-3 示出了 A 公司在数控机床刀库领域的技术发展路线。A 公司于1979 年申请了一篇涉及斜向设置的刀盘的专利（US4309809A），此后围绕该篇基础专利持续进行技术挖掘和改进，挖掘的方向围绕夹持臂与刀盘之间的连接传动以及换刀臂的精确导向两个方向开展，30 年间共申请了 20 余篇相关专利，围绕该技术形成了多维度的创新。

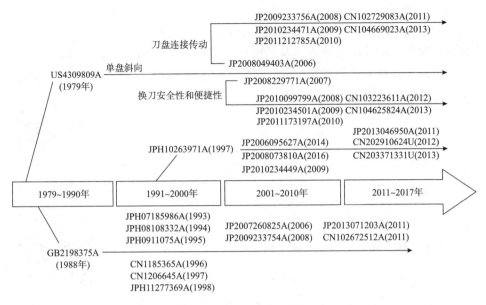

图8-3 A公司数控机床刀库技术发展路线

2. 基于技术热点及空白点挖掘的检索策略

领域内的技术热点能够体现行业最新技术动态，而技术空白点往往是专利集中程度不高、并未形成技术壁垒的方向，两者都是企业开展专利挖掘过程中的重要参考。而针对领域内技术热点和空白点的寻找，可以通过专利分析方法，对基于检索获取的专利数据进行统计，通过构建专利技术功效矩阵来开展，专利技术功效矩阵能够直观地获取技术分支与功能效果之间的关联性，并以图表的形式将结果清晰地展现，利于企业技术人员发掘技术热点和技术空白点，规避技术雷区。❶

具体就技术空白点而言，开展挖掘工作前先要掌握空白点与自身研发方向的匹配度有多少，自身的研发能力是否足以克服空白点的技术障碍等。在目标明确、条件满足的前提下，对技术空白点的挖掘应着重于发掘基础技术点，并力争转化成基础专利以填补空白。就技术热点而言，挖掘前应着重掌握热点方向是否已经存在与自身研发方向相关的基础专利和外围专利、体量如何，若还有足够空间，则挖掘重点还是着重于基础技术点，若格局已经基本形成，挖掘的重点应放在寻求替代方案上，同时可尝试针对外围技术点开展适当的挖掘。

在专利导航工业机器人产业发展研究中，针对焊缝跟踪技术构建的展示对

---

❶ 陈颖，张晓林. 专利技术功效矩阵构建词汇模型研究［J］. 情报科学，2012，30（11）：1704-1708，1719.

象为专利数量的技术功效矩阵，通过该专利技术功效矩阵反映的信息可知，结构光式焊缝跟踪和被动光视觉式焊缝跟踪几乎在实现所有技术效果方面的专利数量均领先于其他技术分支，是目前焊缝跟踪技术的研究热点，而在单丝旋转、超声式等技术方向上存在技术空白点，如图8-4所示。相应的专利挖掘可以着重围绕以上技术方向开展。

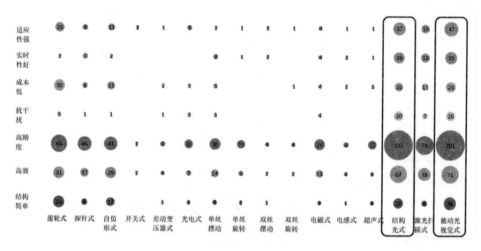

图8-4　焊缝跟踪技术功效矩阵

二、专利布局检索策略

专利布局，是指企业基于其经营理念、战略定位和创新体系，综合产业、经营、技术、市场和法律等因素，有计划地构建专利组合以提升市场竞争力的行为。专利布局包括宏观、中观与微观3个层面，专利布局的实施涉及技术改进、产业链、价值分布、地域、时间以及专利类型六大要素的考量。企业在着手制定布局规划时，除了要充分了解自身产品及技术信息、厘清自身专利保有情况外，掌握竞争对手的专利情况以及产业整体状况也是十分必要的，而这两方面专利信息的获取有赖于相关检索策略的实施。

1. 基于竞争对手布局的检索策略

在专利战场中，来自竞争对手的专利威胁甚至专利攻击行为在所难免，通过合理的专利布局不仅能够消除威胁、抵御攻击，甚至能够与竞争对手形成一定的制约和对抗优势，因而，竞争对手的专利情况是企业开展专利布局的重要考量因素。

针对竞争对手层面开展的专利检索，可以包括针对竞争对手已经进行专利布局的相关产品，针对现有技术中是否存在其替代方案进行检索，可以通过其替代方案的实施或针对性改进并形成自身的技术，以规避其威胁；还包括检索其围绕核心专利是否布局了足够的外围专利，是否仍具有实施包绕布局的可能性，以给竞争对手核心专利的进一步优化实施过程设置障碍；此外，企业还可以通过检索发现与竞争对手之间的技术差异，尝试围绕差异化优势开展布局。

从图8-5中可以看出，B公司在大飞机发动机领域各目标地所侧重布局的技术分支不尽相同：其在美国本土、加拿大和欧专局进行了大量的专利布局，除了市场因素外，主要原因是坐落在美国本土和加拿大的联合技术公司是其国内和全球的主要竞争对手，英国罗·罗公司和法国斯奈克玛公司是其全球的主要竞争对手；其在日本的风扇/压气机专利布局量明显高于其他技术分支，主要原因是日本的株式会社IHI和三菱重工在风扇、低压压气机领域技术较为先进；其在英国、法国的风扇/压气机总体技术专利布局量较多，主要原因是罗·罗公司在宽弦风扇和总体三转子传动领域技术较为先进，斯奈克玛公司在风扇复合材料领域技术较为先进；其在中国的各技术分支上的专利布局量较为均衡，主要原因是中国拥有大量该公司的产品，是其重要的市场。

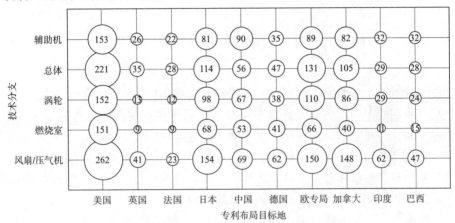

图8-5　B公司各技术分支全球专利布局状况

2. 基于技术及产业专利布局的检索策略

在企业制定专利布局规划的过程中，掌握技术及产业信息至关重要。技术及产业信息一定程度上决定着企业开展布局的时机、布局的程度以及布局的方向。在技术及产业状况层面的诸多参考因素中，技术及产业发展阶段以及专利分布现状是较为重要的两个因素，其能够客观地揭示某项技术或产业当前的产业状况，为企业的布局动向提供指引，同时其具体情况也是通过专利检索、利用专利分析手段可以获知和判定的。

就技术及产业专利分布现状而言，其需要多维度地考量来获知和判定，最直观的就是通过专利申请量分布来呈现。图8-6示出了AR/VR头戴显示设备全球专利申请量分布。从图中可以看出，在专利布局的地域上，美国和日本的专利申请量就占了全球申请量的一多半，是目前技术最为发达的国家。

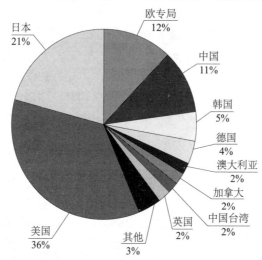

图8-6　AR/VR头戴显示设备全球专利申请量分布

技术及产业发展阶段通常可划分为萌芽期、成长期、成熟期和衰退期4个阶段，针对每个阶段所采取的专利布局形式有所不同。在萌芽期，主要开展的是基础专利的布局，各企业通过布局基础专利使自身在行业内占据一席之地。在成长期，行业竞争开始显现，各企业为凸显或巩固自身的行业地位，会加紧进行核心专利的布局。在成熟期，专利格局已经成形，此时多为通过外围专利的布局对专利数量和分布进行适应性调整。在衰退期，企业会考虑通过放弃维持部分专利来减少投入，为寻求新的发展方向蓄力。

技术及产业发展阶段的获知和判定，可以通过分析专利技术生命周期来实现。专利技术生命周期能够反映专利技术发展的不同阶段中，专利申请量与专利申请人数量的一般性的周期性的规律，通过对专利申请量与专利申请人数量二者的时序变化进行分析❶，能够使企业明确目前产业所处的发展阶段，为专利布局提供指引。

在萌芽期阶段，布局检索应着重于查找已有的基础专利，明确现有布局下的基础专利与自身研发方向存在的技术一致性程度，以便为自身基础专利的布局提供参考。在成长期阶段，布局检索应主要围绕行业领先的创新主体及主要

---

❶　甘绍宁. 专利文献研究2012［M］. 北京：知识产权出版社，2012：200-206.

竞争对手的专利布局情况开展，关注其在自身基础专利相关主题下的专利布局情况及其最新布局动态，知己知彼，据此针对性地选择该阶段的布局方式。在成熟期和衰退期，布局检索应着重于发现替代技术，以搜寻新的技术动向。

图8－7示出了呼吸机的专利技术生命周期。从图中可以看出，呼吸机行业自2005年以后度过了初步发展的萌芽期，开始进入快速的成长阶段，行业内申请人数量和申请量持续增加，行业处于成长期（检索截至2017年9月，图中2016年数据量回落是由于专利文献延迟公开造成的）。

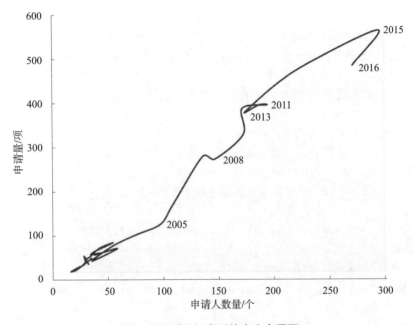

图8－7　呼吸机专利技术生命周期

参考文献

［1］马天旗. 高价值专利培育与评估［M］. 北京：知识产权出版社，2018.

［2］健君. 公司首席法务官：企业的守夜人［M］. 北京：法律出版社，2017.

［3］张晓东. 专利检索与信息分析实务［M］. 上海：华东理工大学出版社，2017.

［4］白光清，王晓峰，张璞. 外观设计互联网检索实务［M］. 北京：知识产权出版社，2017.

［5］中国科学技术信息研究所. 专利分析的方法探索与实证研究［M］. 北京：科学技术文献出版社，2016.

［6］董新蕊，朱振宇. 专利分析运用实务［M］. 北京：国防工业出版社，2016.

［7］马天旗. 专利布局［M］. 北京：知识产权出版社，2016.

［8］郭永菊. 电子器件领域专利检索策略及应用［M］. 北京：知识产权出版社，2015.

［9］应志红. 元器件和半导体领域专利审查案例评析［M］. 北京：知识产权出版社，2013.

［10］甘绍宁. 专利文献研究 2012［M］. 北京：知识产权出版社，2012.

［11］波特. 技术挖掘与专利分析［M］. 陈燕，等，译. 北京：清华大学出版社，2012.

［12］孟俊娥，周胜生. 专利检索策略及应用［M］. 北京：知识产权出版社，2010.

［13］David Hunt, Long Nguyen, Matthew Rodgers. Patent Searching：tools & techniques［M］. Wiley, 2007.

［14］周胜生. 技术创新性检索"两步法"研究——以专利为视角［J］. 知识产权，2018（8）.

［15］赵阳，文庭孝. 专利技术信息挖掘研究进展［J］. 图书馆，2018（4）.

［16］张婷. 案例探究重点产业专利挖掘方法［J］. 中国发明与专利，2018（3）.

［17］丁志新. 企业专利预警机制研究［J］. 中国发明与专利，2017（10）.

［18］周美霞，付占海，丽娜. 浅谈专利检索中查全查准率验证过程及注意问题［J］. 中国发明与专利，2017（9）.

［19］郭嘉，李利文. 专利全文数据库的检索降噪方法［J］. 中国科技信息，2017（15）.

［20］赵传海，张钰. 专利检索漫谈［J］. 中国发明与专利，2017（8）.

［21］Bhatti N, Hanbury A. Image search in patents：A review［J］. International Journal on Document Analysis and Recognition, 2017, 16（4）.

［22］孟伟. 通过 WIPO、Espacenet 网站获取专利分类号的方法［J］. 中国发明与专利，2017（S1）.

［23］Alok Khode, Sagar Jambhorkar. Concept – based Patent Image Retrieval［J］. Indian Journal of Science and Technology, 2017, 10（37）.

［24］李晴晴，周长胜，吕学强，等. 基于外观设计专利的多模态图像检索［J］. 计算机工程与设计，2016，37（9）.

［25］范晶晶，刘冰瑶. 对于冗长电路连接关系描述类权利要求检索策略的思考［J］. 科技展望，2016，26（29）.

［26］郭青. 浅析 CPC 分类体系［J］. 中国发明与专利，2016（1）.

［27］王莹，罗坤，姜磊，等. 基于内容的图像检索技术的专利技术综述［J］. 电视技术，2013，37（S2）.

［28］张晓冬，赵义强，李清燕，等. 三种数值检索方式在 SADIQ 中的应用研究［J］. 吉林工程技术师范学院学报，2013，29（8）.

［29］M Lupu，A Hanbury. Pateat Retrieval［J］. Foundations and Trends R in Information Retrieval，2013，7（97）.

［30］陈颖，张晓林. 专利技术功效矩阵构建词汇模型研究［J］. 情报科学，2012，30（11）.

［31］方飞，张帆. 查新信息资源的深度挖掘及定向服务探讨［J］. 中国科技信息，2012（9）.

［32］Stefanos Vrochidis，Anastasia Moumtzidou，Ioannis Kompatsiaris. Concept – based Patent Image Retrieval［J］. World Patent Information，2012，34（4）.

［33］周胜生，王扬平. 专利文献计算机检索技术的最新发展［J］. 图书情报工作，2010，54（18）.

［34］周胜生. 关键词在专利文献检索中的应用［J］. 情报理论与实践，2010，33（5）.

［35］孙焕云. 试论科技情报在技术引进中的作用［J］. 图书与情报，1986（Z1）.

［36］汪佳梅. 利用专利信息应对专利侵权纠纷的策略探讨［C］//2014 年中华全国专利代理人协会年会第五届知识产权论坛论文集. 中华全国专利代理人协会，2014.

［37］戴瑞烜. 另辟蹊径——浅谈含有参数特征限定的权利要求的检索策略［C］//2014 年中华全国专利代理人协会年会第五届知识产权论坛论文集. 中华全国专利代理人协会，2014.

［38］罗啸，于立彪，尹海霞. 从专利分析的角度看四类专利检索的特征［C］//2014 年中华全国专利代理人协会年会第五届知识产权论坛论文集. 中华全国专利代理人协会，2014.

［39］Avinash Tiwari，Veena Bansal. PATSEEK：Content Based Image Retrieval System for Patent Database［C］//第四届电子商务国际会议论文集（Ⅱ）. 清华大学现代管理研究中心，2004.

［40］美的集团耗资 537 亿日元收购东芝家电 80% 股权［EB/OL］.［2018 – 11 – 30］. https：//www. maigoo. com/news/452755. html.

［41］中国知识产权报. 知识产权分析评议助力高质量发展［EB/OL］.（2018 – 09 – 12）［2018 – 11 – 29］. http：//ip. people. com. cn/n1/2018/0912/c179663 – 30288626. html.

［42］Nirvanajoe. 技术性贸易壁垒——DVD 知识产权［EB/OL］.（2010 – 12 – 14）［2018 – 11 – 29］. https：//wenku. baidu. com/view/ca35a22558fb770bf2a5579. html.

附录 A 常用检索资源介绍

一、中国国家知识产权局官方网站

1. 数据库基本介绍

中国国家知识产权局官方网站的检索子系统（http：//www.pss－system.gov.cn/）提供检索功能及专利分析功能。检索功能：具备常规检索、表格检索、药物专题检索、检索历史、检索结果浏览、文献浏览、批量下载等功能。分析功能：包括快速分析、定制分析以及高级分析并生成分析报告。平台数据范围包括103个国家、地区和组织的专利数据，以及引文、同族、法律状态等数据信息，其中涵盖了中国、美国、日本、韩国、英国、法国、德国、瑞士、俄罗斯、欧洲专利局和世界知识产权组织等。平台针对中外专利数据，于每周三进行数据更新；针对同族、法律状态数据，于每周二进行数据更新；对于引文数据，则是每月更新。

2. 文献检索

通过点击国家知识产权局专利检索平台中的"专利检索"项即能够进行专利检索。在进入国家知识产权局专利检索平台的专利检索入口后，能够选取不同种类的语言进行检索与阅读。以下内容将在以选取"中文"的基础上进行阐述。在专利检索及分析功能中，常用的检索方式为"常规检索""高级检索"以及"导航检索"。

在"常规检索"中，仅提供一个检索栏。在该栏目中，根据检索需求确定检索式后，直接将检索式输入即可。在利用"常规检索"进行检索时，能够通过点击检索栏最左侧的球形图标来选取数据范围，以确定所检索的目标文献的类型以及申请所在地。并能够通过点击检索栏左侧第二个图标选取检索索引，可以是"自动识别"，即根据用户所输入的内容由机器自动识别用户输入的检索式所涉及的检索索引；也可以是"检索要素""申请号""公开（公告）号""申请（专利权）人""发明人"以及"发明名称"等具体索引项。

在检索过程中，需要考虑检索式输入页面所支持的检索式运算规则。"常规检索"所支持的运算规则为：支持二目逻辑运算符 AND、OR，并且支持多个检索词之间用空格间隔，例如："相位 调制"，在输入之后系统默认二目逻辑运算符号是 AND，即系统会按照"相位 AND 调制"进行检索。

常规检索还支持间隔符号"-"以及"."，支持如下格式：YYYY-MM-DD、YYYY.MM.DD、YYYYMMDD、YYYYMM、YYYY；半角运算符（），如输入的内容为：频偏（相位 调制），则系统优先执行"相位 AND 调制"，并将优先执行的检索结果与"频偏"继续进行"逻辑与"运算；如果检索条件中包含空格，在保留关键字或运算符的时候，需要使用半角双引号，例如："WILLAMS AND LANE INC"。以下，将以"频偏 AND 相位 AND 调制"为例进行检索结果的说明。

在检索栏中输入"频偏（相位 调制）"，点击"检索"按键，能够显示出包括用户所输入的检索式并进行解读，以便用户核对机器识别的检索式与自身想要表达的检索式是否一致，而且还能够列举出检索历史，便于用户对历史检索过程进行查询并展示本次检索的检索结果。

选用"高级检索"时，同样能够选择所用语言类别，并进行目标文献的类别与国家/地区的筛选。在检索过程中，高级检索界面提供了多项索引，能够供用户在高级检索的索引栏中直接填写相关内容，即能够生成检索式进行检索。在高级检索页面右上角具有"配置"选项，该选项是为了修改"高级检索"界面中的索引项而设置的。点击"配置"选项，会弹出展示多个项目的对话框，每个项目即为一个可选索引项。将相应的索引项进行勾选后，被勾选的索引项即显示于"高级检索"的检索界面中，供用户选取并填写来生成相应检索表达。

下面以检索"智能手机"为例，对"高级检索"功能的使用方法进行说明。在高级检索中，各个索引栏中能够输入相应的表达，并且在"发明名称""摘要""权利要求""说明书"以及"关键词"等能够输入词汇的索引项中输入多个词汇，同一个索引栏中的不同词汇是"逻辑或"的关系，例如：在"说明书"一栏中输入"手机 终端"，则机器识别的内容为"手机 or 终端"。

在相应的索引栏中填写相关的检索词后会在页面中自动生成检索式，而在检索式编辑栏中，最右侧的加号图标能够向用户提供多种逻辑运算符，用户可以根据需求利用各个逻辑运算符自主编辑检索式。在完成检索式的表达后，点击"检索"图标，即能够显示出检索结果。用户能够根据个人习惯选取检索结果的排布方式，例如"列表式""多图式"或者"申请日降序"的排布方式。由此，用户能够通过"高级检索"进行专利文献的查找与查看。

在"导航检索"界面同样能够选择所用语言类别，而与"常规检索"以及"高级检索"不同的是，"导航检索"向用户提供了 IPC 分类号的查询功能，并能够给出相应分类号的中英文含义。例如，用户在"IPC 分类号查询"

界面左侧选择 A 部的分类号后，即在主界面中显示 A 部中的各个大组，并给出 A 部分类号的中文释义。并且，在选中具体的小组分类号后，能够直观地显示该小组所属大组、小类、大类以及部，同时给出中英文释义。

另外，用户还能够在查询栏中直接输入分类号，点击"查询"图标后，在主界面即能够显示该小组所属大组、小类、大类以及部，并给出所输入的分类号的中英文释义，如图 A – 1 所示。

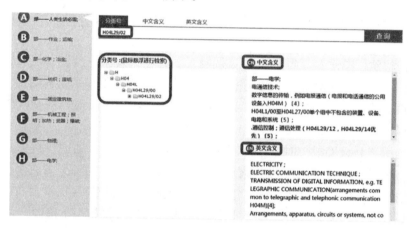

图 A – 1 导航检索对输入分类号的释义

可见，国家知识产权局专利检索平台为用户提供了一个便捷、全面的专利文献检索环境，用户能够根据实际需求选取合适的检索策略获取专利文献。需要说明的是，医药领域的用户还能够通过"药物检索"进行相应的检索。

二、美国专利商标局官方网站

1. 数据库基本介绍

在美国，负责专利审批事项的机构是美国专利商标局，其官方网站（http：//www. uspto. gov）中提供了多个查询标签，能够满足公众对于专利、商标、相关政策法规及了解有关事项的需求。美国专利商标局的数据库内容每周更新一次。通过美国专利商标局官方网站，用户能够进行简单检索、高级检索、IPC 分类号检索，并且还能通过该官方网站所提供的 global dossier 查看专利文献在各个国家的审查过程，并且能够进行下载。

2. 文献检索

如需查询专利方面的信息，可直接点击 Patents 标签。点击后，下方网页会显示检索、申请及审查状态查询子界面。点击 Application process – search for patents 进入检索入口介绍界面，也可以直接点击下方的 PatFT（Patent Full –

Text and Image Database）或 AppFT（Application Full – Text and Image Database）快速进入检索界面。

点击 PatFT（Patent Full – Text and Image Database）数据库链接后，网页上会提供有快速检索（Quick search）、高级检索（Advanced search）等选项，可通过点击快速检索（Quick search）进入检索界面。

该界面中允许用户输入关键词，并通过下拉菜单选择查询的检索索引，如图 A – 2 所示。

图 A – 2　USPTO 快速检索索引项的选取

以 "CDN in Abstract and router in all fields" 为例，即在摘要中包含检索词 "CDN" 并且在全文中包含检索词 "router" 进行检索，检索过程如图 A – 3 所示。

图 A – 3　USPTO 快速检索检索式的构建

在将检索词输入并选择索引完成后，点击查找（Search）图标，能够获得相关的专利文献。

"高级检索"的界面与"快速检索"类似，区别在于需要用户手动构造检索式，构造检索式所需要的对应检索入口的表达式在网页上显示，需要用户自行对照选择。在由用户手动构造检索式的过程中，用户需要用到各类索引，在"高级检索"界面中还示出了能够识别的各类索引以及其英文释义，如图 A–4 所示。

Field Code	Field Name	Field Code	Field Name
PN	Patent Number	IN	Inventor Name
ISD	Issue Date	IC	Inventor City
TTL	Title	IS	Inventor State
ABST	Abstract	ICN	Inventor Country
ACLM	Claim(s)	AANM	Applicant Name
SPEC	Description/Specification	AACI	Applicant City
CCL	Current US Classification	AAST	Applicant State
CPC	Current CPC Classification	AACO	Applicant Country
CPCL	Current CPC Classification Class	AAAT	Applicant Type
ICL	International Classification	LREP	Attorney or Agent
APN	Application Serial Number	AN	Assignee Name
APD	Application Date	AC	Assignee City
APT	Application Type	AS	Assignee State
GOVT	Government Interest	ACN	Assignee Country
FMID	Patent Family ID	EXP	Primary Examiner
PARN	Parent Case Information	EXA	Assistant Examiner
RLAP	Related US App. Data	REF	Referenced By
RLFD	Related Application Filing Date	FREF	Foreign References
PRIR	Foreign Priority	OREF	Other References
PRAD	Priority Filing Date	COFC	Certificate of Correction
PCT	PCT Information	REEX	Re-Examination Certificate
PTAD	PCT Filing Date	PTAB	PTAB Trial Certificate
PT3D	PCT 371c124 Date	SEC	Supplemental Exam Certificate
PPPD	Prior Published Document Date	ILRN	International Registration Number
REIS	Reissue Data	ILRD	International Registration Date
RPAF	Reissued Patent Application Filing Date	ILPD	International Registration Publication Date
AFFF	130(b) Affirmation Flag	ILFD	Hague International Filing Date
AFFT	130(b) Affirmation Statement		

图 A–4　USPTO 高级检索索引项的选取

下面以检索到在摘要中同时存在 CDN 和 router 两个关键词的相关专利文献为例构建检索式。经过查找相应索引项含义后，在检索栏内输入"abst/(router and CDN)"，并点击查找（Search）图标，能够获得相关的专利文献检索结果。在检索结果的列表中，同样示出了专利文献的公开号以及专利文献标题，通过点选文件链接，即可打开全文浏览界面对专利文献进行阅读。

该平台提供的检索入口除 PatFT 和 AppFT 外，较为常用的还有 Global Dossier。在 Search for patents 网页中点击 Global Dossier 后可在当前网页中跳至对 Global Dossier 的介绍。在介绍中，可通过点击 single portal/user interface 进入查

询界面，如图 A - 5 所示。

Global Dossier

Global Dossier is a set of business services aimed at modernizing the global patent system and delivering benefits to all stakeholders through a single portal/user interface. Through this secure service, users have access to the file histories of related applications from participating IP Offices, which currently include the IP5 Offices.

By using this service, users can see the patent family for a specific application, containing all related applications filed at participating IP Offices, along with the dossier, classification, and citation data for these applications. This service also provides Office Action Indicators to help users identify applications that contain office actions, a Collections View for saving documents and applications for review later on in the session, and the ability to download the documents in an application.

图 A - 5　USPTO Global Dossier 检索入口

　　点击进入 Global Dossier 后，显示出 Global Dossier 的网站页面，在该网页下，可通过用户选择，查询不同专利局审查的申请状态、同族案件及审查过程。在 Office 一栏中可以选择所要查找的专利申请的公开国，在 Type 一栏中可以选择申请号或公开号，在靠近 Type 栏的右侧一栏可以根据所选择的索引填写文献的申请号或公开号以进行专利文献的查找。以查询在中国公开的专利申请号为 CN201210599356 的专利文献为例。选择申请号为索引，并将申请号输入相应的检索栏内，在点击查找图标后，即在页面中显示相关文献的信息。可点击检索结果页面 Actions 栏目下的图标，打开对应申请的审查过程。在相应申请的审查过程页面中，通过点击 View all office actions 图标，能够跳转至另一界面中查看详细的审查过程及在审查过程中涉及的通知书、意见陈述书等相关文献。

三、欧洲专利局官方网站

1. 数据库基本介绍

　　欧洲专利局（https：//worldwide. espacenet. com/？ locale = en_EP）是根据《欧洲专利公约》于 1977 年 10 月 7 日正式成立的一个政府间组织，其主要职能是负责欧洲地区的专利审批工作。

　　欧洲专利局官方网站向用户提供了简单检索、高级检索、IPC 分类号检索、CPC 分类号导航检索等检索功能。用户不仅能够在该网站查询欧洲专利局针对相关专利申请的审查过程，还能够根据检索结果页面中提供的 Global Dossier 进行相应专利文献审查过程的查询，并可下载审查过程中所涉及的相关材料。

2. 文献检索

　　进入欧洲专利局网站首页后，点击"Searching for patents"，点击其子栏目中的"Technical information"，之后继续选择"Espacenet - patent search"，即

可进入欧洲专利局检索子系统。或者直接在网站地址栏输入欧洲专利局检索子系统的入口域名（https：//worldwide. espacenet. com/？ locale = en_EP）即可。该平台主要提供了 3 种检索方式，分别为"smart search"（智能检索）、"advanced search"（高级检索）以及"classification search"（分类检索）。

在欧洲专利局检索子系统内选择"smart search"（智能检索）后，在检索栏中输入检索词"SDN"，点击检索图标"Search"，能够获得所有记载"SDN"的专利文献，并且检索结果中展示了各个专利文献的部分信息，例如优先权日、公开号、IPC 分类号、申请人以及发明人。

从检索结果列表中选取所需的专利文献，点击发明名称，即能够获得更多的信息，并且用户还能够点击界面中所显示的"Global Dossier"以获得审查过程以及审查过程中所涉及的相关文献。若检索结果为 PCT 国际申请，则点击"Written Opinion of the International Search Authority"即能够显示国际局针对该专利作出的审查意见通知书。若用户需要对该专利审查过程中所涉及的相关文档进行保存，只需在审查过程中涉及的相关文档展示界面点击鼠标右键，选择另存为即可。

欧洲专利局检索子系统提供高级检索功能，高级检索提供给用户多种索引，用户根据需求找到相应的索引，并在选取的索引所对应的栏目里填写相应检索词或著录项目信息即能够获取相关专利文献。索引项包括：公开号、申请号、优先权号、申请日、公开日、授权公告日、申请人、发明人、发明名称关键词、IPC 分类号、专利权人以及诉讼号等。

下面将以题目中包含关键词"SDN"并且 IPC 分类号为 H04L 29/06 为例来对"advanced search"（高级检索）进行说明。在"International Patent Classification"（IPC）对应的栏目下填写"H04L29/06"并且在"Keyword（s）in title"栏目下填写"SDN"，即能够获得相应的检索结果。在检索结果中选取相应的专利文献，获取其审查过程及相关材料，点击界面左侧的"All documents"图标，也能够获取审查过程中所有相关文献。

进入通过点击"All documents"所弹出的子页面，并选取"European search opinion"可以查看欧洲专利审查局针对该申请作出的审查意见通知书。若用户需要对该专利审查过程中所涉及的相关文档进行保存，只需在审查过程中涉及的相关文档展示界面点击鼠标右键，选择另存为即可。

欧洲专利局检索子系统提供分类检索功能，其分类检索界面提供了 CPC 分类号，并且给出了英文释义，如图 A –6 所示。

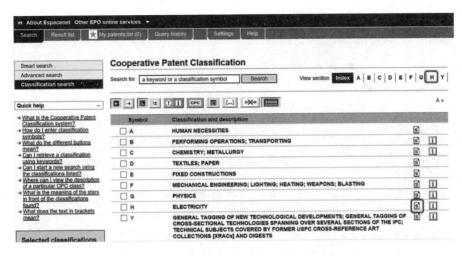

图A-6 欧洲专利局检索子系统的分类检索界面

点击图A-6中的"S"图标，系统即能够给出图标所对应的该部CPC分类号的英文释义，以供用户了解。下面将以CPC释义中含有"mobile phone"并且其CPC分类号大类为H04进行检索示例，如图A-7所示。

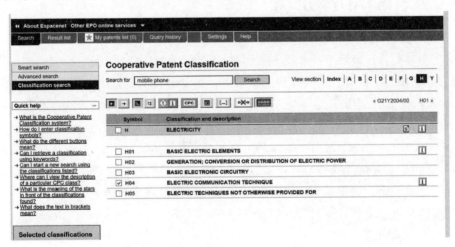

图A-7 通过分类检索查询CPC分类号

在选择完毕分类号并且输入关键词后，点击"Search"进行检索，可获得相关CPC分类号，以供用户了解并在检索中进行应用，如图A-8所示。

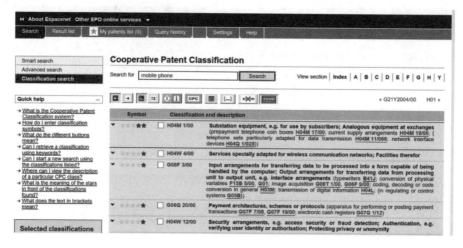

图 A－8　CPC 分类号的查询结果

用户能够根据分类检索充分了解 CPC 分类号，并根据与专利文献相关的 CPC 分类号去检索所需的专利文件。

四、日本特许厅官方网站

1. 数据库基本介绍

日本特许厅隶属于日本经济产业省，前身是 1885 年 4 月设立的"专卖特许所"，其职责是负责日本的知识产权事务，如受理和审批发明专利、实用新型、外观设计和商标申请。日本特许厅设置了两个登录入口，其中一个为用户仅能够利用日文进行相应专利文献的查询与检索的入口（http：//www. jpo. go. jp/ indexj. htm），另一个为用户能够利用英文进行相应专利文献的查询与检索的入口（http：//www. jpo. go. jp/）。通过日本特许厅官方网站检索平台，用户能够进行摘要检索、简单检索、高级检索、IPC 分类号检索以及 FI－FT 检索，并且能够查询日本特许厅对专利申请的审查过程。

2. 文献检索

进入日本特许厅官方网站后，点击"【J－PlatPat】Search（Patent, Design, Trademark, etc.）（External Link）"图标可进入日本特许厅检索子系统。进入日本特许厅检索子系统后，点击"PAJ（Patent Abstracts of Japan）"，能够进行专利文献检索。

选择索引项为"Abstract"（摘要）以及"Title of Invention"（发明名称），并且以选择在摘要中包含"mobile phone"（移动电话），在发明名称中包含"camera"（摄像头）进行检索为例，如图 A－9 所示。

Publication issues, and updates schedule, please refer to the ☑ NEWS

Abstract
| mobile phone | | AND ∨ |

Title of invention
| camera | | AND ∨ |

Applicant
| e. g. JPO | | AND ∨ |

Publication Date
from: [e. g. 20150101] - to: [e. g. 20150331]

IPC
[e. g. B22F1/00 B22F3/00]

🔍 Search

Search results: **198**　　View list

图 A-9　进行摘要检索中检索式的构建

输入相关检索词后，点击"Search"图标，得到检索结果为 198 篇，点击"View list"即能够查看具体检索结果。

选择第 5 篇文献进行查看，能够查看该篇专利文件的摘要，并且能够将文献的全文翻译为英文文本，如图 A-10 所示。

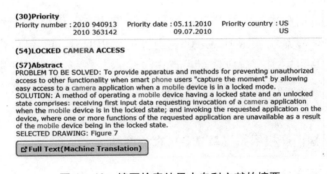

(30)Priority
Priority number : 2010 940913　　Priority date : 05.11.2010　　Priority country : US
　　　　　　　　　　2010 363142　　　　　　　　　　　09.07.2010　　　　　　　　　　 US

(54)LOCKED CAMERA ACCESS

(57)Abstract
PROBLEM TO BE SOLVED: To provide apparatus and methods for preventing unauthorized access to other functionality when smart phone users "capture the moment" by allowing easy access to a camera application when a mobile device is in a locked mode.
SOLUTION: A method of operating a mobile device having a locked state and an unlocked state comprises: receiving first input data requesting invocation of a camera application when the mobile device is in the locked state; and invoking the requested application on the device, where one or more functions of the requested application are unavailable as a result of the mobile device being in the locked state.
SELECTED DRAWING: Figure 7

☑ Full Text(Machine Translation)

图 A-10　摘要检索结果中专利文献的摘要

点击"Full Text（Machine Translation）"图标后，选择"WRITTEN A-MENDMENT"图标，则在该界面中显示该专利文献的全部文本的英文翻译文本，如图 A-11 所示。

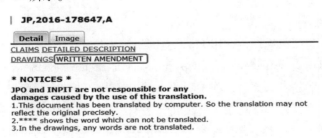

| **JP,2016-178647,A**

Detail | Image

CLAIMS DETAILED DESCRIPTION
DRAWINGS | WRITTEN AMENDMENT |

* NOTICES *
JPO and INPIT are not responsible for any damages caused by the use of this translation.
1.This document has been translated by computer. So the translation may not reflect the original precisely.
2.**** shows the word which can not be translated.
3.In the drawings, any words are not translated.

图 A-11　对选取的日文文献进行全文翻译

五、韩国知识产权局官方网站

1. 数据库基本介绍

韩国知识产权局是韩国贸易、工业及能源部的一个下设机构，主要负责专利、实用新型、外观设计、商标、半导体集成电路布图设计、商业秘密和反不正当竞争的相关工作，其前身是 1946 年成立于韩国工商部下属的专利署。韩国知识产权局官网向用户提供韩语及英语的阅读与应用功能。并提供简单检索、高级检索等检索功能，还向用户提供路径，能够供用户查询该局对专利申请的审查过程。

2. 文献检索

进入网站 www. kipris. or. kr/eng. home/main. jsp 后，选中"Patent"（专利检索），进入专利检索子系统，能够进行简单检索。简单检索可依据 IPC 分类号、申请号、公开号、关键词进行检索，下面以在名称中包含"SDN"为例进行简单检索。在给定的索引项对应的输入栏输入"sdn"后，点击检索，即能够得到检索结果。

高级检索可依据申请号、IPC 分类号、公开号、公开日、申请日进行检索，下面以 IPC 分类号为 H04L29 – 06、内容包含 PHONE 进行高级检索。在相关索引项后的栏目中填写对应信息后点击"检索"图标，即可获得相应检索结果。若需要将检索得到的文件进行下载，可以点击目标专利文献，在弹出的子页面中选择全文查看并对文件进行保存即可。

六、世界知识产权组织（WIPO）官方网站

1. 数据库基本介绍

世界知识产权组织（World Intellectual Property Organization，WIPO），是联合国保护知识产权的一个专门机构。该组织根据《成立世界知识产权组织公约》而设立。该公约于 1967 年 7 月 14 日在斯德哥尔摩签订，于 1970 年 4 月 26 日生效。

2. 文献检索

在世界知识产权组织（WIPO）设立的系统中，用户能够利用其提供的检索子系统（https：//patentscope. wipo. int/search/zh/advancedSearch. jsf）检索到向国际局申请的专利文献。在检索子系统中，用户能够在检索界面的右上角选择网页展示语言，包括：中文、英文、法文、日文以及韩文等几种语言。同时，还能在页面的左上角选择检索类型，包括：简单检索、高级检索以及跨语种扩展检索等。

选择简单检索后，则能够进入简单检索界面。用户将鼠标放置于检索栏内，会显示出检索样例，用户能够根据检索样例学习系统能够识别的索引以及检索式格式。例如：在检索栏内输入"EN_ALLTXT（software defined network）"，则会检索所有文本字段，并按照相关性降序排列且显示其中包括"software defined network"的所有已经公开的专利文献。

选择高级检索后，用户能够在检索栏内输入相关检索式，还能够在检索页面内选择"语言""词根提取"以及"专利局"等项目。通过选择各个项目并填写检索式，进行相关专利文献的检索。例如：在检索栏中填写"智能手机 and ZH_ALL：家电"，选取语言为"中文"，选择专利局为"中华人民共和国"。点击检索后，即能够获得全文中包含"智能手机"并且包含"家电"的所有中国专利文献。

选择跨语种扩展后，用户能够在检索栏内填写需要扩展的检索内容，并选择查询语言以及扩展模式，同时，还能够选取在扩展过程中偏向于查准或者查全。例如：在检索栏内填写"单车"，选择查询语言为"中文"，选择扩展模式为"自动"，将查准、查全选择条目拖至"查全"，条目值为"4"，则系统会推送相关检索结果。在检索到的专利文献中包含了对"单车"进行跨语种扩展后的"自行车""二轮车""自耘车""bike"以及"bicycle"关键词。同时，若此时在页面左上角点击"简单检索"，则在简单检索的检索栏内已经由系统推送了相关检索式。该检索式表达含义为：检索发明名称中包含"单车"或者单车的各语种针对"单车"的翻译以及扩展词的专利文献。

七、全球汽车专利数据库服务平台（AUTOPAT）

1. 数据库基本介绍

全球汽车专利数据库服务平台（http：//www. autopat. cn/search/index. html#）平台收录了全球104个国家或地区的1800多万条汽车相关专利，内容丰富全面；平台提供日、韩、德、俄、法等11个国家的小语种，且具有英文翻译功能，方便阅读；库内数据每周至少更新一次，及时性强。同时，结合汽车技术与专利数据的特点，采用汽车技术术语构建了多维标引体系，在此标引体系上对库内收录的数据进行了二次分类，更方便汽车从业人员对专利信息的使用。

全球汽车专利数据库服务平台在界面导航方面，进行了技术领域、技术效果和技术手段的分类，能够通过在对应的项目前面勾选的方式来针对技术领域、技术效果和技术手段分别选取相应的关键词；在检索功能上，又划分为表格检索、多条件检索、命令检索、批量检索、法律检索、智能检索、IPC检索、LOC检索、国省代码检索，从而方便用户任意选择合适的方式进行检索。如图 A-12 所示。

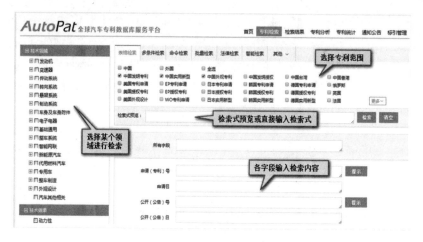

图 A-12　AUTOPAT 检索界面

2. 文献检索

表格检索是打开检索后默认的检索方式，可在其中勾选中国发明专利、中国实用新型、美国专利申请、EP 专利申请等多种专利库来选择专利检索的范围。又可以任意选择字段输入相关的信息进行检索，比如，可在"公开（公告）号"字段输入"CN105915934"进行检索。

在多条件检索和命令检索中，可选择不同字段分别输入相应的信息，然后，结合布尔运算字符进行检索，并且，还增加了更多的检索字段用于检索，比如，国省代码、地址、最新法律状态、有效性、代理人、进入国家日期、主分类号、分类号等，结合 xor、adj、equ/10、xor/10、pre/10、%、?、To 等进行检索。如图 A-13 所示。

图 A-13　多条件检索和命令检索界面

比如针对代理人为李磊、地址为辽宁省、名称中包含客车的专利进行检索，即可输入：AGT＝"李磊"and TI＝"客车"and AR＝"辽宁省"进行检索。其中的"AGT""TI"和"AR"分别表示"代理人""名称"和"地址"。对于智能检索，智能检索可将检索范围设定为名称、摘要和权利要求书，包含同义词检索和跨语言检索，智能检索的语序输入可高达 200 个英文字母或汉字。用户可以输入一段话，比如输入"一种通过视频图像回传识别节目的方法和系统"，系统会通过自然语言处理技术将用户输入的这段话进行关键词的自动提取，并采用特有算法进行关键词权重计算后再进行扩展检索。

八、中国新能源网站

1. 数据库基本介绍

中国新能源网是以互联网作为信息平台，以中国在新能源和可再生能源领域内的行业政策、技术与产品、能源资源以及能源百科等信息作为主要内容。同时，中国新能源网还是一个涵盖能源领域各方面信息的综合信息数据库，该数据库中囊括了与新能源相关的中国专利，并分类别为用户提供导航。具体地，该数据库中的专利库（http：//www. china－nengyuan. com/zhuanli/）中将新能源专利文献分为太阳能专利、风能专利、生物能专利、储能专利、节能减排专利、新材料专利以及其他新能源专利等 7 个子项目，用户能够根据数据库所提供的子项目查找所需领域的专利文献，同时还能够在检索栏中进行简单检索以获得相关专利。

2. 文献检索

在中国新能源网进行专利文献检索时，可以在主页点击"专利"子项目，并选取所要进行检索的具体领域，例如选取"风能专利"，则会在页面下方显示出中国申请并且已经公开的所有与风能相关的专利文献。或者，在中国新能源网页中，在检索栏的下拉菜单中选中"专利"，并在检索栏中输入关键词"太阳能"，同样能够在页面下方显示出中国申请并且已经公开的所有与太阳能相关的专利文献。

同时，用户能够根据网站页面中提供的专利检索窗口直接进行专利文献的检索，例如在"专利号"一栏中填写专利申请号"201710600438.7"或者在"专利名称"一栏中填写"风力发电设备及系统"，均能够检索到相关专利文献。用户还能够在"申请人/专利权人"以及"发明/设计人"对应的栏目中填写相关信息，均能够获得相关文献。

九、中国中药专利数据库

1. 数据库基本介绍

"中国中药专利数据库及其检索系统（CTCMPD）"收录了 1985 年至今公开的全部中国中药专利。该专利检索系统还开发了英文库，英文库记录格式与中文库完全一致，著录项目一一对应，检索功能完全相同。在该数据库中可进行中药材名称的多文种检索、模糊检索和高级精确检索，同时还支持包含多种中药材的方剂相似性检索。

2. 文献检索

在该数据库检索过程中，用户可以在页面右上角的检索栏或者页面底部的检索式编辑区手动构建检索式进行检索，例如，在检索栏中输入"北沙参 and 麦冬 and 当归 and 生地黄 and 枸杞子"后，点击"执行"图标，即能够获得检索结果。

该数据库还提供高级检索，用户能够在数据库主页面中填写特定索引项所对应的内容，即能够进行相关检索。例如，在"方剂味数"对应栏中填写 16、"治疗作用"对应栏中填写哮喘并且在"方剂组成"对应栏中填写当归，即能够获得多篇结果。

同时，该数据库中还提供方剂检索。在中药方剂中药物的数量填写"6"到"10"味，同时选择检索结果中至少包含其中"1"味，并在方剂栏中填写"生地黄"，即能够检索到至少包含生地黄且药物数量为 6～10 味的方剂。

在英文库中检索方法相同，但难点在于中药名称的翻译。该平台的高级检索中提供"中药词典"以及"西药词典"，用户在检索过程中可利用两个词典进行专业药物名称的翻译。

十、STN 数据库检索平台

1. 数据库基本介绍

STN 数据库是 Scientific and Technical Network 的简称。STN 创建于 1983 年，它是由全球 3 个机构（联邦德国能源物理暨数学中心 FIZ Karlsruhe，美国化学学会之化学摘要服务社 CAS 及日本科技情报中心 JICST）以跨国合作的经营方式所成立的在线资料库。STN 检索系统收录了 200 多个资料库，涵盖了生物科学、材料科学、物理、生物技术、医药、石油、商业信息、药学、电子、化学、毒理、食品、能源、制剂、燃料、工程、地球科学、农学、健康与安全、建筑等各个领域，以化学和生命科学领域的文献收录最全，是搜寻上述领域科技文献的权威工具。

STN 包括以下各界面登录方式：STN Express（通过客户端软件登录）、STN on the Web（登录 https：//stnweb. cas. org，输入 STN 账号和密码，即进入 STN on the Web）、STNext（登录 https：//next. stn. org，输入 STN 账号和密码，即进入 STNext）、STNeast（登录 https：//stneasy. cas. org，输入 STN 账号和密码，即进入 STNeast）和 STN Anavist（通过客户端软件登录）。该平台在数据库中加入了索引机制，建立各著录项目的索引，其检索功能主要包括文本检索和结构检索。在检索的过程中，还具有截词符、布尔逻辑运算符、数值运算符和位置运算符来对检索过程进行辅助检索。由于 STNext 是 STN 检索的新平台，是在 STN on the Web 检索平台基础上的升级改善，集成了 STN on the Web 平台的所有指令操作，并且，使用起来更加直观和便捷，比如，词库的使用更加直观、简化结构的输入等。因此，接下来会在新版的 STNext 平台上对文本检索和结构检索进行详细的介绍。

2. 文献检索

（1）文本检索

文本检索的过程是针对关键词进行的检索。比如，针对疏水链段包括聚碳酸酯链段的特征进行检索，可在 CAP 数据库中，在指令窗口中结合截词符、布尔逻辑运算符进行检索，输入：

FIL CAP

S Polysaccharide（s）ester

s Hydrophilic property orHydrophilization OR HYDROPHOB?

S L1 AND L2

即可得到检索结果，具体如图 A - 14 所示。

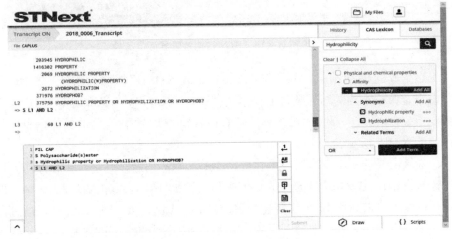

图 A - 14　STN 文本检索界面

在输入检索式的过程中，还可以利用 CAS Lexicon 查找关键词对应的同义词来辅助进行检索。

（2）结构检索

在结构检索的界面中设置了原子、常用官能团、可变基团和 R – 基团，以及 R – 基团的片段基团，具体链、模板和选择工具，以及锁定环和原子、环工具、反应工具等进行辅助输入，还可定义重复片段和可变取代位点。比如，要

对包含 [结构图] 结构的化合物进行检索，即可跳转至数据库 REG，进

入结构式输入界面，将该结构画进去，点击"Save & Upload"，具体如图 A – 15 所示。

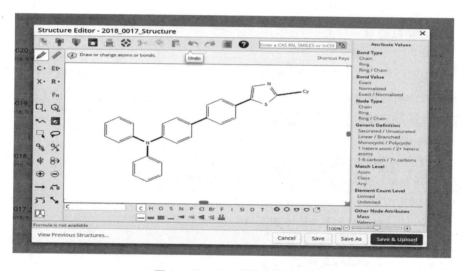

图 A – 15　STN 结构检索界面

对生成的检索结果"L3　STRUCTURE UPLOAD"，输入指令：S L3 sss ful，来查看检索到的结果数目的检索式"L4 13 SEA SSS　FUL L3"。然后，可输入指令：D L4 1 – 3，即可详细地查看检索到的 13 个化合物的具体信息，具体如图 A – 16 所示。

如果需要进一步查看对应该化合物相关文献的信息，则进行转库操作。通过输入指令：FIL ZCAPLUS，进入 ZCAPLUS 数据库。通过输入指令：S L4，即可在该库中检索到该 13 个化合物相关的文献"L5　　13 L4"。最后，通过输入指令：D　L5 1 – 3 TI，PN，SO，显示出检索到的文献的名称、公开号等信息。

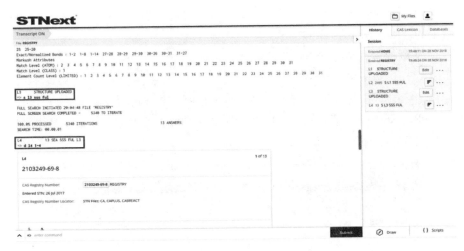

图 A-16　STN 结构检索结果

十一、UniProt 数据库检索平台

1. 数据库基本介绍

UniProt 数据库（https：//www. uniprot. org/）不仅集中收录蛋白质资源，还能与其他资源相互联系。UniProt 是由欧洲生物信息学研究所（European Bioinformatics Institute）、美国蛋白质信息资源（Protein Information Resource）以及瑞士生物信息研究所（Swiss Institute of Bioinformatics）等机构共同组成的 UniProt 协会（UniProt Consortium）编辑、制作的有关蛋白质序列及其相关功能的共享数据库。

UniProt 包含 UniProt Knowledgebase（UniProtKB）、UniProt Non – redundant Reference（UniRef）和 UniProt Archive（UniParc）3 个数据库层次。其中 UniProt Knowledgebase（UniProtKB）是蛋白质序列、功能、分类、交叉引用等信息存取中心；主要由 UniProtKB/Swiss – Prot 和 UniProtKB/TrEMBL 两部分组成。在三大核酸数据库（EMBL – Bank/GenBank/DDBJ）中注释的编码序列都被自动翻译并加入该数据库中，也有来自 PDB 数据库的序列，以及 Ensembl、Refeq 和 CCDS 基因预测的序列。UniProt Non – redundant Reference（UniRef）将密切相关的蛋白质序列组合到一条记录中，以便提高搜索速度。目前，根据序列相似程度形成 UniRef100、UniRef90 和 UniRef50 这 3 个子库。UniProt Archive（UniParc）是一个综合性的非冗余数据库，包含了所有主要的、公开的数据库的蛋白质序列。由于蛋白质可能在不同的数据库中存在，并且可能在同一个数据库中有多个版本，为了去冗余，UniParc 对每条唯一的序列只存一次，无论是否为同一物种的序列，只要序列相同就被合并为一条，每条序列提供稳定的、唯一的编号 UPI。

2. 文献检索

（1）Text search

Text search 可以查询该蛋白质序列下的所有的相关信息，比如，输入"A0A2R8ZEK6"，即可检索出"A0A2R8ZEK6"的全面信息，比如有机物来源以及其他注释信息等，如图 A - 17 所示。

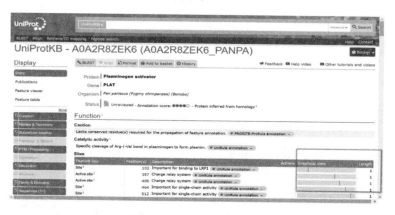

图 A - 17　Text search 界面

（2）Blast

Blast 检索确定与该蛋白质序列相似的蛋白质序列，并且，在检索的结果中可明确地显示出哪些序列片段比较相关，哪些存在差异。检索结果默认按照相似度的大小进行排序。

输入：A0A2R8ZEK6，即可检索到相关的蛋白质序列，如图 A - 18 所示的结果。

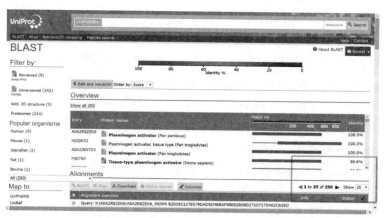

图 A - 18　Blast 比对结果

（3）Align

Align 对比多个蛋白质序列对应区域的相似性。

输入：

A0A2R8ZEK6

H2QW33

即可得到这两个序列的对比结果，如图 A-19 所示。

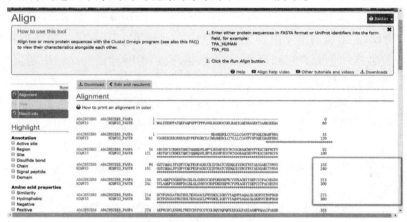

图 A-19　Align 对比结果

（4）Retrieve/ID mapping

输入或上传标识符列表以执行以下操作之一：

① 检索相应的 UniProt 条目以下载它们或在本网站上使用它们。

② 将具有不同类型的标识符转换为 UniProt 标识符，反之亦然，并下载标识符列表。

比如，输入"A0A2R8ZEK6"，即可得到如图 A-20 所示的结果。

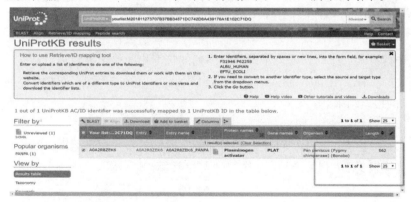

图 A-20　Retrieve/ID mapping 输入界面

（5）peptide search

提交肽列表，以在 UniProt 数据库中找到存在该肽列表的序列，其中的每个肽都要求至少包含两个氨基酸的长度。

十二、GenBank 数据库检索平台

1. 数据库基本介绍

GenBank（https：//www. ncbi. nlm. nih. gov/genbank/）是美国国家医学图书馆（NLM）下属的国家生物技术信息中心（NCBI）开发的生物序列数据库。为了保证数据的全面，它和日本 DNA 数据库（DDBJ）以及欧洲生物信息研究所的欧洲分子生物学实验室（EMBL）建立了交换数据的合作关系。GenBank 数据库有以下 3 种来源：直接来源于序列工作者提交的序列，与其他数据机构协作交换的数据，以及美国专利商标局提供的专利数据。GenBank 收集了所有的可通过公共来源获得的 DNA 序列以及相关的生物学信息，既可以独立地接受数据提交，又可以与其他两个数据库逐日交换信息，并制成相同的充分详细的数据库向公众开放。

GenBank 数据库支持的检索功能包括字段限制检索、强制短语检索、特殊标志符检索、序列长度检索和范围检索。并且，检索结果存在摘要显示、GenBank 显示、FASA 显示模式和 ASN. 1 模式等多种显示方式。

2. 文献检索

（1）基本检索

检索过程中，用户能够通过字段限制、强制短语进行检索。检索限定词包括基因名称的检索限定词（GENE 或者 GENE NAME）、生物体名称的检索限定词（ORGAN 或者 ORGANISM）和作者姓名的检索限定词（AUTH 或 HOR）。

该数据库还向用户提供特殊标识符检索。特殊标志符包括序列辨认号（GI）、GenBank/EMBL/DDBJ 序列接受号、RefSeq 序列接受号和 PDB 序列接受号。其中，序列辨认号为一串阿拉伯数字。检索过程中，用户能够根据序列长度进行检索。序列长度检索即是将序列的长度作为检索要素进行检索，以得到相关的文献。比如，输入"1504［SLEN］"，则在检索后，即可得到如图 A‒21的检索结果。

（2）高级检索（Advance）

在高级检索过程中，可以根据不同的字段进行布尔逻辑运算进行检索，比如，将检索式#27 和关键词 cas 进行"与"运算。

图 A – 21　序列长度检索

（3）比对分析（BLAST）

GenBank 在实现针对基因和蛋白质等数据库进行检索的基础上，还设置了 BLAST 功能，可以对 Nucleotide Blast、Protein Blast、blastx、tblastn 分别进行检索分析，如图 A – 22 所示。

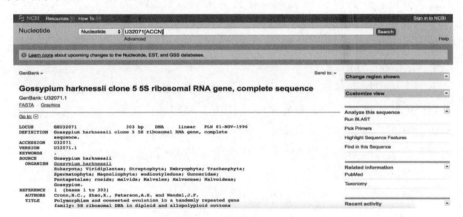

图 A – 22　BLAST 选择界面

比如，在点击进入"Nucleotide Blast"以后，可输入核苷酸序列：

```
ATGGCTTGGG CTGGTTCTAG AAGGGTGCCT GCTGGTACCA GAGCTGCTGC TGAGAGGTGC    60
TGCAGGCTTT CTTTGTCACC AGGAGCTCAG CCAGCTCCTC CTCCTGGACC TTTGCCTCCT    120
CCTAGGCCTA TGAGGTTCTT GACCTCATGC TCTTTGTTGT TGCCAAGGGC TGCTCAGATT    180
CTTGCTGCTG AGGCAGGTTT GCCTTCTTCT AGGTCATTCA TGGGTTTCGC TGCTCCTTTC    240
ACCAACAAGA GGAAGGCTTA TTCTGAGAGG AGGATTATGG GATACTCTAT GCAGGAGATG    300
TACGAGGTGG TGTCTAACGT GCAGGAGTAC AGGGAGTTCG TGCCTTGGTG CAAGAAGTCT    360
```

TTGGTGGTGT CATCAAGGAA GGGACACCTT AAGGCTCAAT TGGAGGTGGG ATTCCCTCCA	420
GTGATGGAGA GGTACACCTC TGCAGTGTCA ATGGTGAAGC CTCACATGGT TAAGGCAGTG	480
TGCACCGACG GTAAGTTGTT CAACCACTTG GAGACCATTT GGAGGTTCTC ACCTGGTATT	540
CCTGCATACC CAAGGACCTG CACCGTGGAT TTCTCTATTT CTTTTGAGTT CAGGTCTTTG	600
TTGCACTCTC AGCTTGCAAC CATGTTCTTC GACGAGGTGG TGAAGCAGAA CGTTGCTGCT	660
TTCGAGAGGA GGGCAGCAAC CAAGTTCGGT CCAGAGACCG CTATTCCTAG GGAGTTGATG	720
TTCCACGAGG TTCACCAGAC CCACCACCAC CACCACCACT GA	762

进行检索，即可得到与该核苷酸序列相似度较高的序列列表。

当存在多个序列时，还可以勾选"Align two or more sequence"，针对多个序列进行对比分析，以分析序列之间不同段的相似程度。

十三、Patentics 专利检索平台

1. 数据库基本介绍

Patentics 是一种智能化信息处理系统。Patentics 共收录了全球 112 个国家、地区和组织的专利数据，同时还收录了引文、同族、法律状态等数据信息，收录总量超过 1.4 亿条（截至 2018 年 7 月 1 日）。其中包括中、美、欧、日、韩、德以及世界知识产权组织（WIPO）等世界主要国家、地区和组织的专利全文数据，并持续扩充更新。专利全文数据被翻译为英文、中文两种语言，专利摘要数据全部提供英文版本。除专利数据外，还特别收录了专利诉讼全文数据、中国硕博论文和期刊摘要数据，以及全球通信标准全文数据（3GPP、IEEE802.11）。

不同于传统检索系统回答用户文档是否命中，Patentics 呈现给用户的是被检索文档的相关度。用户只要输入一个词语、一句话，甚至一篇文章，系统会自动抽取语义，只要是含义相同的专利就会自动图文并茂地呈现给用户，并按照相关度排序，而不必考虑文本中是否包含了该检索词。Patentics 可实现专利检索、数据处理、专利分析、运营、导航和分析报告及专利全文下载等功能，并提供了网页版、客户端、微信小程序 3 种不同的检索端口。

2. 文献检索

在利用 Patentics 进行检索时，用户可以使用关键词以及平台提供的逻辑算符自主构建检索式以进行专利文献的检索。例如，用户期望获得摘要中同时记载"智能"以及"手机"，同时在全文文本中记载"同步更新"的专利文献，可以构建检索式"a/（智能 and 手机）and b/同步更新"进行检索。

另外，用户可以直接在检索栏内输入专利文献的申请号或公开号，平台能够根据用户所输入的专利文献信息获取该专利文献，并且对该专利文献的权利要求1进行分析，提取关键词后自主进行中英文专利文献的检索，并将检索结

果按照与用户输入的专利文献的相关度进行排序后，按照相关度由高到低的顺序将检索结果进行展示。同时，用户还能在检索栏内通过逻辑算符与其他关键词对语义检索进行人为干扰以进行检索。例如，仅在检索栏内输入公开号"CN105959198"，则平台会按照相关度对结果进行排序后将与本申请相关的结果推送至用户。若用户期望获取与公开号为"CN105959198A"相关，并且在全文文本中记载了"级联"或"串联"的专利文献，用户可在检索栏内输入"CN105959198 and b/（级联 or 串联）"，即能获取相关文献。此外，用户还能够直接在检索栏内输入一段语句，平台将根据该段语句进行自动语义检索以获得相关文献。

Patentics 平台还能够进行专利统计、分析，例如，在检索栏中输入"a/最短路径发现"，能够获得相关检索结果；切换至分类器，右键单击空白处选择"导入"中的"主搜索"，既能够将全部结果导入分类器中；对导入的数据进行分组，右键单击页面中的"最短路径发现"节点，弹出分组功能操作页面；用户也能够勾选该页面中的项目，例如国际专利分类号、申请人、发明人、申请日、被引数等项目，通过勾选任一项目来将检索结果数据进行分类统计。在统计分析之后，用户还可以生成可视化二维图形。

十四、Orbit 专利服务平台

1. 数据库基本介绍

Orbit 系统（www. orbit. com）是由法国科思特尔（Questel）公司开发的专利服务平台，该平台提供专利检索、结果表示、数据分析、数据下载与报告、监控、法律服务、数据管理以及其他辅助功能。该系统的数据库收录了 99 个国家的专利数目数据、40 余国专利原文文献以及法律状态数据、20 余国引用信息、22 国全文数据以及美国专利转让记录。同时，该平台提供中文、英文、法文、日文以及韩文 5 种语言进行检索及阅读。

2. 文献检索

在检索过程中，用户能够在高级检索界面中"关键字"一栏添加多个检索框，每个检索框均能够通过下拉菜单提供相关的索引项。该平台在检索界面中还提供"技术领域/分类号""名称""号码/日期""法律状态""其他检索项"以及"数据库"等索引项，每个索引项均提供下拉菜单，令用户根据需求而选择相应的项目进行检索。除简单检索、高级检索外，该平台还能够通过第三方平台进行英文语句的语义检索，即用户在语义检索栏内输入一段英文语句，平台能够根据用户输入的内容进行分析并提取相关关键字进行自动语义扩展后，进行自动检索。

例如，在"关键字"中选择索引项"说明书"，并在检索栏中输入"太阳能 3d 电池"，即能够进行专利文献的检索，并将检索结果进行显示。在检索结果页面中，可以选择"结果导出"图标，将检索结果以 TXT、PDF、RTF 等格式进行导出；也可以选择"邮件发送"图标，将检索结果直接进行发送。

该系统还提供专利统计分析功能。在结果显示界面中选择"统计分析"，则在下拉菜单中能够选择相关筛选条件，例如"标题""最早申请日""申请人/代理人"以及"按相关度排序"等项目供用户选择。选择相关项目后，则能够对结果进行统计，并将结果推送至用户。

十五、IncoPat 专利服务平台

1. 数据库基本介绍

IncoPat 科技创新情报平台（www. incopat. com）同时集成了专利检索、专题库、分析和监规预警等多个功能模块，能够提供全面、准确、及时的创新情报，帮助用户充分运用专利信息。它完整收录全球 112 个国家、组织和地区 1 亿多件基础专利数据，并实现 48 小时动态更新，对 22 个主要国家的专利数据进行特殊收录和加工处理，对美国、德国、俄罗斯的权利要求和说明书做了全文中文翻译。其中，对于中国大陆的专利，incoPat 收录了中文和英文的著录信息；非中文专利不仅收录了英文著录信息、部分小语种的标题和摘要信息，还对英文标题和摘要预先机器翻译成了中文，从而实现了中文、英文混合检索和浏览全球专利。该平台还收集了中国大陆、美国、日本、中国台湾地区的专利诉讼信息，以及中国、美国的专利转让信息和中国专利许可、质押、复审、无效、知识产权海关备案、通信标准等信息。

平台还可实现 IPC、专利权人、同义词、国别代码、号码等字段的扩展检索。用户可以对检索结果进行导出、统计筛选、统计分析、聚类分析和 3D 沙盘分析，对单件专利可进行引证分析。

2. 文献检索

在检索过程中，用户能够在平台首页的简单检索栏中填写检索关键词后对专利地区进行勾选，以获取相关专利文献。例如：在检索栏内填写检索关键词"软件定义网络"，同时勾选"中国"，则会获取在中国申请的所有以公开的关于软件定义网络的专利文献。

点击页面上方的"检索"标签，在下拉菜单中选中"高级检索"后，即能够进行高级检索。IncoPat 专利服务平台能够根据用户在表格中索引项后的信息栏所填写的内容自动构建检索式，同时也能够识别用户通过平台提供的语法规则手动构建的检索式。例如，用户能够在索引项"全文"所对应的栏目

中填写"软件定义网络",在"说明书"所对应的栏目中填写"SDN",二者是"或"的关系;同时在"分类号"一栏的下拉菜单中选择"IPC"分类号,并在其所对应的栏目中填写"H04L",则平台自动构建检索式"(FULL =(软件定义网络)OR DES =(SDN))AND(IPC =(H04L))",并进行检索。用户还能够在页面下方的"指令检索"检索栏内直接填写上述检索式,也可以进行检索,其结果与选择相关索引项后检索所获得的检索结果相同。

该平台还提供图形检索功能,通过点击页面上方的"检索"标签的下拉菜单并选中"图形检索"以进入图形检索界面。在页面中,将所需要进行检索的图片截图或拖动至图形检索栏并在"洛迦诺"分类栏中填写相关分类号,即能够获得相关的检索结果。例如将公开号为"CN208157716U"的专利文献附图上传或拖拽至图形检索栏内,并且选择洛迦诺分类号"13 – 01、13 – 02、13 – 03 以及 13 – 99"后,点击检索,即能够获得与本申请领域以及图形均相近的专利文献。

IncoPat 专利服务平台还具备专利统计、分析功能。例如:要检索在标题、摘要或权利要求中记载"软件定义网络"或者"SDN",并且在全文中记载"流表"的专利文献,可利用高级检索构建检索式"(TIABC =(软件定义网络)OR TIABC =(SDN))AND(FULL =(流表))"后,获取检索结果。在检索结果页面左侧筛选栏中,通过勾选"中国"以及其子项目"发明申请"后点击"筛选",进行地域以及专利申请类型的筛选。点击页面中的"分析"图标,在分析子页面左侧能够选择"趋势分析、技术分析、申请人分析、地域分析、法律及运营分析、专利代理分析以及其他分析",还能够进行"自定义分析"。用户可根据实际需求选择分析方式并生成图表以及报告。此外,用户还能够通过点击"3D 专利沙盘",利用该平台提供的对专利各项技术进行3D 视图化分析的功能。